EL PODER DE LA ACTUACIÓN

EL PODER DE LA ACTUACIÓN

EL MÉTODO DE IVANA CHUBBUCK

DOCE PASOS QUE PARTEN DE UN LIBRETO PARA
DOTAR AL ACTOR DE LAS HERRAMIENTAS QUE
LO LLEVAN A LOGRAR UNA INTERPRETACIÓN
REALISTA, CREÍBLE, Y DINÁMICA

IVANA CHUBBUCK

Jorge Pinto Books Inc.
New York

Copyright 2005 © Ivana Chubbuck

El Poder de la Actuación. El Método De Ivana Chubbuck
Doce Pasos que Parten de un Libreto para Dotar al Actor de las Herramientas que lo Llevan a Lograr una Interpretación Realista, Creíble, y Dinámica

Copyright 2007 © Jorge Pinto Books Inc. (Edición en español)

Este libro fue originalmente publicado en inglés bajo el título *The Power of the Actor. The Chubbuck Technique. The 12-Step Acting Technique That Will Take You from Script to a Living, Breathing, Dynamic Character*, por Gotham Books en los Estados Unidos de Norteamérica, quien autorizó la traducción y publicación de la obra en español. Queda prohibida, sin importar por qué medio se lleve a cabo, la publicación o reproducción de la presente traducción sin contar con el consentimiento expreso y otorgado por escrito del editor, Jorge Pinto Books Inc. 212 East 57th St., New York, NY 10022.

Todos los derechos reservados.

Publicado por Jorge Pinto Books Inc., sitio web: www.pintobooks.com

Traducción al español: Marta Merajver

Edición: Andrea Montejo

Diseño del libro: Charles King, sitio web: www.ckmm.com

Diseño de la portada: Susan Hildebrand

Fotografía de la portada: *Empty Seats in Movie Theater* © Con Tanasiuk/Design Pics/Corbis. Licencia de Corbis Corporation.

ISBN-10: 0-9790766-9-2
978-0-9790766-9-5

Copyright 2006 © Anthony De Palma

Copyright 2007 © Jorge Pinto Books (Spanish edition)
First published in the United States of America in 2005 by Gotham Books, as *The Power of the Actor. The Chubbuck Technique. The 12-Step Acting Technique That Will Take You from Script to a Living, Breathing, Dynamic Character.* Gotham Books authorized the translation and publication of the book. No part of this book may be used or reproduced in any manner whatsoever with out written permission of the editor, Jorge Pinto Books Inc. 212 East 57th Street, New York, NY, 10022.

Ivana Chubbuck es una de las más reputadas preparadoras de actores y maestros de actuación. A lo largo de más de veinte años, ha instruido a miles de actores. Fundó "Ivana Chubbuck Studios" en Hollywood, escuela preferida por actores, autores, y directores para formarse en las disciplinas de su elección. Ha recibido amplia cobertura de los medios, debido a su rol preponderante como autoridad en técnicas actorales. Vive en Los Ángeles con su esposo, el director cinematográfico Lyndon Chubbuck.

CONTENDIDO

Introducción ix

PRIMERA PARTE
Los 12 pasos del método actoral Chubbuk. 1

Capítulo 1	Primera herramienta: El Objetivo principal	9
Capítulo 2	Segunda herramienta: El Objetivo de la escena	24
Capítulo 3	Tercera herramienta: Los obstáculos	45
Capítulo 4	Cuarta herramienta: La sustitución	57
Capítulo 5	Quinta herramienta: Los objetos internos.........	81
Capítulo 6	Sexta herramienta: Compás y acción.............	96
Capítulo 7	Séptima herramienta: El Momento anterior.......	113
Capítulo 8	Octava herramienta: El lugar y la cuarta pared	130
Capítulo 9	Novena herramienta: Los movimientos..........	147
Capítulo 10	Décima herramienta: El monólogo interior.......	177
Capítulo 11	Undécima herramienta: Las circunstancias previas .	202
Capítulo 12	Duodécima herramienta: Soltar el freno	212

SEGUNDA PARTE
Otras herramientas y ejercicios para lograr una buena actuación 219

Capítulo 13	Abuso de sustancias	221
Capítulo 14	Creación de una química sexual................	234
Capítulo 15	Cómo representar a un asesino serial...........	239
Capítulo 16	La creación del miedo físico...................	243
Capítulo 17	La creación de sensaciones físicas sobre la muerte.	249
Capítulo 18	Las sensaciones del embarazo	256
Capítulo 19	Las sensaciones del rol parental................	259
Capítulo 20	Cómo representar a un parapléjico o cuadripléjico	261
Capítulo 21	La creación de realidades emocionales en respuesta a cicatrices y hematomas	262
Capítulo 22	Realización física de la ocupación, profesión, o carrera del personaje	264

EPÍLOGO
Una palabra sobre las audiciones 273

AGRADECIMIENTOS................................. 277

Introducción

Debido a su carácter complejo e inaprensible, el arte de la actuación resulta difícil de definir. Sin embargo, casi no existe quien no pueda distinguir entre una actuación buena y otra que deja mucho que desear, ni entre una buena actuación y una actuación brillante. ¿Qué hace que un actor luzca fascinante en una determinada obra mientras que otro, desempeñando el mismo papel, y recitando las mismas líneas, resulte soso y aburrido? Si se tratara sólo del libreto, de la belleza del lenguaje, del giro verbal, nos bastaría con el teatro leído. Pero no existe la lectura esterilizada, tomada tal cual fue escrita sobre la hoja. Las palabras deben ser interpretadas e insufladas con el hálito de la vida a través del trabajo del actor.

Todo actor sabe que el descubrimiento y la comprensión de sus penas íntimas constituyen un proceso inherente a su arte. Así ha sido desde Stanislavski. La diferencia entre el Método Chubbuck y otros desarrollados en el pasado reside en que yo enseño a los actores a utilizar sus emociones como un medio para llegar a su meta final antes que como la meta en sí misma. Mi método enseña a los actores a triunfar.

Una mirada exhaustiva a la mayor parte de la tragedia y la comedia —es decir, al total de la literatura dramática— revela que el deseo de triunfar se mantiene constante. En todas las historias que se nos presentan, vemos que hay un personaje que desea o necesita algo (su objetivo: amor, poder, aceptación, honor), y que la historia documenta el proceso mediante el cual dicho personaje trata de obtener aquello que desea o necesita. Si bien el *qué* y el *cómo* acepta diferentes definiciones y toma diversas formas, al desmenuzar los objetivos se descubre que los conflictos y luchas de cada uno de estos personajes giran alrededor de una batalla que les permite obtener su propósito, cualquiera que sea.

Yo enseño a los actores a triunfar porque la vida real presenta desafíos semejantes a los que se representan sobre el escenario. La gente va tras lo que anhela. Las personas interesantes y dinámicas persiguen sus metas de acuerdo con las características de su personalidad y, al obtenerlas, crean mayores emociones de gran intensidad. Se trata de un proceder inconsciente, mientras que el actor debe comprenderse perfectamente a sí mismo y contar con las herramientas que le permitan analizar un libreto de modo que permita la emergencia de una conducta interesante y dinámica que, a la vez, sea percibida como un proceso inconsciente. El Método Chubbuck estimula esta conducta, permitiendo la puesta en acto de este impulso humano, natural y poderoso.

Mi método se originó en mi búsqueda de intentar comprender y superar mis traumas personales, muy particularmente respecto del modo en que afectaban mi actuación y mi vida. No tenía idea entonces de la profundidad y potencia que este concepto habría de adquirir.

Me crié con un padre distante, disfuncional, y adicto al trabajo, y una madre abusiva tanto física como psicológicamente. Desarrollé problemas muy arraigados de abandono, sintiéndome indigna de ser amada. En resumen, me puse a la altura del rol de un ser minusválido. Ya adulta y actriz, absorbí todos los horrores de mi infancia y adolescencia y me sumergí en ellos. Buscaba comprensión, pues pensaba que ello contribuiría a aliviar los sufrimientos pasados. Al igual que cualquier otro actor, yo me encontraba, verdaderamente, en contacto con el dolor de mis emociones.

Luego comencé a preguntarme cuál era el propósito de aquellos sentimientos. ¿De qué manera los sentimientos y emociones de mi pasado moldean mi trabajo actoral? ¿Cómo me moldean a mí como persona? ¿Cómo reunir estas emociones fracturadas, dispersas, divergentes incluso, a fin de ponerlas al servicio de un personaje?

Desempeñándome como actriz, solía ver a muchos colegas sacando a luz emociones tan penosas como profundas, que parecían traducirse en representaciones dedicadas a la autocompasión. Me percaté de que los sentimientos caracterizados por tales rasgos no contribuían a mi profundidad como persona, y que regodearse en el dolor —así en la vida como en el escenario— crea un efecto casi contrario al deseado, pues lo que se percibe es un perpetuo mirar hacia adentro, un sentido de autocompasión, y una debilidad que, juntos, constituyen las principales características de una víctima. Para un actor, no es ésta la elección más feliz.

Comencé a investigar de qué manera podía sacar mejor provecho, en favor de mi trabajo, del legado emocional que había heredado. Al estudiar las vidas de personas exitosas, advertí que se valían de sus traumas físicos y emocionales a modo de estímulo, no para gozar con el sufrimiento, sino para *inspirar* y *dirigir* sus grandes logros.

Se me ocurrió que la misma fórmula era aplicable a los actores y a su enfoque laboral. Observé a los grandes actores de nuestro tiempo y en sus actuaciones vi idéntico empuje emocional para sobreponerse a la adversidad; más aún, transformaban los obstáculos en objetivos a ser cumplidos, y así obtenían sus logros. En sus actuaciones, los grandes actores reflejaban intuitivamente el comportamiento y la naturaleza de grandes hombres y mujeres.

Yo tenía que crear un sistema que imitara y guiara este proceso; un sistema que copiara el realismo y la dinámica del comportamiento humano; un sistema que, una vez que el actor se hubiera comprometido en una elección libre de temores, lo guiara y le permitiera hacer uso de su sufrimiento personal para alcanzar el objetivo establecido por el personaje. El sistema también debía contener maneras de diseñar elecciones arriesgadas que dieran al actor la oportunidad de *romper las reglas* e *inventar reglas nuevas*, inspirando así trabajos y personajes excepcionales, dando paso a la heroicidad emocional antes que a una víctima.

Tomé conciencia de que el actor debe identificar la necesidad primaria de su personaje, meta, u OBJETIVO. Con dicho OBJETIVO en mente, es necesario que el actor busque, dentro de su propio sufrimiento, lo que resulte más efectivo para dirigirse hacia su OBJETIVO. Luego de trabajar esta idea durante cierto tiempo, comprendí que el sufrimiento debe poseer la fuerza suficiente para inspirar un compromiso atrevido que inspire al actor a hacer *lo que sea* para LOGRAR su OBJETIVO. Si las emociones carecen de la fuerza necesaria, no alcanzarán para sostener la lucha hasta llegar al triunfo. Sin embargo, cuando se elige un aspecto adecuado del sufrimiento personal y se lo aparea con el OBJETIVO, el actor queda unido a la situación difícil por la que atraviesa el personaje, lo cual a su vez hace que el logro del OBJETIVO se convierta en algo real e imprescindible para el actor como persona, olvidando que sólo representa un personaje. El enfoque descrito marcó el origen de mi técnica de avanzada.

Empecé a refinar la teoría de sobreponerse al dolor de modo que la representación actoral adquiriera los perfiles de una técnica. Tuve que buscar la manera de ayudar a los actores, desde la psicología, a personalizar la energía positiva de sus personajes hasta llegar a considerarla propia.

Una vez que comencé a aplicar estos conceptos, descubrí que el proceso me enriquecía tanto, que literalmente se apoderó de mi vida. Dediqué siete días por semana a la enseñanza, y muchas horas cada día. Al principio, sólo trabajaba con actores profesionales, debido a lo cual la noticia corrió velozmente por la comunidad actoral. Abrí un taller de actuación. Al poco tiempo, hubo una larga lista de espera. Nunca puse anuncios, y me negué a promocionar el taller y a incluirlo en las publicaciones del gremio. Ni siquiera tenía un sitio web. En realidad, durante varios años el número telefónico del taller no figuró en ninguna guía. No es que adoptara una actitud esnob o arrogante. Simplemente resolví que el actor que verdaderamente quisiera encontrarme, se las arreglaría para hacerlo. Muchos se esforzaron para ser incluidos en mis clases. A veces el sólo hecho de conseguir el teléfono del taller les tomaba meses. En consecuencia, atraje a quienes se interesaban seriamente en el oficio, ya se tratara de escritores, directores, o actores. Creo sinceramente que la calidad de mis discípulos –en su mayoría, actores profesionales comprometidos con su arte– ha contribuido a elevar la calidad de mi método.

Durante los últimos veinte años he instruido a miles de actores en miles de personajes desempeñados en otros tantos espectáculos televisivos, películas, y obras teatrales. Dichos actores constituyen un laboratorio de investigación viviente (y representante) de mi técnica. A menudo entrené a diferentes actores que iban a audicionar para un mismo papel. Vi muy de cerca lo que funciona y lo que no. Con el transcurrir del tiempo identifiqué los denominadores comunes más efectivos. Cuando noté que determinados abordajes triunfaban una y otra vez, los desarrollé, estudié, y refiné hasta hacerlos fácilmente reproducibles. A medida que mis actores obtenían papeles, recibían excelentes críticas, o ganaban premios, descubrí que, con frecuencia, ello se debía a haber utilizado herramientas cuyas bases se asemejaban, y que todas ellas estaban enraizadas en la psicología básica y en el conductismo.

Otro elemento recurrente que observé a lo largo de los años fue que mi técnica actoral tiende a infiltrarse en la vida personal del actor. El *uso* real de la adversidad como modo de sobreponerse a ella y ganar es tan inspirador y eficaz que muchos de mis actores lo incorporaron inconscientemente a sus vidas. Esto les depara mayores realizaciones personales y control sobre sí, quitando los efectos de la victimización, tal cual ocurre cuando preparan un personaje.

Lo que importa para el actor, director, guionista, o inclusive una persona corriente que desee aprender a utilizar su sufrimiento para lograr un objetivo, es que mi técnica profundiza las capacidades representativas y cambia vidas.

Este libro proporciona la metodología exacta de la Técnica Chubbuk. En el fondo, de lo que se trata es de un sistema práctico y riguroso que analiza el libreto paso a paso. Tal sistema de análisis ayuda a ganar acceso a las emociones individuales y proporciona el modo de *utilizarlas* en toda su dimensión y potencia, en lugar de experimentarlas simplemente. *El Poder de la actuación* muestra cómo apropiarse de los conflictos, desafíos, y sufrimientos, tornándolos en algo positivo, tanto desde el punto de vista del personaje a representar como del ser humano que subyace al personaje.

A través de mi carrera docente, recibí infinidad de misivas y cartas en las que mis discípulos manifestaban su agradecimiento por haber recibido mi técnica, que parece haber modificado las vidas y carreras de actores, directores, y escritores. Que este libro sea mi manera de expresar mi agradecimiento a todos ellos, puesto que he aprendido tanto, si no más, de mis alumnos como ellos de mí, a través de su identidad personal y de las diversas experiencias que aportaron.

PRIMERA PARTE

LOS 12 PASOS DEL MÉTODO ACTORAL CHUBBUK

El actor que se limita a sentir tiende a dirigir su actuación hacia adentro y ni se nutre de energía ni se inspira a sí mismo ni al público. Por el contrario, un público que palpa que el actor está empeñado en hacer *lo que sea* y darlo *todo* para dominar el dolor en pro de lograr un OBJETIVO no se reclina tranquilamente en su butaca, puesto que el resultado cobra vida y se torna impredecible. Decidirse por la acción implica riesgos y, por lo tanto, un viaje incierto. No basta con que un actor sea sincero. Su trabajo consiste en hacer el tipo de elección que se traduzca en resultados excitantes. Es posible pintar un lienzo con óleo, pero si, una vez finalizado, el cuadro no ofrece una imagen que apele a las emociones, nadie querrá mirarlo.

Este método te enseñará a utilizar tus traumas, sufrimiento emocional, máscaras, necesidades, deseos, y sueños para estimular y guiar a tu personaje en dirección al logro de su objetivo. Aprenderás que los obstáculos presentes en la vida de tu personaje no están allí para ser aceptados sino vencidos en una dimensión heroica. En otras palabras, mi método enseña al actor a *triunfar*.

Hace más de dos mil años, Aristóteles definió la lucha del individuo por triunfar como la esencia del drama. Vencer a pesar de todos los obstáculos y conflictos planteados por la vida es lo que dinamiza a las personas. Martin Luther King Jr., Stephen Hawking, Susan B. Anthony, Virginia Woolf, Albert Einstein, Beethoven, la Madre Teresa, y Nelson Mandela debieron enfrentar obstáculos casi insuperables a fin de lograr sus objetivos. En verdad, cuanto mayor era el obstáculo y mayor la pasión que estas personas ponían en superarlos, más profundo era también el logro o aporte que realizaban. No se convirtieron en hombres y mujeres extraordinarios y expertos en su campo de acción a pesar de los desafíos que se les presentaron, sino a causa de ellos. Estas son las cualidades que deseamos imitar en nuestras caracterizaciones. Es muchísimo más atractivo observar a alguien que se esfuerza por llegar a la meta luchando contra todos los factores adversos que ver a quien se conforma con resignarse ante las penurias que la vida que le opone. Para ser un ganador, no es necesario 'ganar' en sentido estricto: el ganador se esfuerza por ganar, mientras que el perdedor acepta la derrota.

Cuanto mejor te conozcas a ti mismo, mejor actor serás. Debes comprender en profundidad qué cosas te motivan. Las doce herramientas siguientes te ayudarán a indagar en tu psiquis, dando lugar al descubrimiento y proporcionándote el modo de exponer y canalizar los maravillosos demonios de los que nadie está exento. Tu lado oscuro, tus traumas, tus creencias, tus prioridades, tus temores, aquello que guía a tu ego, lo que te avergüenza y lo que te enorgullece componen los colores con los que pintarás desde tu lugar de actor.

Las 12 herramientas:

1. **OBJETIVO PRINCIPAL**: ¿Qué es lo que tu personaje desea más que nada en el mundo? Encuéntralo en el desarrollo del guión.
2. **OBJETIVO DE LA ESCENA:** ¿Qué es lo que tu personaje desea durante el desarrollo de una escena, eso que sostiene el OBJETIVO PRINCIPAL del personaje?
3. **OBSTÁCULOS:** Determinar los obstáculos físicos, emocionales, y mentales que dificultan que el personaje logre el OBJETIVO PRINCIPAL y el OBJETIVO DE LA ESCENA.
4. **SUSTITUCIÓN:** Investir al actor con quien compartes la escena con las características de alguien de tu vida real que puedas relacionar con tu OBJETVO PRINCIPAL y con el OBJETIVO DE LA ESCENA. Por ejemplo, si el OBJETIVO DE LA ESCENA de tu personaje consiste en "hacerse amar", busca a alguien que, en este momento de tu vida, necesites desesperadamente que te ame ya, con todo su ser. Eso te dará acceso a todos los diversos estratos que se presentan en la necesidad real de una persona viviente.
5. **OBJETOS INTERNOS:** Los que pasan por tu mente cuando hablas u oyes hablar de personas, lugares, objetos, o acontecimientos.
6. **COMPASES Y ACCIONES:** Un COMPÁS es un pensamiento. Cada vez que se produce un cambio en el pensamiento, el COMPÁS cambia. Las ACCIONES son los MINIOBJETIVOS acoplados a cada COMPÁS que sostiene el OBJETIVO DE LA ESCENA y, por ende, el OBJETIVO PRINCIPAL.

7. **EL MOMENTO ANTERIOR:** Lo que ocurre antes del comienzo de la escena (o de que el director grite "¡Acción!"). Esto te proporciona una plataforma física y emocional desde la cual avanzar.
8. **ESPACIO Y CUARTA PARED:** Utilizar el ESPACIO y la CUARTA PARED implica dotar a la realidad física de tu personaje —que por lo PRINCIPAL se materializa sobre un escenario, un estudio de grabación, un plató, un aula, o en exteriores— de las características de un ESPACIO perteneciente a tu vida real. El uso de estos dos elementos crea privacidad, intimidad, historia, significado, seguridad, y realidad. La dupla ESPACIO/CUARTA PARED debe concordar razonablemente con las elecciones que has hecho respecto de otras herramientas.
9. **MOVIMIENTOS:** El manejo de la utilería, que induce conductas. Cepillarte el cabello mientras hablas, probarte zapatos, beber, comer, utilizar una cuchilla de picar, etc., constituyen ejemplos de MOVIMIENTOS.
10. **MONÓLOGO INTERIOR:** El diálogo que se desarrolla en tu cabeza pero que no exteriorizas verbalmente.
11. **CIRCUNSTANCIAS PREVIAS:** La historia de tu personaje, la acumulación de experiencias de vida que determina *cómo* y *por qué* funciona así. Y luego personalizas las CIRCUNSTANCIAS PREVIAS del personaje ajustándolas a las tuyas propias de modo que comprendas verdaderamente y desde las emociones la conducta del personaje, te conviertas en él, y le insufles vida.
12. **SOLTAR EL FRENO:** Si bien el Método Chubbuck recurre al intelecto del actor, no es un conjunto de ejercicios intelectuales, sino un modo de crear un comportamiento humano con tales visos de realidad que simule la aspereza y la crudeza de un papel verdaderamente *vivido*. Para que puedas imitar el devenir natural de la vida con espontaneidad, tienes que dejar el intelecto a un lado. Esto se logra confiando en el trabajo que has hecho con las primeras once herramientas y SOLTANDO EL FRENO.

Estas doce herramientas crean una base sólida que te mantendrá alerta, inspirando una representación vívida, profunda, dinámica y enérgica de tu personaje.

El trabajo que llevé a cabo con Halle Berry en *Monster's Ball* es un buen ejemplo del funcionamiento del método. Tomando una escena central, podrás entrever cómo aplicamos algunos de los elementos de mi técnica. En la escena seleccionada, muestro cómo utilizamos algunas herramientas de mi análisis del guión. Recuerda que en la representación definitiva, usamos los doce pasos, pero llevaría un libro entero descomponer cada una de las escenas paso por paso, de modo que aquí va una muestra que involucra unos pocos a fin de ilustrar la efectividad del método.

Monster's Ball es una historia desgarradora. Leticia, el personaje de Halle, es trágico. Tuvimos que encontrar la forma de impedir que la actriz, en su rol de Leticia, se convirtiera en una víctima de las circunstancias, resignándose así al cúmulo de tragedias que caían sobre ella. En la película, la angustia comienza en el momento que Leticia lleva a su hijo obeso a visitar por última vez a su padre —es decir, al esposo de Leticia—, quien espera su pronta ejecución alojado en el pabellón de la muerte. Poco después de cumplida la sentencia, el hijo muere en un accidente automovilístico, y Leticia es despedida de su empleo y desalojada de su hogar. A medida que se desenvuelven los acontecimientos, descubre que su nuevo novio —la única esperanza que la sostiene— es hijo de un padre racista al extremo. Como si todo ello fuera poco, hacia el final de la película descubre que su novio tuvo algo que ver con la muerte de su marido, y que jamás le habló del tema. Leticia se siente furiosa y abrumada.

¿Cómo hacer para que Halle absorbiera estos hechos sin rendirse? ¿Cuáles de sus experiencias personales podían conectarse con las del personaje? ¿Cómo darle un giro optimista a una historia tan opresiva, y así permitir que al final fuese el personaje quien venciera? Una vez que alguien cesa de luchar y se entrega, la historia se acaba, y deja al público insatisfecho. Aplicamos las doce herramientas, empezando por determinar el OBJETIVO PRINCIPAL del personaje. Luego encontramos un dolor personal de Halle que, desde un punto de vista emocional, imitara los sentimientos de Leticia, y nos propusimos resolver estos problemas por medio de la representación.

ESCENA DE LA TRAICIÓN
Ilustra la Primera herramienta (OBJETIVO PRINCIPAL), la Segunda herramienta (OBJETIVO DE LA ESCENA), y la Décima herramienta (MONÓLOGO INTERIOR).

- La escena: La traición se establece cuando Leticia descubre que Hank desempeñó un papel dual en la ejecución de su esposo y nunca se lo dijo.

- **OBJETIVO PRINCIPAL** de Leticia: "ser amada y cuidada".
- Con todo lo que le ha ocurrido a Leticia en el pasado y en el presente, lo que más necesita es la sensación de apoyo y seguridad que emana de ser amada y cuidada. El OBJETIVO DE LA ESCENA debe apoyar el OBJETIVO PRINCIPAL para que el guión cierre su círculo y el intérprete, el personaje, y el público lleguen a buen término en el viaje emprendido. Esta es la última escena de la película, de modo que ella debe resolver su viaje derrotando los OBSTÁCULOS y logrando su OBJETIVO PRINCIPAL. Para que ello ocurra, el OBJETIVO DE LA ESCENA no debe centrarse en la traición sino en cómo el personaje obtiene lo que desea; es decir, amor. Esto da:
- El OBJETIVO DE LA ESCENA de Leticia = "hacer que me ames".

La última escena de *Monster's Ball* comienza con Leticia descubriendo, entre las pertenencias de Hank, un dibujo que su difunto esposo ha hecho de su novio (Hank). Esto indica que Hank conoció a su esposo, probablemente mientras éste se encontraba en el pabellón de la muerte, y nunca lo mencionó. Marc Forster, el director, se proponía un final abierto, de modo que el público quedara preguntándose si Leticia iba a matar a Hank, se iba a suicidar, o iba a acabar con la vida de ambos. Aunque el cine independiente y el cine negro a menudo apelan a finales oscuros, en mi opinión, todas las personas, inclusive quienes forman parte del mundillo del espectáculo, prefieren sentir un hálito de esperanza (el *logro*) cuando la película llega a su fin. Dicho de otro modo, hay que dar a los espectadores una experiencia que les permita pensar que sus propias tragedias tendrán un final feliz, tal cual lo ha conseguido Leticia. Era impensable cambiar el guión, que no propiciaba este tipo de final, de modo que la responsabilidad de infundir esperanza quedaba librada a la actuación de Halle.

La omisión de Hank implica una traición mayúscula, y una nueva angustia a sumarse a la larga lista de pesares que abruman a Leticia. Para ella, el engaño de Hank es la gota que rebosa la copa. Explota de furia. Nos preguntamos si optará por el asesinato o asesinato y suicidio, o sólo éste último, siguiendo la línea insinuada por el director. Mediante el MONÓLOGO INTERIOR que apoya el OBJETIVO DE LA ESCENA ("hacer que me ames" y no "necesito sentir enojo y desesperación" —¿quién en sus cabales querría eso?) cambiamos el final sin modificar la visión del director.

Para encontrar el MONÓLOGO INTERIOR, tuvimos que personalizar el doloroso descubrimiento de Leticia, y esto ayudó a que Halle desarrollara una ira intensa. En la película, la ira que su rostro denota dice: "¿Cómo pudiste hacerme esto?". A fin de que el MONÓLOGO INTERIOR operara la transición de la ira a la esperanza, Halle y yo conversamos acerca del instinto de supervivencia de Leticia. En esta escena, debe luchar para que el amor de Hank sea verdadero; de lo contrario, no le resta más que morir. Leticia puede ver su descubrimiento como una vil traición, en cuyo caso sufrirá una muerte emocional, o inclusive física. A causa de la necesidad que siente de ser amada por Hank, se ve obligada a encontrar el modo de percibir la mentira desde un ángulo diferente. Es posible que él le haya mentido no con el propósito de defraudarla, sino haciendo un supremo sacrificio de amor. Leticia podría racionalizar la conducta de Hank pensando: "Me debe haber amado tanto que temía decírmelo por miedo a perderme si me enteraba. Estaba dispuesto a vivir en la opresión del secreto culpable que albergaba a causa del profundo amor que sentía por mí. No creía poder vivir sin mí, de modo que no actuó mal para engañarme, sino por amor..."

Entonces, sin que medie la palabra hablada, y recurriendo estrictamente al MONÓLOGO INTERIOR, el público tuvo acceso directo a lo que sentía y pensaba el personaje. El círculo creado por el monólogo comenzó de la siguiente manera:

- La sorpresa del descubrimiento...
- que se convirtió en una furia asesina...
- que se volvió dolor y confusión...
- que se transformó en necesidad de sobrevivir, encontrando la manera de cambiar el sentido del horror que ha descubierto...
- para, finalmente, resolver el problema dando un sesgo positivo al acto de traición, lo cual le permitió sentirse amada incondicionalmente, algo que jamás había experimentado hasta entonces.

Todo se juega en los gestos y expresiones faciales de Halle. En la película, lo procesa antes del regreso de Hank, de modo que cuando él llega y le ofrece una cucharada de helado en el porche delantero, ella puede mirarlo con ojos de amor mientras dice, en su MONÓLOGO INTERIOR: "Después de todo lo que he sufrido en mi vida, tu amor va a curarme. Voy a estar bien".

Durante mis años de docencia, aprendí que el uso de historiales de mi trabajo con diversos actores ayuda a crear una imagen que contribuye exponencialmente a la comprensión de una herramienta o aspecto del método en particular. Las explicaciones de las 12 herramientas que siguen se basan en la misma premisa; es decir, utilizo una amplia gama de historias basadas en ganadores del Oscar, actores de televisión, teatro, teleteatros, e intérpretes prometedores que integran mis clases.

CAPÍTULO I

PRIMERA HERRAMIENTA:

OBJETIVO PRINCIPAL

Aquello que el personaje desea a lo largo del libreto

El OBJETIVO PRINCIPAL es la herramienta que proporciona el principio, el medio, y el final de un libreto, definiendo tanto el trayecto del actor como el del público. Todas las demás herramientas deben servir a este objetivo.

Si quieres ser un actor que conmueve por su intensidad, debes imitar el comportamiento de personas dinámicas e impactantes. De una u otra forma, estas personas siempre tienen un objetivo en mente. Muchos actores caen en la trampa de creer que conducirse con realismo o albergar emociones realistas y profundas equivale a actuar... pero no es así. Demasiados actores se encuentran convencidos de que si logran llorar de verdad durante una interpretación basta para que resulte exitosa. Pero es el modo en que se usan las emociones para provocar el logro final lo que hace que el arte de la actuación resulte estimulante para el actor y los espectadores. Si falta el objetivo, si no hay una lucha para conseguirlo, un actor simplemente entregado a sus emociones será víctima de las circunstancias del libreto, y a nadie le causa placer contemplar a una víctima en el rol de víctima. Queremos que las personas puedan dar un vuelco a sus vidas, no que acepten el maltrato.

El actor debe aprender a usar sus emociones, no como fin, sino como una herramienta que le permita poner en juego la pasión necesaria para vencer el conflicto planteado en el libreto.

Además de proveer al actor y al espectador algo en lo que apoyarse y una ruta a recorrer, el OBJETIVO PRINCIPAL también da una cierta perentoriedad a la acción. Es sabido que el tiempo vuela cuando uno está abocado a la realización de una tarea. Dado que el actor persigue apasionadamente su meta, este objetivo constriñe el sentido del tiempo tanto para él como para el público, apresurando el minutero, y aportando la experiencia de "aquí puede ocurrir cualquier cosa". Cuanto más capaz sea el actor de acceder a su propia experiencia de vida para crear perentoriedad y pasión aplicadas a las metas planteadas en el libreto, mayor será el punto de elevación alcanzado por su arte.

> *Pregúntate: "¿Qué quiere de la vida mi personaje?*
> *¿Cuál es su meta más importante?"*
> **Esto es el OBJETIVO PRINCIPAL.**

Sea que transcurra en tiempo real o a lo largo de veinte años, el OBJETIVO PRINCIPAL consiste en la *necesidad* principal que mueve al personaje. Tu OBJETVO PRINCIPAL siempre debe involucrar alguna necesidad humana básica, alguna meta primigenia; por ejemplo: "Quiero encontrar el verdadero amor", "Quiero tener poder", o "Necesito aprobación".

El resto de las herramientas actúa a modo de soporte durante el trayecto hacia la meta, agregándole elementos que la destacan como más crucial, detallada, profunda, importante, y verdadera. Nuestro instinto de supervivencia nos impulsa a buscar metas, y nuestra vida emocional depende *sólo* del hecho de lograrlas o no. Pongamos por caso que el OBJETIVO PRINCIPAL es "ser amado". El alcanzarlo traerá consigo la felicidad mientras que fracasar causará enojo y tristeza.

Las emociones son una reacción en respuesta a una acción
Encontrar tu OBJETIVO PRINCIPAL impide que tengas que henchir tus emociones antes de comenzar tu actuación, y permite también que la emoción emerja con mayor naturalidad. Resulta mucho más sencillo que dedicar una hora, previa al momento de actuar, evocando recuerdos desagradables y tratando de mantenerlos frescos en tu memoria. Si tratas de impeler emociones provenientes de algún momento cualquiera de tu vida, acabarás lanzando un vómito emocional. Tal como ocurre en la vida real, el vómito es tan desagradable para quien lo sufre como para quien lo presencia: se transforma en una explosión emocional que no lleva a ninguna parte.

Lo importante reside en que, al trabajar con miras a tu OBJETIVO PRINCIPAL, escena por escena, irás creando una conducta creíble en cada una de ellas. A medida que tu personaje lucha para superar los obstáculos que lo separan de su OBJETIVO PRINCIPAL, se produce la aparición instintiva de una conducta realista y personal que te acompañará en el recorrido hacia tu meta. Al concentrarte exclusivamente en conseguir tu objetivo, dejas de prestarle atención a tu apariencia, y das lugar a que se manifiesten las actitudes y peculiaridades que te son propias. Este tipo de comportamiento realista es el que genera la tensión inmediata que hace que el público contenga el aliento y te aplauda durante tu actuación. Los espectadores ven cómo el OBJETIVO PRINCIPAL, emocional y físico, se resuelve ante sus ojos, y se conectan con él como si se tratara de una resolución que ellos han elegido. Existen mayores probabilidades de que las personas apoyen a un congénere si sienten que están involucradas en la misma lucha.

Hace varios años, Catherine Keener tomaba clases conmigo. Posee una impresionante vida emocional que puede servirle de inspiración; sin embargo, en aquel momento la utilizaba sin la motivación y los beneficios concomitantes de un OBJETIVO PRINCIPAL. Semana tras semana, y escena tras escena, traía a las clases representaciones que conllevaban un enorme esfuerzo emocional. Si bien sus compañeros y yo podíamos ver su dolor, no llegaba a conmovernos. En el rol de público, no comprendíamos sus sentimientos, porque todas esas emociones, maravillosas y profundas, no estaban ligadas a una razón: la necesidad de alcanzar una meta. Catherine sentía que perseguir una meta sin reservas terminaría por convertir a su personaje en un ser manipulador y antipático. Pero, en mi opinión, la manipulación no es sino un gran esfuerzo consciente para obtener lo que uno desea. El uso de la manipulación para lograr un OBJETIVO PRINCIPAL importante presta eficacia al personaje, y las personas eficaces suelen resultar muy atractivas. Pensemos en Elizabeth Taylor en *Who's Afraid of Virginia Woolf?* o en Kevin Spacey en *The Usual Suspects*. Le dije a Catherine que una vez que se convenciera de que no había mal alguno en utilizar la manipulación en su actuación, *llegaría el momento* en que sería reconocida por sus dotes. En aquella época, Catherine contaba con una carrera sólida, pero carecía de reconocimiento público.

Finalmente, espectadores y críticos la redescubrieron cuando desempeñó el papel de Maxine, una bomba sexual *manipuladora* en la película *Being John Malkovich*. Su personaje estaba tan imbuido de la actitud calculadora que conlleva el deseo de ganar que tuvo que adoptar el OBJETIVO PRINCIPAL correspondiente, traducido en una actitud de "lo único que me importa es lograrlo". A ella le preocupaba que la persecución de un objetivo sin medir las consecuencias pudiera provocar el odio del público. Sin embargo, su temor resultó infundado; por el contrario, tuvo un efecto diametralmente opuesto. Al público no le importó que Maxine fuera una desalmada, puesto que la asistía una razón justificable para ir tras su meta implacablemente, y esa razón era algo con lo que podían identificarse: "la necesidad de recobrar el poder que perdí". Los espectadores se conectaron con su deseo, y vitorearon su determinación de llegar a cualquier extremo, de rebajarse hasta lo infinito, de trepar con dientes y uñas con tal de recuperar su poder, porque estaba claro que su actual necesidad de poder era una reacción a los hechos del pasado que la habían hecho sentir impotente. Al decidir que iba a conseguir el OBJETIVO PRINCIPAL de Maxine, Catherine pudo personificarla y comportarse de modo acorde con el personaje. Así, por primera vez en su carrera, fue nominada para un premio de la Academia –el Golden Globe– y ganó el Premio Independent Spirit a la Mejor Actriz. Independientemente de los premios, aprendió la importancia de perseguir un OBJETIVO PRINCIPAL, lo cual produjo un cambio radical en su carrera.

Para un actor, el OBJETIVO PRINCIPAL completa aspectos del argumento y le proporciona modos factibles de encarar un personaje, a la vez que eleva el desafío. En esencia, este objetivo construye un camino a recorrer por actor y público. Al principio de una obra, o de una película, personaje y actor parten desde A, ubicada en el área cero. Es ahí donde tienen que establecer el objetivo a cumplir. El resto del espectáculo muestra cómo el personaje se las compone para llegar a la meta y ganarse el derecho de arribar a Z.

El libreto contiene la materia prima a ser analizada, proporcionando la información específica que mueve al personaje a obrar en consecuencia. Aquí se incluyen los antecedentes socioeconómicos del personaje: la historia de acontecimientos traumáticos, el lugar geográfico donde vino al mundo y se crió, la época, sus éxitos y fracasos personales y profesionales, sus sueños, su *modus operandi*, y la forma en que es visto por los demás personajes. Luego el actor personaliza estos elementos, duplicándolos a partir de su propia vida y generando patrones lingüísticos y conductas acordes con la idiosincrasia a representar.

> *El OBJETIVO PRINCIPAL de tu personaje debe*
> *ser expresado de modo tal que marque en su vida*
> *el cambio necesario para su supervivencia física*
> *y/o emocional.*

Las siguientes cuestiones comparten, a grandes rasgos, características universales capaces de guiar el recorrido de un personaje del principio al fin de un libreto, ya sea que la acción transcurra en el lapso de un día o de toda una vida. Entre los OBJETIVOS PRINCIPALES valiosos que comprenden necesidades humanas básicas incluimos:

- La búsqueda del amor
- La búsqueda del poder
- Ser amado incondicionalmente
- Tener hijos
- Casarse
- Ser amado por la madre/padre
- Recuperar el amor de una ex pareja
- Triunfar profesionalmente
- Lograr aprobación
- Proteger a un ser amado y mantenerlo con vida

El OBJETIVO PRINCIPAL no debe confundirse con el argumento. George Bernard Shaw decía que no hay argumentos originales, sino nuevas formas de negociación y creación de relaciones interpersonales. Considerando que cada persona es única, la *forma* en que se relaciona es también única y especial. El trayecto se compone de la manera en que el personaje encare el logro de su OBJETIVO PRINCIPAL, con base en alguna necesidad humana esencial.

> *No es necesario que la interpretación del actor*
> *contribuya al argumento.*
> *Para eso existe el libreto.*

No hay que olvidar que el público concurre al teatro, al cine, o se sienta frente al televisor para ver cómo se desarrollan las relaciones humanas. No importa si el argumento nos transporta a un planeta inexistente, a una batalla de la Segunda Guerra Mundial, o relata la historia de cucarachas gigantes haciendo estragos entre la inmundicia: el público siempre se conecta con el factor humano mediante el cual las personas tratan de establecer, construir, o negociar una relación, y esto es válido en cualquier escenario.

En la película *Out of Time*, Eva Mendes desempeñaba el papel de una mujer policía llamada Alex Whitlock, quien trabaja codo a codo con su ex esposo Matt Whitlock (Denzel Washington) en un caso de homicidio. A medida que progresa en su investigación, Alex se va convenciendo de que Matt es el asesino. Al final de la historia, se descubre que él fue víctima de una trampa y la pareja se reconcilia.

Eva podría haber trabajado sobre el OBJETIVO PRINCIPAL del argumento: "resolver el crimen". De haberlo hecho así, habría resultado árido, frío, y sin pasión; habría faltado lo que al público verdaderamente le interesa: la relación humana. En cambio, Eva y yo abordamos su personaje con el OBJETIVO PRINCIPAL de "recobrar el amor de Matt". Esto tornaba imperativo que ella resolviera el caso, por dos motivos. En primer lugar, necesitaba impresionarlo con su habilidad como investigadora. En segundo lugar, haciendo caso omiso de sus sospechas hacia él, tenía que ayudarlo a limpiar su reputación. Este OBJETIVO PRINCIPAL hace que el personaje de Eva resulte indispensable para Matt, tanto en lo personal como en lo profesional, *dándole el derecho* de reincorporarlo a su vida. No se trata sólo de *desear* que vuelva a ella, sino de hacer lo necesario para recuperarlo. Ello despierta más reacciones emocionales en Eva, puesto que cada giro del argumento representa un nuevo conflicto que debe resolver para obtener su OBJETIVO PRINCIPAL (reanudar su relación con Matt). Así es como se introducen las complejidades y se le añade textura a la representación de un personaje. Eva debe enfrentarse a las vueltas y revueltas del argumento sin perder de vista el logro de su OBJETIVO PRINCIPAL. Por otra parte, dichas complejidades sólo saldrán a luz si el objetivo surge de una necesidad humana básica. Esto ayuda a que el actor no se interne en procesos intelectuales y ofrezca una representación con base en la experiencia concreta.

El OBJETIVO PRINCIPAL debe ser sencillo, básico, y activo
Un OBJETIVO PRINCIPAL sencillo y humano también crea un ámbito dentro del cual el actor puede dejar de 'actuar', adentrándose verdaderamente en la escena. El error más frecuente en el que se suele incurrir es complicar demasiado el OBJETIVO PRINCIPAL, lo cual dificulta la actuación.

Cuando entrené a Jessica Biel para el rol protagónico de la nueva versión de *The Texas Chainsaw Massacre*, nos encontramos precisamente con este problema. Habría sido sencillo establecer como OBJETIVO PRINCIPAL del personaje "quiero alejarme de este lunático y evitar mi muerte y la de mis amigos porque el asesino ha perdido todo control, está sediento de sangre, y nosotros sólo somos un grupo de jóvenes, y yo estoy embarazada y mi novio no lo sabe...". El problema reside en las dificultades de actuar un papel tan complicado y restringido al desarrollo del argumento. Tratando de simplificarlo, se nos ocurrió "proteger al hijo por nacer". Esto le permitió a Jessica desarrollar la necesidad perentoria de sobrevivir, pues de lo contrario, su bebé también moriría. Asimismo, pudo abordar su actuación desde la desesperación, la extrema conciencia de la situación, y los instintos más primarios (nada supera el instinto de protección maternal hacia el fruto de su vientre). El OBJETIVO PRINCIPAL, recreado, introdujo mayor tensión y realismo en su relación con los otros, particularmente con su novio, porque sentía que no podía revelar su embarazo hasta sentir que el bebé se encontraría emocionalmente seguro en manos de sus amigos y del padre de la criatura. Un OBJETIVO PRINCIPAL simple le brindó una dimensión más amplia en una película que, de otro modo, habría sido una mala historia de terror.

Durante el montaje definitivo, se omitieron todas las referencias al embarazo del personaje de Jessica. Sin embargo, en la versión depurada que llegó al público, y gracias al objetivo de proteger al hijo por nacer, la actuación de Jessica denotaba su desesperación por sobrevivir y salvar a sus amigos. No fue importante que los espectadores no estuvieran enterados de su embarazo, porque sus actos fueron entendidos como una necesidad imperiosa de proteger a sus amigos sin perder la vida. En consecuencia, su actuación fue aclamada, y Jessica recibió ofertas (y honorarios) para trabajar en películas a las que hasta entonces no había tenido acceso.

No recurras al intelecto para elegir tu OBJETIVO PRINCIPAL
Escoge tres o cuatro, con base en los elementos del libreto, y ponlos a prueba en los ensayos. Cuando hayas llegado al final de la segunda página, el OBJETIVO PRINCIPAL más adecuado saltará a la vista.

Hedda Gabler es uno de los personajes más complejos del teatro. A menudo se la interpreta como una mujer malvada, calculadora, y egoísta. Judith Light acudió a mí en busca de un enfoque diferente. Se estaba preparando para una temporada en el Kennedy Center de Washington, D.C. Juntas examinamos las circunstancias de la vida de Hedda, cuyo padre, un general de división, deseaba un hijo varón que continuara el linaje militar de la familia. Naturalmente, en aquella época no cabía la posibilidad de que una mujer ingresara en el ejército, por lo cual, a sus ojos, Hedda era menos que nada.

Teniendo en cuenta los hechos mencionados, no era absurdo suponer que, durante su infancia, la niña había escuchado encendidas conversaciones de su padre acerca de tácticas y estrategias militares, y que lo había visto entusiasmarse con juegos bélicos, haciendo caso omiso de su hija. Toda criatura ignorada por un progenitor adquiere la obsesión de cambiar la relación de indiferencia por otra en la que prime la aceptación, el orgullo, y —esto es lo más importante— el amor. El OBJETIVO PRINCIPAL fue, entonces, "lograr que mi padre me ame". Esto provee una base lógica aceptable a la conducta dura y calculadora del personaje. Aún cuando su padre ha muerto, Hedda busca convertirse en el tipo de persona que él *podría* amar; es decir, en un general de división.

Para lograr el objetivo, hice que Judith se comportara como tal en la casa, su hogar en la ficción. Cada interacción, conversación, y gesto se correspondía con la guerra, trasladando tropas, utilizando subterfugios, espiando, persuadiendo a la Sra. Elstead para que destruyera pruebas, etc. La conducta puede haber sido malvada, pero como Judith se apoyaba en un motivo justificado, en un instinto primario —ganarse el amor de su padre— Hedda no fue vista por crítica y público como un ser calculador e incapaz de amar, sino como una mujer vulnerable, de carne y hueso, haciendo lo que fuese a fin de obtener lo que deseaba. Habíamos encontrado el OBJETIVO PRINCIPAL capaz de extraer el mayor sentido de las circunstancias dadas, un objetivo que explicaba las razones de su conducta. Inclusive los criminales más empedernidos cuentan con algún motivo comprensible para conducirse como lo hacen. El trabajo del actor consiste en descubrirlo.

El OBJETIVO PRINCIPAL debe consistir en una necesidad simple, fundamental, y primaria que se mantenga consistente a lo largo del libreto

Ya se trate de un libreto de dos páginas o de doscientas, y que abarque diez minutos o toda una vida, tu OBJETIVO PRINCIPAL debe mantener una línea clara, coherente, y centrada. El punto de partida y de llegada del personaje te dará las pautas necesarias. Hace algunos años, Rob Schneider me trajo el libreto de la comedia *Deuce Bigelow*, que relata la historia de un gigoló. Luego de discutir los escollos implícitos en la representación de este papel, le dije que teníamos que encontrar un OBJETIVO PRINCIPAL que no sólo tuviera sentido en el marco de la historia, sino que también hiciera que el público viera a Deuce como a un héroe antes que como a un individuo sórdido en busca de la manera fácil de tener relaciones sexuales. Analizamos varias ideas hasta acordar que el objetivo sería "ser amado". En realidad, se trataba de la necesidad de ser amado a punto tal de hacer cualquier cosa para lograrlo.

Hablamos también de la motivación que lo sustentaría. ¿Cuál sería la razón de que la sed de amor lo llevara a convertirse en un gigoló? La respuesta adoptó esta forma: desde una edad muy temprana, el personaje había sufrido un continuo rechazo por parte de las mujeres. Nunca había podido resolver su necesidad de ser aceptado por ellas, ni siquiera en el tiempo real del libreto. En la práctica, al no haber madurado en su conducta social, Deuce se comportaba infantilmente.

Trabajando en este objetivo desde una posición aniñada, Rob dispuso de la inocencia necesaria para dotar a su personaje de rasgos comprensibles. Al fin y al cabo, no hay nada que un niño no haga con tal de ganar. Por ejemplo, si se muere por un Frisbie, intentará la seducción, tendrá un berrinche, negociará, se quejará, acusará, se pondrá en víctima, se mostrará insolente, y le perdonaremos todo porque surge de la inocencia, de un espíritu puro. Y si un adulto conserva una necesidad y conducta que le viene de la infancia, también lo perdonaremos. Fijémonos en Jack Nicholson en *As Good As It Gets*. También él creó su personaje desde un punto de vista infantil; si hubiera jugado su papel partiendo de un adulto maduro, el personaje nos habría impresionado como un ser abusivo y cruel.

Este OBJETIVO PRINCIPAL, alimentado por problemas que Rob Schneider experimentó en la niñez, realizó dos aportes a la película. Primero, el OBJETIVO PRINCIPAL trajo aparejado un cambio en la forma. En tanto se comportaba como un niño, el ser un gigoló no se asociaba con la relación sexual. Aunque las mujeres se le acercaban con dicho propósito —el sexo— Deuce lo transformaba mediante su propio deseo de lograr que lo amaran, y lo conseguía haciendo que las mujeres se sintieran lo bastante fuertes para vencer algunos problemas serios: la narcolepsia, la obesidad, y el síndrome de Tourette[*]. El público lo adoró por rescatar a estas mujeres. Rob convirtió a Deuce en un héroe, lo cual nos lleva a la segunda contribución del OBJETIVO PRINCIPALa esta película: hizo que un tema potencialmente pobre alcanzara la categoría de alta comedia al igual que un éxito enorme.

---

[*] Afección neurológica que provoca tics del sistema motriz, a veces acompañados por tics en la emisión verbal. [N. de la T.]

Lee todo el libreto más de una vez

Para encontrar el OBJETIVO PRINCIPAL de tu personaje, es importante leer la totalidad del libreto repetidas veces. Así podrás determinar la mayor cantidad posible de los rasgos específicos que lo definen y comenzar a pensar cómo los otros personajes se conectan con el tuyo y se refieren a él en ausencia.

De no haber leído y releído el libreto de *The Silence of the Lambs*, Anthony Hopkins jamás habría comprendido que el OBJETIVO PRINCIPAL de Hannibal Lecter no consistía en convertirse en un asesino serial aún más temible de lo que ya era, sino ganarse la estima de la Agente Clarisse Starling (Jodie Foster). El libreto comienza con una escena en la que Lecter somete a prueba a Clarisse a fin de decidir si es merecedora de su consejo y amistad. Hopkins utiliza de modo eficaz la conducta extraña y espeluznante de su personaje para sondear su intelecto, sus emociones, y sus reacciones físicas. Hannibal Lecter es un hombre muy dañado, producto de una infancia signada por el abuso. Necesita asegurarse de que Clarisse no va a someterlo a maltrato. Sus extrañas tácticas de examen son, en verdad, la única manera de protegerse emocionalmente. Ella pasa su riguroso test. ¿Cómo lo hace? No sólo demuestra su entereza intelectual y emocional sino que —y esto es lo más importante— ambos se percatan de que comparten ciertos demonios emocionales que ambos deben vencer. Los dos escuchan, en la cabeza, los "chillidos de los corderos", pero han encontrado soluciones contrapuestas para lidiar con ellos: ella salva vidas, mientras que él las cercena. Unidos en el sufrimiento, entablan una amistad; una amistad tan fuerte que el espectador siente que, sin importar la circunstancia, Hannibal nunca lastimará a Clarisse. En efecto, el vínculo creado por los actores es tan poderoso que, al final de la película, cuando el personaje de Hopkins dice a Clarisse, con un dejo humorístico, "Tengo a un amigo para la cena"*, el público, lejos de espantarse, ríe, aunque sabe que, literalmente, el amigo será su cena. Y todo ello porque el OBJETIVO PRINCIPAL — "una amiga que me entienda de verdad"— hace este comentario aceptable, e inclusive gracioso, en el contexto de una conversación entre amigos y no entre un caníbal consumado, anhelante de carne humana, y una agente novata

---

* La frase original: "I'm having an old friend for dinner" tiene un sentido ambiguo, pues tanto podría entenderse como "Me comeré a un viejo amigo" o "He invitado a un viejo amigo a cenar". [N. de la T.]

del FBI. El objetivo basado en las relaciones humanas desarrollado por Anthony Hopkins en *The Silence of the Lambs* se tradujo en una película sobre la amistad entre dos personas muy diferentes, saliéndose de la categoría remanida del *thriller*.

Es importante señalar que Hopkins tampoco veía a su personaje como a un malvado. Sin juzgarlo, consideraba a Hannibal una persona herida por las circunstancias de la vida que le había tocado en suerte y que cometía asesinatos seriales para desquitarse de un pasado horrendo y penoso. Al no ejercer el juicio moral, Hopkins gozó de la libertad de explorar todas las facetas de un hombre sumamente complejo, dando vida así a una representación igualmente rica.

Nunca juzgues a tu personaje ni a los OBJETIVOS que lo mueven.

Dijo Noel Coward: "No es posible juzgar el arte". De igual modo, no puedes juzgar a tu personaje ni a sus OBJETIVOS. Un estúpido nunca piensa que lo es. Un malvado no se cree malvado: siempre encontrará un motivo para comportarse como lo hace. Un proxeneta, o una prostituta, o una desnudista, no necesariamente detesta la ocupación con que se gana la vida, ni piensa que se trata de algo malo o sórdido. No debes contaminar el lienzo sobre el cual pintas tu personaje con dogmas morales ni valores sociales. Alimentarte de tus propios valores te resta energía y concentración, y necesitas focalizar ambas en tu personaje y sus objetivos. Hay que darle al arte espacio para respirar, junto con la libertad de descubrir libremente. Los colores que usas en tu trabajo deben incluir una variada gama de atributos, que incluyen tus aspectos buenos y amables, pero también aquellas características indeseables y oscuras de las que nadie está exento. Tal vez lo que digo a continuación te suene cobista, pero lo cierto es que suelen ser los rasgos más oscuros del ser humano los que nos impulsan a ir tras nuestro objetivo sin reparar en los obstáculos, con pasión y perentoriedad, prestándole excitación al trayecto marcado por el OBJETIVO PRINCIPAL.

Al momento de decidir tu OBJETIVO PRINCIPAL, no temas explorar y utilizar tus partes más oscuras y desagradables. Puedes estar representando a alguien que, según los estándares sociales, es una mala persona, pero que siente que lo que hace está bien. Esto es lo que tu OBJETIVO PRINCIPAL debe reflejar. Por ejemplo, si se trata de un violador, el objetivo no es "violar", sino "recuperar mi poder" de la persona que me lo quitó abusando de mí. Como veremos más adelante, los abusadores, violadores, y asesinos tienden a ver en sus víctimas un símbolo de quien originalmente abusó de ellos. Entonces, cuando entran en acción, sienten que están tomando venganza y lastimando a la persona cuya crueldad los dejó inermes. El ataque retaliativo a un torturador simbólico suele ser el único modo en que el violador/abusador/asesino logra manejar el abuso que sufrió de pequeño. Constituye una manera de dejar de sentirse víctima y experimente una sensación de poder. En la representación de estos personajes, esto es lo que justifica el crimen.

Idéntica idea se aplica a la cuestión del suicidio. No admite juicio. Para algunos, se trata de una solución viable a un sufrimiento abrumador e intolerable. *Leaving Las Vegas* relata la historia de Ben (Nicholas Cage), quien busca suicidarse bebiendo hasta morir, y se cruza en el camino de la prostituta Sera (Elizabeth Shue). Ella y yo trabajamos para su audición y mientras filmaba la película.

Lo primero era conseguir el papel, algo bastante difícil porque el director Mike Figgis no creía que ella fuera la persona indicada, no sin razón. En ocasiones anteriores, Elizabeth siempre había actuado en roles de "buena muchacha". Pero ella tenía muchos deseos de hacer esta película, y Figgis accedió a una reunión. Ambas sabíamos que, en el mejor de los casos, iba a recibirla por mera cortesía. Nos correspondía a nosotras hacerlo cambiar de opinión para que viera en ella a la Sera ideal.

Con base en el libreto, parecía que el OBJETIVO PRINCIPAL de Sera era "impedir que Ben se suicide y devolverle las ganas de vivir". Sin embargo, dicho objetivo juzgaba el suicidio como un acto inmoral, lo cual, como habrás adivinado, va contra mi convicción respecto de juzgar a los personajes y sus actos. Ensayamos unas cuantas ideas, y luego le pregunté a Elizabeth: "¿Y si Sera pensara en el suicidio como una solución a sus propios problemas y, en lugar de tratar de impedir que Ben se mate, se conectara con él porque los dos han encontrado la misma solución a sus respectivos sufrimientos?" A partir de ahí, su OBJETIVO PRINCIPAL fue "lograr que Ben me ame", el tipo de amor que surge de dos personas que comparten la misma respuesta a su intolerable agonía emocional. Esto transformaría un relato deprimente y sensiblero acerca del suicidio en una gran historia de amor entre dos seres que van a morir pronto, y que necesitan comprimir, en unas pocas semanas, una relación amorosa que normalmente tomaría unos cincuenta años. Así, la pregunta que Sera le formula a Ben en el diálogo del guión ("¿Por qué quieres suicidarte?") adquiere un matiz totalmente distinto. Ya no significa "¿Por qué querrías hacer semejante cosa?", pregunta que implica un juicio de valor, sino "¿Tus razones para suicidarte son las mismas que las mías?", lo cual resalta el parecido entre ambos y justifica un vínculo más estrecho. Conservando una actitud desprovista de crítica, decidimos también que a ella le gustaba su oficio —después de todo, la prostitución era la única ocupación que podía proporcionar un sentido de poder a alguien como Sera, y esto siempre es bueno.

Elizabeth tuvo su audición y le presentó a Figgis nuestra visión del libreto. Nuestra interpretación lo sorprendió e intrigó. Había entrevistado a varias otras actrices, y todas habían coincidido en que el OBJETIVO PRINCIPAL de Sera consistía en tratar de salvar a Ben; es decir, era una prostituta con un corazón de oro. Un objetivo planteado en estos términos es paternalista y degradante para con la línea de acción que Ben ha elegido. Figgis no pudo quitarse de la cabeza en la nueva visión de Sera ofrecida por Elizabeth. No sólo la contrató para el papel, sino que reescribió el guión teniendo presente su OBJETIVO PRINCIPAL: dos personas que encuentran su gran amor alentadas por el deseo compartido de llegar al suicidio. Elizabeth también logró brindar esperanza y verdadero amor a una historia de adicciones, prostitución, y violación. Peter Travers, al reseñar *Leaving Las Vegas* en *Rolling Stone*, escribió lo siguiente: "Dirigida por Mike Figgis y basada en una novela autobiográfica escrita por John O'Brien en 1991, la película es una tragedia que se desarrolla con increíble optimismo y toques de humor, como si nadie les hubiera dicho a los amantes que debían animar una historia deprimente". La mayor parte de la crítica se hizo eco de una opinión en la que el comentarista expresaba que la película "es una historia extrañamente edificante que versa sobre el suicidio". Elizabeth Shue fue nominada al Oscar; Nicholas Cage obtuvo el Oscar, y Mike Figgis recibió una nominación como Mejor Director y Mejor Guionista.

Es necesario analizar la psiquis del personaje y, interrogando la posible problemática original, encontrar el modo de que se sienta justificado en su proceder actual. Al encontrar equivalencias entre rasgos psíquicos del personaje y tus propias emociones, puedes lograr que conductas inmorales o escandalosas cobren sentido.

En *A Streetcar Named Desire*, el personaje de Blanche Dubois constituye uno de los antihéroes más celebrados del teatro estadounidense. Su OBJETIVO PRINCIPAL es "rescatar a Stella (su hermana) de Stanley (esposo de Stella) y hacer que vuelva a mí".

En el intento de recobrar a su hermana, Blanche está dispuesta a mentir y robar, pero lo peor es que tiene un encuentro sexual con Stanley, apelando a la seducción para inducirlo a que la viole. ¿Por qué llegar a tales extremos? Blanche hace *cualquier cosa, lo que sea*, para conseguir su objetivo, porque de lo contrario morirá, y no sólo en sentido figurado: si no consigue que Stella abandone a Stanley para quedarse con ella, quedará sin un centavo, en la calle, y absolutamente sola.

Personaliza el OBJETIVO PRINCIPAL de tu personaje
Barry Pepper acudió a mí para preparar el papel de Daniel Jackson en *Saving Private Ryan*, la película de Steven Spielberg. Parecía que el OBJETIVO PRINCIPAL de Daniel era "ganar la guerra". Este objetivo contenía elementos positivos: era sencillo y activo, no estaba sobreintelectualizado, cumplía con los requerimientos del guión, y no expresaba crítica alguna al personaje. Sin embargo, carecía de una necesidad humana básica. Ganar la guerra no le significaba nada a Barry y, dado que toda actuación, en cierto sentido, se guía por aspectos de las relaciones entre personas, teníamos que encontrar el modo de que su actuación funcionara de acuerdo con esta premisa.

Barry es oriundo de una pequeña ciudad canadiense, y jamás experimentó una situación bélica. ¿Cómo perseguir un OBJETIVO PRINCIPAL que le resulta totalmente desconocido? Podría haber fingido su participación en la Segunda Guerra Mundial y rellenado su actuación con información histórica. Pero al igual que ocurre cuando se inventa una mentira compleja, no es fácil recordar todos los detalles, y en algún momento, la mentira se descubre. Lo mismo sucede en la actuación. Si demasiada información está supeditada a la imaginación lisa y llana, tarde o temprano se olvida.

Para evitar esto, le dije que la guerra adopta muchas formas. Hay luchas emocionales que recuerdan a un campo de batalla, guerras que todo ser humano vive. Era también el caso de Barry, quien se hallaba comprometido en matrimonio. La inminencia del día de la boda es siempre aterradora, intimidante, y para muchos —yo me incluyo— espeluznante. Lo cierto es que muchas parejas sostienen las peores peleas de su relación precisamente en los momentos previos a la boda. El día anterior a mi casamiento, tuve una pelea tan espantosa con mi futuro esposo que amenacé con arrojarme de un vehículo en movimiento en plena autopista. Llegué a abrir la puerta de mi lado, y quedé con un pie moviéndose en equilibrio precario en el viento, inmersa en la neurosis de conseguir la victoria en la insignificancia por la que discutíamos. La intimidación que provoca ver a quien será nuestra pareja "en la salud y en la enfermedad hasta que la muerte nos separe" puede resultar terrorífico y, en muchos casos (como el mío), se arriesga la vida. La situación es comparable al enfrentamiento con el enemigo en una guerra real. Si el matrimonio puede pensarse como una guerra proverbial, tiene sentido que uno quiera ganar, salir airoso de todos los problemas que posiblemente sobrevengan con el futuro cónyuge. Yo sabía que pelear con su prometida sería la respuesta natural de Barry a la boda que se aproximaba, de modo que hice que utilizara las peleas, los temores, las preocupaciones y las amenazas mortales que sus emociones le sugerían, todo ello producto de esa guerra en particular. Por lo tanto, el OBJETIVO PRINCIPAL de Barry en *Saving Private Ryan* se transformó en "lograr que mi matrimonio funcione".

Finalmente, Barry no representaba un soldadito de plomo en una guerra de fantasía. Por cierto, fue tras su OBJETIVO PRINCIPAL personal con la ferocidad de quien tiene mucho en juego: ganar la guerra planteada por los temores de su prometida y los propios en pro de un matrimonio pacífico y sano. Decía unas pocas frases en la película, pero el público siempre lo vio como uno de los protagonistas, a la misma altura de los pesos pesados Tom Hanks y Matt Damon, gracias a la potencia de su OBJETIVO PRINCIPAL, basado en algo tan esencial para su vida personal. Público, crítica, y futuros empleadores no pudieron sino reparar en él, lo cual operó un cambio en su carrera.

El OBJETIVO PRINCIPAL y el OBJETIVO DE LA ESCENA constituyen los ejes de mi técnica para el análisis de libretos. Sin ellos, desaparece la necesidad, el propósito, las consecuencias, el camino y, más importante aún, el recorrido.

CAPÍTULO 2

SEGUNDA HERRAMIENTA

El OBJETIVO DE LA ESCENA

Aquello que el personaje desea durante
el transcurso de una escena

El OBJETIVO DE LA ESCENA debe apoyar al OBJETIVO PRINCIPAL, sin contradecir el objetivo delineado en la totalidad del libreto, pues cada escena es un eslabón cuyo conjunto conforma la cadena que cierra el círculo de la historia completa. Si el OBJETIVO PRINCIPAL de tu personaje es "ser amado", las escenas sucesivas darán forma a la senda que tu personaje ha de seguir para lograrlo. Esto significa que aún si hay una escena en la cual tu personaje le pide a otro que se case contigo, pero en otra escena le pide el divorcio, el OBJETIVO PRINCIPAL se mantiene. ¿Cómo es posible? Pues porque el objetivo de la segunda escena está motivado por el OBJETIVO PRINCIPAL de tu personaje. El matrimonio actual de tu personaje no le da amor, de modo que sus circunstancias lo han llevado a buscarlo en otra parte. Así, el divorcio no invalida el OBJETIVO PRINCIPAL de "ser amado", sino que lo realiza.

El OBJETIVO DE LA ESCENA es el impulso específico de la intercomunicación entre ti y el otro personaje dentro de una escena, mientras que el OBJETIVO PRINCIPAL se compone de grandes pinceladas que muestran lo que tu personaje busca a lo largo del libreto. El OBJETIVO DE LA ESCENA es el modo exacto en que vas a lograr el OBJETIVO PRINCIPAL, instruido por el diálogo y las acciones de la escena que estás desglosando. En *Patton*, el OBJETIVO PRINCIPAL de George C. Scott, quien desempeñó el papel del General Patton, un militar de relevancia durante la Segunda Guerra Mundial y cuyo nombre da el título a la película, consiste en "ganar poder" por sobre tropas propias y enemigas por igual. En su famoso monólogo, Scott se para frente a la bandera de los Estados Unidos y utiliza un OBJETIVO DE LA ESCENA traducible en "autorizar e inspirar (a las tropas)". De este modo las motiva para hacer lo que les pida, inclusive que mueran por él. Inspirar este tipo de lealtad no puede sino dotar a Scott-Patton de inmenso poder, haciendo que el acto de autorizar a sus hombres le sea doblemente devuelto. Al utilizar el OBJETIVO DE LA ESCENA, queda establecida una relación simbiótica de la cual todos se benefician. Scott podría haber *arengado* a las tropas; en cambio, optó por monologar acerca de la intercomunicación y de las relaciones humanas. Es por ello que es considerada una de las escenas más memorables del cine bélico.

Tu OBJETIVO DE LA ESCENA debe ser expresado de modo tal que requiera respuesta.

Por ejemplo, "conseguir tu amistad"; algo que es posible obtener del otro dentro de la misma escena. La persecución del OBJETIVO DE LA ESCENA debe *incluir* a la otra persona, lo cual impide que el actor se concentre en escucharse a sí mismo y lo obliga a dirigirse al otro. De este modo, buscas una reacción, no una caja de resonancia. Debes responder esta pregunta: "¿He expresado mi OBJETIVO DE LA ESCENA de modo tal que genere una respuesta?" Tienes que reducir tus necesidades a lo fundamental, quitando los aspectos intelectuales y fraseando el OBJETIVO DE LA ESCENA de modo básico, forzoso, y primario. Ello hará que actúes desde tu cuerpo, no desde tu cerebro. Cuando eres racional, tienes el control. Pero cuando las apuestas son altas –ya sea que estés furioso o sexualmente enardecido– la racionalidad de tu cerebro te abandona, tu cuerpo y tus emociones asumen el control, y terminas comportándote de un modo que te sorprende. El pensamiento que debe asaltarte como consecuencia de un OBJETIVO DE LA ESCENA básico, forzoso, primario, dotado de un fundamento sólido, y donde se juega mucho, es "¿De dónde salió esto? Yo no suelo comportarme así". He aquí dos ejemplos de un proceso de pensamiento cerebral y racional aplicado al OBJETIVO DE LA ESCENA:

"Quiero comprender cómo funciona tu mente para ver si lo que tenemos en común basta para enamorarnos".

o bien

"Necesito que comprendas por qué hago lo que hago porque fui abusado de niño y me pregunto si eres capaz de conectarte con esa parte de mí".

Resulta evidente que estas maneras de expresar el OBJETIVO DE LA ESCENA son excesivamente confusas para dar lugar a un recorrido directo. No te involucres con conceptos esotéricos o sobreintelectualizados. No se trata de si tu personaje es inteligente o estúpido: las necesidades básicas son siempre las mismas; es decir, primarias. Tanto Albert Einstein como el personaje de Lenny, el retrasado mental de *Of Mice and Men*, poseen los mismos instintos humanos; por ejemplo, la necesidad de ser amados, aunque lo manifiestan de modos diferentes.

Puedes evitar sobreintelectualizar tu OBJETIVO DE LA ESCENA probando tres o cuatro junto con el diálogo. Aquel que te parezca más lógico, el que involucre tu cuerpo y tus emociones a medida que fluyen las palabras, es el mejor, y te darás cuenta porque el más eficaz se ajustará a la situación como un guante.

El OBJETIVO DE LA ESCENA nunca se modifica a mitad de la escena

Si el OBJETIVO DE LA ESCENA se modifica, o da la impresión de modificarse en algún punto de la escena, te has equivocado al elegirlo. Este objetivo debe verse tan lógico al principio como al final, de modo que efectivamente haya un principio, un medio, y un final.

El objetivo debe componerse de un simple proceso de pensamiento que no gire a uno y otro lado y atraiga nuevas ideas que impliquen usar más de un objetivo. La complejidad de tu actuación surge de la manera en que tu personaje manifiesta sus necesidades. En otras palabras, *cómo* se interpreta la escena puede experimentar cambios radicales según la singularidad de la historia, experiencia, personalidad, y prioridades que emanan del personaje *y* del actor que lo representa. Es el quién-soy del personaje sumado a lo que tú eres como persona lo que introduce los matices de la conducta individual apropiados para ese personaje.

El OBJETIVO DE LA ESCENA debe ser algo que puedas procesar con la mente, el corazón, las entrañas, y la sexualidad; necesidades humanas sencillas como éstas:

- "Conseguir que me ames"
- "Lograr que me des empleo"
- "Ganar tu aprobación"
- "Convertirte en mi aliado"
- "Lograr que me devuelvas mi poder"
- "Conseguir que tengamos un encuentro sexual"
- "Probar que estás equivocado para demostrar que yo tengo razón"

- "Lograr que me des esperanza"
- "Hacer que me adores"
- "Lograr que me ayudes a sentirme mejor"

En cambio, sería un mal enfoque del OBJETIVO DE LA ESCENA expresarlo de la siguiente manera:

- "Necesito amor"
- "Necesito empleo"
- "Quiero aprobación"
- "Necesito un aliado/a"
- "Quiero tener poder"
- "Me gustaría tener un encuentro sexual"
- "Quiero tener razón"
- "Quiero esperanza"
- "Quiero sentirme mejor"
- "Quiero ser adorado/a"

Los ejemplos precedentes son erróneos porque ni la estructura ni la conceptualización del fraseo exige respuesta. El otro actor no se siente aludido.

La actuación consiste en la interacción entre individuos.

Existe una enorme diferencia entre alguien que dice "Necesito amor", y alguien que se dirige a otro específico con la frase "Voy a hacer que *tú* me ames". Lo primero provoca un encogimiento de hombros, y una respuesta del estilo de "Genial, que tengas buena suerte, ¿acaso no lo necesitamos todos?". En cambio, lo segundo *cambia* la actitud del otro, quien se ve obligado a reaccionar en un contexto real, ya sea que se sienta extático, destruido, o asustado ante la situación. Contribuye a la idea de que el OBJETIVO DE LA ESCENA es un acción afectiva que debe ejecutarse a fin de establecer algún tipo de relación humana.

Es necesario cambiar a la otra persona para conseguir lo que se desea.

El OBJETIVO DE LA ESCENA debe expresarse de modo tal que requiera respuesta; debe afectar al otro actor a tal punto que en su fuero íntimo se genere la necesidad de involucrarse. El vaivén de la interacción entre dos actores que tratan de obtener lo que desean del otro resulta tan excitante como presenciar un buen match de boxeo. Cuanto más convincente sea el objetivo elegido, más impactante será la respuesta y, en consecuencia, la escena que se juega. La persecución de un objetivo que busque una reacción te mantendrá siempre alerta, pues no sabes cómo va a reaccionar el otro actor. De ese no saber se desprende que también ignoras cómo vas a responder tú, manteniendo así tu actuación dentro de los parámetros de una experiencia que se desenvuelve minuto a minuto.

En verdad es útil pensar la actuación en términos de un match de boxeo. Cuando estás en el cuadrilátero, no sabes cuáles serán los movimientos que tu contrincante pondrá en juego para ganar la pelea; sólo te enteras en el momento en que se producen. Tú comienzas el asalto lanzando tu mejor golpe. Digamos que el otro responde con un exitoso gancho a la cara. Tú recurres a tu mejor contragolpe, buscando la victoria. Tu oponente lo recibe en el cuerpo y, a su vez, golpea, esperando vencerte, etc. Toda la acción se desarrolla en el presente, minuto a minuto.

EL OBJETIVO (PRINCIPAL o DE LA ESCENA) es tu herramienta más importante

Sí, tu vida emocional es importante, pero sin la sensación de movimiento que te proporciona un OBJETIVO, y si no usas tus emociones para estimularlo, de nada te sirve: queda ahí hecha una masa informe de sentimientos inútiles. Cuando un actor se limita a representar su papel de manera muy emotiva, el público siente que la actuación se regodea en sí misma. Por sí solo, el trabajo interior no asociado a un objetivo crea un campo emocional estático en la escena, dado que las emociones no poseen movimiento propio, sino que son una *reacción* a un hecho o a un estímulo. Lo que tú como actor hagas con tus emociones para lograr tu OBJETIVO DE LA ESCENA es lo que da pie a la fuerza de una representación. Deja que las emociones sean el ímpetu o la motivación que te conduzca al logro de tu objetivo, pero no permitas que se conviertan en la meta final.

Cuando Eriq LaSalle comenzó a estudiar conmigo, era un actor introspectivo, profundo y sólido, pero tendía a no permitir que la solidez fluyera. Le llevó pocos meses aprender a incorporar el impulso de ganar y ponerlo de manifiesto en su actuación. El deseo de ganar se encuentra tan arraigado en la naturaleza humana que, una vez que nos conectamos con ese aspecto de nuestra personalidad, ya no hay vuelta atrás. Eriq comenzó a visualizar su trabajos y libretos ya no como la oportunidad de revelar la riqueza de sus emociones, sino como la oportunidad de obtener logros. Ello le permitió incorporar a sus personajes el instinto de supervivencia –física y emocional –de nuestra especie. Poco después de haberlo descubierto, audicionó para el papel del Dr. Peter Benton en la exitosa serie televisiva *ER*. Según lo escrito, el Dr. Benton impresionaba como un profesional introspectivo y temperamental. Otros actores que compitieron por el mismo papel cometieron la equivocación de presentarse a la prueba de selección representando a un individuo malhumorado, porque así aparecía el personaje en el guión. La mayoría de los actores trata de ajustarse a las líneas antes que pensar e indagar en la necesidad humana y el objetivo del personaje. Eriq fue más sensato. En lugar de hacer lo que los otros actores —una representación que mostraba al Dr. Benton como el típico médico meditabundo, absorto en la dualidad vida-muerte— trabajó el OBJETIVO DE LA ESCENA, basado en una necesidad humana extraída de su vida personal, y expresada en estas palabras: "Mantenerse con vida". Asimismo, dotó al personaje moribundo con un elemento importante de su propia experiencia, lo cual agrandó la necesidad emocional del OBJETIVO DE LA ESCENA. Todo ello dio al personaje propósito, movilidad, un deseo irrefrenable de alcanzar el objetivo, y la posibilidad del fracaso, haciendo que tanto Eriq como los ejecutivos de la cadena de televisión que lo estaban evaluando se percataran de que podía ocurrir lo imprevisible. Trabajar el OBJETIVO DE LA ESCENA creó una serie ininterrumpida de momentos dramáticos. Cuando, terminada la audición, hablé con uno de los ejecutivos, me dijo que Eriq no tenía a nadie compitiendo contra él. La cadena NBC lo quería a él porque fue el único postulante que persiguió un objetivo.

Siempre conecta el OBJETIVO DE LA ESCENA con las relaciones humanas; no te limites a actuar el argumento.

Si el público sólo quisiera ver un argumento, podríamos prescindir de los actores. Simplemente pondríamos el libreto en la pantalla para que la gente lo leyera. Los actores existen para interpretar el guión introduciendo el factor humano. Esto se reduce a crear algún tipo de relación. Inclusive si alguien te está apuntando a la cabeza con un revólver, necesitas crear una relación con quien te amenaza; de lo contrario, te dispararán en cuanto intentes huir. Un buen ejemplo que viene al caso es la película *Misery*. James Caan ha sido drogado y amarrado por una admiradora lunática, obsesiva, y con tendencias homicidas, interpretada por Kathy Bates. Cada vez que intenta oponérsele o reprenderla por su conducta, sólo consigue enojarla más, lo que la lleva a infligir mayores daños físicos a su prisionero. El personaje de Caan se da cuenta de que el único modo de sobrevivir consiste en hacerle creer que simpatiza con ella, que puede conectarse con sus sentimientos y confiar en ella. Al crear esta relación, salva su vida.

En la serie *The West Wing*, en un principio la actriz Janel Moloney fue contratada como estrella invitada en un episodio, con posibilidades de regresar en otros, para desempeñar el papel de Donatella Moss, la asistente de Josh Lyman. El diálogo se ajustaba estrictamente al guión y consistía en la charla insustancial de un lugar de trabajo, donde no se fomenta la relación entre las personas. Sin embargo, a Janel no le pareció que las escenas con su 'jefe' mostraran la efectividad de su trabajo en la Casa Blanca (la del argumento). Entonces creó un OBJETIVO DE LA ESCENA marcado por las relaciones y expresado como "lograr que te enamores de mí y me encuentres atractiva sexualmente". Introdujo la cuestión de la sexualidad porque se trata de una necesidad primaria con la cual *todo el mundo* puede conectarse. Esto es algo que Janel aprendió una y otra vez mientras trabajaba escenas en mis clases. El haber hecho que el OBJETIVO DE LA ESCENA incluyera amor y sexo abrió una gran gama de variaciones con las que pudo trabajar: la dinámica de la relación entre jefe y empleada, siempre peligrosa para ambos porque existe la posibilidad de perder el empleo sin miras próximas de encontrar otro; luego existe el riesgo de que uno está casado y el otro no, lo cual introduce al cónyuge como un enemigo potencial; y, por supuesto, es necesario cumplir con las obligaciones del trabajo, lo cual resulta más complicado cuando la mente se pierde en las fantasías de la carne. Este OBJETIVO DE LA ESCENA permitió a Janel tomar un papel insípido y simple y darle complejidad, diversos niveles, y múltiples facetas, recreando un personaje con quien todos podíamos conectarnos. Finalmente, pasó de estrella invitada a representar un papel que se incorporó de manera permanente a una serie exitosa, lo cual le obtuvo dos nominaciones al Emmy.

El OBJETIVO DE LA ESCENA proporciona un principio, un medio, y un final

El OBJETIVO DE LA ESCENA no sólo proporciona una línea clara que pasa por el principio, el medio, y el final, sino que también proporciona una razón de ser, pues responde la razón de ser de dicha escena. El objetivo presta sentido, dando movilidad y propósito a las emociones e ideas que los personajes deben transmitir. Las emociones sin aditamentos no forman parte del espíritu, sino que dimanan de la necesidad humana de obtener algo. Djimon Hounsou, originario de Benin, desempeñó un papel estelar en *Amistad* y en *Gladiator* y fue nominado al Oscar por su actuación en *In America*. Vino a mí a poco de su arribo de África. Hablaba inglés, pero no era su lengua nativa. En la clase, su trabajo escénico resultaba incomprensible debido a su marcado acento africano. Yo sabía que poseía talento y una vida emocional plena, ¿pero eso a quién le importa si el público —en este caso sus compañeros y yo— no entiende qué diablos dice? La vuelta de tuerca se produjo cuando hizo una escena de la comedia *Women of Manhattan*. Se trataba de una cita a ciegas en la que Duke (un afroamericano), el personaje de Djimon, se encuentra con la dama, una mujer blanca que no había sido advertida de que su cita de esa noche era con un negro. La primera pasada de la escena fue confusa porque, una vez más, su acento impedía comprender lo que decía; tanto daba que hablara chino. Era evidente que Djimon representaba lo que ocurría en el interior del personaje: la incomodidad que le causaba la actitud racista de la muchacha, pero no había incorporado un objetivo para esta escena. Le dije que necesitaba esta herramienta para darle sentido a la historia. El OBJETIVO DE LA ESCENA era simple y básico: "lograr que gustes de mí". Era un modo eficaz de vencer la intolerancia racial de su ocasional pareja y de ganarse el derecho al encuentro sexual que se produce al final de la velada. Djimon repitió la escena, esta vez con la táctica de quien está empeñado en gustar. Apeló al encanto, al humor, a la sexualidad, la accesibilidad, y el desafío. De pronto, el acento dejó de ser un obstáculo. La clase y yo comprendíamos perfectamente de qué se trataba, y el actor cosechó muchas risas en momentos que anteriormente habían provocado perplejidad o indiferencia. El punto es que, aunque se hable una lengua extranjera, un OBJETIVO DE LA ESCENA convincente transmite el significado a los otros actores y al público.

Descubre el modo y el lugar en el que una escena en particular ocurre dentro del esquema general del libreto.

El OBJETIVO DE LA ESCENA debe sostener el OBJETIVO PRINCIPAL de modo que tu personaje emprenda un recorrido lógico de la A a la Z. El trayecto debe ser directo y de fácil seguimiento tanto para el actor que encarna el personaje como para el público. Ello requiere que reflexiones si una escena determinada ocurre al principio, en el medio, o al final del libreto. A medida que transcurre el tiempo ficticio del libreto, la situación dramática y lo que se juega crecen exponencialmente. El mejor modo de comprender esta construcción escena por escena consiste en pensarla como si se tratara de la evolución de una relación personal. Demos una mirada a una primera cita que desemboca en matrimonio. Digamos que la primera escena es esta primera cita. No hay mucha pasión en ella, puesto que los personajes aún no tienen una historia en común; se encuentran en juego relaciones penosas de su pasado individual. Se observan mutuamente, preguntándose: "¿Te pareces a mi ex, que me lastimó tanto?". Seis meses después, en otra escena, los personajes deciden irse a vivir juntos. Para entonces, ya existe una historia entre ellos. Temen el compromiso que van a adquirir, temen ser heridos, y se ha creado una cierta tensión a causa de los desacuerdos que seguramente han tenido en el lapso transcurrido. La apuesta es más elevada porque cada uno de ellos es capaz de herir al otro, y de causar —en teoría— mucho más dolor emocional que en el primer mes de su relación. La escena siguiente ocurre cuando ya viven juntos. La mujer descubre que el hombre la ha estado engañando y, sin embargo, desea continuar la relación. Los peligros se han incrementado en razón de la inmensa cantidad de obstáculos que ambos deben vencer a fin de mantener la relación a flote. Pero de algún modo lo logran. La próxima escena ocurre la noche anterior a la boda. La tensión es altísima: el matrimonio constituye un compromiso mayor, pues es "para siempre". Las dudas salen a la superficie en toda su crudeza: ¿Y si me vuelve a engañar? ¿Y si no nos alcanza el dinero? ¿Y si encuentro a alguien que me guste más? ¿Y si él cambia? ¿Y si ella comienza a parecerse a su madre? Aquí es patente que el saber con precisión en qué lugar de la línea argumental se halla la escena ayuda a un mejor análisis de los detalles que hay que tener en cuenta puntualmente.

Carrie-Ann Moss aprendió a examinar una escena en el marco de la totalidad del libreto mientras trabajaba en clase, e hizo un inmejorable uso de ello cuando se presentó a la prueba de selección para *The Matrix*. Debía leer una escena que ocurre al principio del guión, correspondiente a la parte de la película en la que su personaje recluta a Neo (Keanu Reeves) en un club nocturno. Primero leyó todo el guión y determinó su OBJETIVO PRINCIPAL ("amar y ser amada", para lo cual primero necesitaba convertir al mundo en un lugar seguro, donde *amar, ser amada* y formar una familia no implicara riesgos). Luego estudió la escena. Aunque el diálogo no pasaba de ser la jerga pseudo-tecnológica propia de la ciencia-ficción y de los parlamentos de reclutamiento de adeptos a una causa, apeló a una necesidad humana básica para determinar el OBJETIVO DE LA ESCENA: "lograr que gustes de mí". Esto permitió que Carrie-Ann estableciera el punto de partida de su recorrido que, con el tiempo, la guiaría a conseguir su OBJETIVO PRINCIPAL. Dado que ocurría al principio del guión, cuando los personajes de Trinity y Neo todavía no han armado su historia compartida, su OBJETIVO DE LA ESCENA se manifestó en una conducta coqueta, sexy, seductora, pícara —el comienzo habitual de todas las relaciones amorosas. Construyó su OBJETIVO DE LA ESCENA con base en una necesidad humana que necesitaba ser respondida, generando así la interacción. De entre las actrices que audicionaron para el papel, Carrie-Ann y una pocas más no representaron el argumento según los lineamientos de la ciencia-ficción, sino que establecieron el inicio de una relación fuerte. Fue contratada pasando por sobre centenares de otras actrices que abrigaban la esperanza de representar a Trinity.

Gánate el derecho de llegar hasta el final del libreto.

El actor también debe tener presente cómo termina el guión, y ganarse el derecho, escena por escena, de llegar hasta el final. Si el libreto termina con la unión de tu personaje con otro, cada escena, de algún modo, debe mostrar que la meta es el amor. Por el contrario, si el final los separa, debes ganarte el derecho al rompimiento. En la película *The Way We Were*, los personajes encarnados por Barbra Streisand y Robert Redford terminan separados. Por ello, inclusive en las primeras escenas, cuando están juntos, es evidente que existen entre ellos diferencias insuperables. La película nos muestra sus intentos de lidiar con problemas que necesitan ser resueltos si han de mantener una relación armónica. Él es un W.A.S.P.*, refinado y magnífico, y lo mejor de la vida le llega sin esfuerzo. Ella es judía, ordinaria, dogmática, tosca, y ha tenido que trabajar muy duro para obtener hasta las cosas más nimias. Al tratar de establecer una relación, descubren que tienen que renunciar a demasiado, lo cual contradice su necesidad innata de crecer y desarrollarse como personas. Ambos sienten que están cediendo exageradamente de hecho y de palabra en un intento de combinar lo imposible, pues son como agua y aceite. En una escena, el personaje de Redford va a la casa de Streisand decidido a romper con ella. Sin embargo, el personaje de ella está dispuesto a hacer lo que sea para que no la abandone. Ofrece cambiar su apariencia física, aprender a cocinar platos 'gentiles', vivir en Los Ángeles, una ciudad que detesta a voz en cuello, y entrar en la industria del cine, aunque piensa que dicha actividad no tiene futuro. Si miramos esta escena de manera aislada, parecería que el OBJETIVO DE LA ESCENA de Barbra fuera "conseguir que me ames". Pero como la relación se frustra, y viéndola dentro del contexto total, nos damos cuenta de que en realidad el objetivo es "hacer que te quedes conmigo a cualquier costo". Este objetivo le da derecho a llegar hasta el final, pues implica que, a medida que pase el tiempo, su personaje va a desarrollar sentimientos de insatisfacción y de agravio respecto del personaje masculino (y viceversa) por lo mucho que cada uno tiene que modificar y dejar de lado como individuo para poder seguir juntos. Al incluir la idea de "a cualquier costo" en el objetivo de la escena, resulta inevitable que el costo se tornará imposible y que la única manera en que podrán sobrevivir es mediante la separación.

Si el destino de tu personaje es la muerte, debes ganarte el derecho a morir.

Cuando eliges el OBJETIVO DE LA ESCENA, debes utilizar tu conocimiento de que la muerte acecha a tu personaje. Cuando trabajé con Elizabeth Shue en la preparación de *The Saint*, su personaje, según el argumento, estaba destinado a morir de una dolencia cardíaca pasados dos tercios de la película. Para cada una de las escenas, elegimos un objetivo que incluyera el apurar la copa de la vida hasta el fondo, de modo que lograra la plenitud antes de morir.

---
* White, Anglo-Saxon, Protestant. Literalmente, blanco, anglosajón, y protestante, denominación con que se alude a las clases altas de los Estados Unidos y a su forma de vida . [N. de la T.]

Objetivos de escena tales como "conseguir que me ames antes de que muera" brindaba a las escenas la perentoriedad necesaria impuesta por la escasez de tiempo. En consecuencia, sus elecciones y desempeño se vieron investidos de tanta fuerza que nadie quería que muriera. En los preestrenos de *The Saint*, el público manifestó que la película terminaba en el momento en que ella moría. La respuesta del estudio fue invertir millones para reescribir y volver a filmar el último tercio y mantener vivo al personaje. Charles Taylor, crítico cinematográfico de Salon.com, afirmó que "*The Saint* fue reescrita y vuelta a filmar en respuesta a las objeciones del público invitado a los preestrenos. Si bien detesto los testeos previos al lanzamiento de una película, no puedo culpar al público. Desprovista de la presencia cálida y dócil de Shue, *The Saint* no tiene otra cualidad a la que aferrarse". Janet Maslin, crítica del *New York Times*, añadió: "La Sra. Shue se las compone para brindar más calidad que la película misma". Grandes elogios derivados de apostar alto al optar por los objetivos de la escena.

Es probable que te preguntes: "A ver, ¿y si mi personaje no padece una enfermedad terminal y no sabe que va a morir? ¿Cómo debe comportarse?". Si bien resulta obvio que los actores tienen que recurrir a sus cinco sentidos a fin de recrear la conducta humana, deben también confiar en su sexto sentido, una herramienta viable y admisible. De un modo u otro, siempre presentimos el peligro o la tragedia. El actor debe desarrollar y apelar a su sexto sentido para ofrecer una representación sin resquicios. Si tu personaje va a experimentar un hecho dramático inesperado, tienes que percibirlo y realizar los ajustes correspondientes en tu OBJETIVO DE LA ESCENA. En *The Godfather II*, Fredo, el hermano de Michael Corleone, es asesinado por orden de Michael. Mientras aún vive, Fredo no puede dejar de ser consciente de que Michael es capaz de hacer matar a su propio hermano. Lo piensa cada vez que comete una equivocación, y el caso es que sus errores son muchos y graves. Un OBJETIVO DE LA ESCENA del tipo "hacer que me perdones" tal vez podría contribuir a impedir que su hermano se deshiciera de él. Un actor que desempeñe el papel de Fredo no debe perder de vista la idea de que puede ser asesinado a la vuelta de cualquier esquina. Este OBJETIVO DE LA ESCENA provocará sentimientos intensos de pánico que, a su vez, darán por fruto resultados de mayor dramatismo.

Si matas, también debes ganarte el derecho a hacerlo.

Con frecuencia utilizo para mis clases material de la obra *Edmund*, porque contiene material que ilustra muy bien cómo encarnar a un asesino serial, un tipo de personaje muy popular en películas y series televisivas. En una escena, el personaje de Edmund tiene un encuentro sexual con una muchacha que acaba de conocer. Luego de consumado el acto, Edmund la provoca, tratando de presionarla buscando sus puntos susceptibles para lograr encolerizarla para que lo insulte, se comporte de manera atroz, y 'merezca' la muerte. El OBJETIVO DE LA ESCENA es "hacer que merezcas morir". Edmund intenta formas de fanatismo, sexo, y violencia, intentando hacerla sentir una estúpida, pero ninguna funciona. Finalmente, la humilla acusándola de que, a pesar de decirse actriz, jamás trabajó como tal. Fingiendo ayudar a su víctima a enfrentar la realidad, Edmund le dice: "Repite conmigo: 'eres una camarera, eres una camarera'". Pero su verdadera intención es irritarla hasta que la muchacha explote con toda la furia. Y hete aquí que da resultado. La muchacha explota como un petardo humano, exteriorizando todo su rencor —que es justamente lo que él pretendía— y justificando así su OBJETIVO DE LA ESCENA. Desde la perspectiva de Edmund, ahora merece ser castigada con la muerte, y él es la persona indicada para hacerlo.

No juzgues tu OBJETIVO DE LA ESCENA.

No contamines tus elecciones con el consenso social, la moral, ni cuestiones personales. Estos juicios equivalen a la censura, y la censura contradice el arte. En ocasiones, algo que parece horroroso puede ser visto desde un ángulo positivo. Si tu personaje recibe una severa golpiza al final de una escena, existe la posibilidad de que se la buscara. En *Raging Bull* hay una escena en la que Jake LaMotta interroga a Vickie, su esposa, acerca de dónde ha pasado la tarde. Ella le miente de un modo tan obvio que queda sugerido que le está siendo infiel. Vickie no necesita mentir. No está enredada con otro, y hay testigos que pueden probarlo. Sin embargo, recurre a este tipo de mentira insidiosa que saca de quicio a Jake, y ella lo sabe. ¿Por qué lo hace? Vickie desea que él le pegue porque luego tendrán sexo violento, que es el que ambos prefieren. Es su juego particular, el que hace florecer la relación... la de ellos, claro. En la medida en que el maltrato la ayudará a conseguir lo que quiere, se convierte en una acción positiva. Su OBJETIVO DE LA ESCENA es "conseguir que me des una golpiza para que luego podamos gozar".

Además de abstenerte de juzgar el objetivo de tu escena, debes encontrar las razones que lo imponen, aún si tu personaje se embarca en atrocidades. Así trabajé con James Mardsen y Kate Hudson para la película *Gossip*, dirigida por David Guggenheim. Derrick (Mardsen) y Naomi (Hudson) son una parejita en la escuela secundaria. Existe un acuerdo tácito de que en la noche del baile de graduación van a tener un encuentro sexual. Ambos tienen el sexo metido en la cabeza hasta que llega el momento de la verdad; es decir, el momento de la penetración. Naomi se asusta y cambia de parecer: le dice a su novio que no quiere hacerlo, pero eso a él no lo detiene. Naomi lo expone públicamente como un violador, y el pueblo entero evita a Derrick, inclusive sus propios padres. El muchacho se muda a Nueva York y trata de rearmar su vida destrozada en la Universidad de Nueva York (NYU). Durante su segundo semestre, por mera coincidencia, Naomi se inscribe en la misma universidad. Por medio de habladurías, Derrick le hace creer a Naomi que fue violada por otro estudiante mientras estaba inconsciente por haber bebido demasiado en la fiesta. En el libreto, el personaje de James aparece como el violador, y el de Kate, como el de una víctima inocente. Pero la vida no es siempre tan sencilla —no es muy frecuente encontrar la pureza y la maldad en estados incontaminados. Yo sugerí que, en lugar de representar la historia sobre un trasfondo blanco y negro, en el cual el personaje de Kate era bueno como un ángel y el de James malvado, utilizáramos matices de gris. Consideramos el elemento humano, pues estos personajes representaban a dos personas que reaccionaban frente a una situación insostenible. Bajo esta nueva luz, el público se preguntaría si verdaderamente se trataba de una violación, pues salían en plan de novios y el juego amoroso preliminar fue consensual. ¿Por qué Naomi arruinó la vida de alguien a quien supuestamente amaba sin aclarar las cosas con él las cosas primero? Y habiendo miles de universidades en el país, ¿cómo fue a parar a la que Derrick había elegido? Es probable que le estuviera siguiendo el rastro. Tomando en cuenta todo lo anterior, ¿cuál es la verdad?

Hay una escena en la que Derrick confronta a Naomi y le pregunta por qué le arruinó la vida y por qué se inscribió en la misma universidad de su supuesto violador. Naomi pierde el control, y dice cosas terribles, plenamente consciente de que está hiriendo a Derrick y de que probablemente lo va a sacar de quicio. Kate y yo discutimos la posibilidad de que su personaje estuviera equivocado. ¿Y si la violación nunca existió? De ser así, el personaje debía sentirse culpable por haber convertido la vida de Derrick en un infierno, mientras que si efectivamente, la violación se produjo, Naomi, al igual que la mayoría de las víctimas de este crimen, probablemente se sentía en parte responsable. Entonces, el OBJETIVO DE LA ESCENA en que Naomi produce la confrontación no es "hacer que te vayas y no me lastimes" sino "demostrar que no tienes razón (pues eres un violador) para tenerla yo (y no sentirme responsable por haberte arruinado la vida)". Cuanto más provoca el enojo de Derrick, mejor podrá probar que él tiene un temperamento violento, lo que lo le da la capacidad de violar. Así, ella alivia su propia culpa. Por cierto, lo saca de las casillas a tal punto que él la ataca al final de la escena, y con ello hace que el viaje de Naomi a Nueva York haya valido la pena. Por otra parte, él la enfrenta con líneas como "Yo te amaba, y creía que tú también", cuestionando así que se hubiera producido una verdadera violación, por lo menos, desde su punto de vista. A esta altura, su OBJETIVO DE LA ESCENA se iguala al de ella: "demostrar que no tienes razón para tenerla yo".

La observación de estos dos personajes luchando con sus culpas, su necesidad de librarse de ellas endilgándole la responsabilidad al otro, destaca sus facetas humanas. Así nos comportamos. A nadie le gusta hacerse cargo de que es mala persona. Las acusaciones, dirigidas a echarle la culpa a otro, son una gran estrategia para librarse del papel que uno jugó en lo que le ocurrió. La elección humana se compuso con todas las facetas y contradicciones que la caracterizan. Al final de *Gossip*, es el público el que ha de decidir quién tiene razón. La introducción de la ecuación humana en el OBJETIVO DE LA ESCENA matiza la dureza del blanco o negro con tonos de gris, y la torna ingeniosa al hacer que el espectador se pregunte qué ocurrió. Al mismo tiempo, rompe la convención y afecta la conciencia del público. Al igual que Kate y James, debes leer entre líneas para optar por la decisión más emocionante.

Aún si estás representando un personaje supuestamente tímido y humilde cuya conducta parece denotar inmovilidad, debes utilizar el OBJETIVO DE LA ESCENA

En el clásico *The Glass Menagerie*, la afirmación anterior se ilustra con el personaje de Laura. A primera vista, impresiona como una muchacha tímida, sometida, desprovista de deseos. Pero si lees con mayor profundidad, verás que Laura posee grandes deseos y que en realidad utiliza su timidez para obtener lo que quiere. A lo largo de la obra, es mucho lo que logra explotando su timidez: evita concurrir a las clases de estenografía, retiene a su hermano viviendo en el hogar familiar, hace que su madre la mantenga, y consigue una cita con un hombre del que siempre estuvo enamorada. Obtiene todo esto utilizando su incapacidad, sus temores, y la victimización de su pierna lisiada para lograr que los demás la cuiden y la amen. En la escena del visitante, consigue su OBJETIVO DE LA ESCENA: "hacer que gustes de mí". El invitado conversa con ella, la aconseja, se sincera, le dice que le cae bien, baila con ella, y la besa. Obtiene lo que la mayoría de las mujeres considerarían una cita exitosa; el éxito de Laura radica en su habilidad de poner su supuesta debilidad al servicio de lo que desea obtener.

Siempre que te relacionas y comunicas con otra persona existe un propósito, o un OBJETIVO DE LA ESCENA

Tu OBJETIVO DE LA ESCENA nunca será "conseguir que me dejes sola" ni "lograr que el otro se vaya". Si una conversación incluye más de dos frases, debe existir una razón para que desees entrar en diálogo con la otra persona. Piensa cómo te conduces en tu propia vida. Si realmente quieres irte, pues te vas. Si deseas cortar definitivamente con alguien, lo más fácil es enviarle una carta, un e-mail, o un fax, algo que no requiere de tu presencia física o emocional. Así es cómo yo me libré de mi primer esposo (sólo me casé dos veces: mi segundo matrimonio es duradero). En fin, en el primer caso, dejé una carta sobre el escritorio de mi esposo en su ausencia. Si te tomas la molestia de embarcarte en una conversación larga y complicada, queda claro que todavía hay cuestiones por resolver. Quizá, después de todo, no quieras la ruptura (O.E.: "conseguir que desees que vuelva"); quizás busques un cierre o una opinión (O.E.: "hacer que asumas la culpa" o "lograr que me devuelvas mi poder"), o tal vez quieras hacer sufrir al otro —algún tipo de venganza, por decirlo de alguna manera (O.E.: "que sufras lo que yo"), de modo que la otra persona se sienta tan mal como tú. Cualquiera que sea el caso, existe una razón para permanecer en la habitación, o para necesitar que el otro lo haga.

Tus elecciones deben ser siempre egoístas.

Solemos esforzarnos más por conseguir algo cuando significa más para nosotros que para los demás. Ayudar altruísticamente a otro puede hacerte sentir bien, pero no hay pasión en hacerlo, porque no implica un riesgo personal para ti. Puedes ayudar a un amigo/a con un problema, con el objetivo "lograr que te sientas mejor". ¿Pero qué hay en ello para *ti*? Sin embargo, el OBJETIVO DE LA ESCENA "lograr que te sientas mejor para que gustes de mí" te da algo a cambio del trabajo que te has tomado. También te da la posibilidad de fracasar. Si no logras que la otra persona se sienta mejor, lo más probable es que no te tome aprecio. La aprensión de que tu OBJETIVO DE LA ESCENA pueda no tener éxito te mantiene imaginando el peor escenario, por lo que te esfuerzas cada vez más. Esto es lo que da visos extraordinarios a un acontecimiento ordinario. Juana de Arco es un personaje histórico que ha sido representado innumerables veces en las artes, el teatro, y el cine. La esencia del relato consiste en que escucha voces enviadas por Dios y cree que su misión en la tierra es conectar a las masas con el Ser Supremo. Imagina pasar dos horas presenciando una representación que revela que Juana tiene plena confianza en sus voces y está convencida de que debe ayudar a la gente acercándola a la religión. Una interpretación tal la presentaría como un ser que se cree superior, y ello porque, analizada así, su historia carece de la dimensión humana. Por el contrario, piensa en la misma mujer que, mediante dolorosas experiencias de vida, ha llegado a tal punto de desesperación por hacerse amar que *necesita* creer en las voces, *necesita* que la gente la siga y la venere; en pocas palabras, su *necesidad* es tan desesperada que se encuentra dispuesta a sufrir la terrible muerte en la hoguera para cumplir con el OBJETIVO DE LA ESCENA "conseguir que todos los que me conocen me amen". Esto abre paso a la posibilidad de que se cuestione sus voces, pero no puede permitirse dejar de creer en ellas porque su alejamiento de Dios eliminaría la razón de ser del amor que inspira. Y ello, simplemente, no debe suceder. He aquí un gran ejemplo de lo trágico.

El OBJETIVO DE LA ESCENA funciona igualmente para los anuncios comerciales, los pasos de comedia, y las voces de los dibujos animados.

Si actúas utilizando el OBJETIVO DE LA ESCENA, creas relaciones personales. No importa en qué medio te desempeñes. El objetivo añadirá comicidad al paso de comedia, hará que el anuncio comercial venda más, y prestará mayor verosimilitud a la voz del dibujo animado, porque introduce la ecuación humana, lo cual produce un atractivo universal.

Cuando Rob Schneider se presentó en *Saturday Night Live*, trabajaba con un personaje muy popular, al que llamaba Rich the Copy Boy. Rich se sentaba junto a la fotocopiadora, esperando que apareciera algún compañero/a de trabajo, y comenzaba a darle charla. Por ejemplo, si la compañera se llamaba Sandy, Rich le daba la bienvenida diciendo: "¡Sandy!... haciendo copias... Sandarama... Sandama... necesita una Xerox", y continuaba en esta vena hasta que Sandy se amoscaba y se iba. Cuando hablamos sobre el personaje, no lo tratamos como a un personaje desmesuradamente cómico, sino como a un hombrecillo asustadizo y muy solitario. Decidimos que el personaje de Rich era un individuo que regresaba a su casa solo, vivía solo, y cenaba comida pedida a domicilio todas las noches de su vida, no porque le interesara la comida, sino la compañía. Es posible imaginar a Rich abriendo la puerta y exclamando: "¡El hombre de la pizza entregando una pizza!... ¡El hombrón de la pizza! ¡El pizzarama!...", hasta que el dependiente huye, con los oídos inflamados por el parloteo constante y sin sentido de Rich. Esto es, verdaderamente, un hombre solitario. Le dije a Rob que Rich se comportaba así a causa de su insoportable soledad. El único contacto que establecía con otros seres humanos se producía cuando alguien venía a hacer una fotocopia, de modo que necesitaba sacarle todo el provecho posible a cada breve visita. El humor de los sketches emanaba de su desesperación y de su disposición a hacer *cualquier cosa* (sin importar cuán tonta o extraña) con tal de lograr su objetivo de "conseguir que seas mi amigo".

Toda escena, SIN EXCEPCIONES, conlleva un OBJETIVO

En ocasiones, algún director te indicará que "tu personaje sólo piensa en voz alta; no necesita nada del otro personaje", o que "tu personaje es una fuerza individual; no necesita de nadie más". En tu calidad de actor, queda a tu criterio traducir este tipo de acotación en un OBJETIVO DE LA ESCENA. Si decides no hacerlo, tu representación no se verá impulsada hacia adelante, impidiendo el trayecto, y convirtiéndose en una actuación chata y monocorde.

Aún cuando el director es una fuerza de peso, no permitas que te intimide. No es necesario que lo contraríes; simplemente, usa para tu coleto tu OBJETIVO DE LA ESCENA. Tu interpretación se verá beneficiada, y ello se reflejará sobre el director. En la película *Space Cowboys*, Clint Eastwood era director y protagonista. Yo trabajé con Loren Dean, quien hacía el papel del joven astronauta, y cuyo OBJETIVO PRINCIPAL consistía en probar que estaba mejor capacitado para la misión espacial que los astronautas de mayor edad, entre los que se encontraba Eastwood. Teniendo en mente el OBJETIVO DE LA ESCENA "convertirte en perdedor para yo poder ocupar el rol de ganador", le indiqué a Dean que practicara con el simulador incluido en la escenografía hasta sentir que lo dominaba antes de que se efectuara la toma correspondiente, con el propósito de que realmente lo hiciera mejor que Eastwood. Mientras se familiarizaba con las perillas, los indicadores, y los interruptores del simulador, Eastwood se le acercó y le dijo que no hacía falta que se preparara, que simplemente debía sentarse y maniobrar, agregando: "No necesitas aprender los detalles para que se vea real". En el interín, y sin que Loren se enterara, Eastwood hizo que el asesor técnico que había contratado para la película le enseñara a manejar el simulador de manera experta y correcta. Por supuesto, cuando se filmó la escena, Eastwood impresionó como el mejor astronauta, persiguiendo su propio OBJETIVO DE LA ESCENA: *"convertirte en perdedor para yo poder ocupar el rol de ganador"*. De más está decir que se llevó las palmas durante la filmación y fuera de ella. No es de extrañar que Eastwood perdure en su doble rol de actor y director: comprende bien la importancia de ganar.

Trabajando el OBJETIVO DE LA ESCENA en escenas de tres o más personas

Si una escena se compone de más de dos personas, no puedes querer algo de todos, ni pretender que todos respondan a tu personaje. Además, resultaría muy confuso de interpretar y el público se enfrentaría a dificultades de comprensión. Por lo general, cada escena cuenta con un personaje importante, por quien los otros harían lo que fuese. El resto de los personajes, a sabiendas o no, sirven de aliados para lograr tu OBJETIVO DE LA ESCENA. Así sucede también en la vida: en un grupo, siempre hay alguien de quien quieres algo (OBJETIVO DE LA ESCENA), y los demás, enterados o no de su función, están para ayudarte a conseguir lo que deseas.

Ejemplos tomados de la vida real:

- **Aliado inconsciente:** Cuando te encuentras en una fiesta, siempre hay algún individuo o muchacha atractivo/a, o un director o productor importante. Puede que nunca tengas la oportunidad de hablar con esta persona interesante, pero todo lo que haces le está dirigido, para que se fije en ti y le caigas en gracia (OBJETIVO DE LA ESCENA). El aliado inconsciente es el invitado con quien conversas, mostrándote super sexy, ingenioso, inteligente, y encantador, no en beneficio de tu interlocutor, sino para que la persona que te interesa repare en ti desde otro lugar del salón.
- **Aliado inconsciente:** Piensa en todas las ocasiones en que has participado en citas dobles (escena de cuatro personas) y verás que lo que sigue suele ser cierto. ¿Quién es la persona que te interesa? La pareja de tu amigo/a, por supuesto. El OBJETIVO DE LA ESCENA consiste en "hacer que me desees". No sirve que tu propia pareja funcione como la persona interesante, porque ya has probado que la puedes conseguir, de modo que el atractivo disminuye. Lograr que la pareja de tu amigo/a te desee no es sencillo. Primero, tienes que probarle a tu amigo/a y a ti mismo/a que no sólo puedes hacer que tu propia pareja te desee, sino que la cuarta persona también te encuentra atractivo/a. Segundo, es riesgoso lanzarse tras la pareja de tu amigo/a. Puedes perder la amistad junto con tu pareja. No es que debas llevar las cosas más allá de un simple coqueteo, sino que elevas la apuesta, haces que la noche presente un atractivo extra, particularmente si tu propia pareja es aburrido/a, y refuerzas tu ego. Tu pareja y tu amigo/a se convierten en aliados inconscientes para que cumplas tu objetivo.
- **Aliado consciente:** Supongamos que la escena consiste en que vas a desempeñar el papel de fullero en una partida de monte. La persona interesante es la que has marcado como víctima, o sea, la que vas a estafar. Tu OBJETIVO DE LA ESCENA sería "conseguir que tú (la víctima) confíes en mí", para que apueste fuerte. Tu cómplice es tu aliado consciente, quien te ayudará a ganarte la confianza de la víctima, fingiendo ser un desconocido que gana fácilmente en tu mesa.

En la película *The Day After Tomorrow* había una difícil escena en la que intervenían catorce personas. Jake Gyllenhaal y yo trabajamos para sortearla. La escena se desarrolla en el Museo de Historia

Natural de Nueva York, y Sam, el personaje de Jake, conversa con su amigo y aliado frente a uno de los objetos exhibidos, pero Laura, la muchacha que le interesa, se encuentra en el extremo opuesto del salón. Por su parte, Laura está embarcada en una conversación en la que coquetea con el rival de Sam, un guapetón elegante e ingenioso. Parece que a Laura le cae un poco demasiado bien, lo cual molesta a Sam. Aunque Sam y Laura nunca llegan a hablar durante esta escena, el OBJETIVO DE LA ESCENA de Sam es "hacer que me prefieras a ese tipo". Lo logramos haciendo que los comentarios intelectuales de Sam acerca de un oso embalsamado incluyeran bromas apenas veladas acerca del guapetón. Jake se aseguró de que su personaje hablara en voz suficientemente alta para ser oído por Laura. El amigo de Sam funcionó a modo de aliado consciente y, aunque ignoraba a quién estaban dirigidas las pullas de Sam, actuaba, sin saberlo, como el cómplice que lo ayudaba a destruir a su rival, puesto que sí participaba conscientemente del diálogo burlón. El guapetón operaba como un aliado inconsciente porque, aunque era evidente que se sentía afectado por los ataques de Sam, ello impresionaba a Laura, y él no iba a retirarse y dejar el campo libre. Todas estas maquinaciones se resolvieron al final de la película. Sam conquistó a la muchacha y entabló amistad con el guapetón, transformándolo de aliado inconsciente en aliado consciente.

¡Los OBJETIVOS son las herramientas más importantes!

Y por más que lo repita, jamás será bastante. Las herramientas sobre las que vas a leer a continuación existen sólo para realzar el realismo y la perentoriedad de los **OBJETIVOS**. Debes establecer primero tu OBJETIVO PRINCIPAL y luego tu OBJETIVO DE LA ESCENA antes de realizar otras elecciones.

> *NO te lances a trabajar tus motivos internos primero para después cubrirlos con capas de OBJETIVOS. Eso es poner el carro delante del caballo, y si lo haces, el OBJETIVO DE LA ESCENA no cumplirá su rol directriz.*

Una vez que te hayas decidido por el OBJETIVO DE LA ESCENA más efectivo para el caso, te resultará fácil elegir las demás herramientas, puesto que encajarán perfectamente siguiendo una lógica establecida.

CAPÍTULO 3

TERCERA HERRAMIENTA:

OBSTÁCULOS

Los OBSTÁCULOS consisten en la <u>dificultades</u> físicas, emocionales, y mentales que se interponen entre el personaje y el logro de sus OBJETIVOS

Los OBSTÁCULOS otorgan poder e intensidad a los OBJETIVOS en tanto dificultan la posibilidad de lograrlos. Si tus OBJETIVOS implican un riesgo, invisten a la meta de peligros físicos y emocionales. Es mucho más excitante desempeñar un papel —y presenciar sus avatares desde la platea— que obliga a ascender el Everest que otro en el cual tengas que atravesar una topera. El Everest presenta amenazas como las avalanchas, un aire enrarecido, y rendijas traicioneras donde, si el personaje apoya un pie, pierde la vida. La topera casi no ofrece riesgos. Si bien en ambos casos la meta existe, los OBSTÁCULOS que presenta el primero son mucho mayores y emocionantes.

La satisfacción de ganar está ligada a la eventualidad del fracaso planteada por la existencia de OBSTÁCULOS

Primero debes considerar qué OBSTÁCULOS tendrían sentido dentro del contexto del personaje en el marco del guión, y decidir tu OBJETIVO PRINCIPAL y tu OBJETIVO DE LA ESCENA. Luego puedes recorrer la escena y personalizarlos, de modo que los obstáculos que se te han ocurrido tengan sentido en relación a *tu* vida. Por ejemplo, si estás trabajando una escena de seducción, el personaje se enfrentaría al rechazo, discapacidades sexuales específicas, cuestiones de autoestima, inseguridad respecto de su cuerpo, o una historia de heridas provocadas por parejas o amantes anteriores. Una vez que has identificado los OBSTÁCULOS del personaje, tienes que encontrar una correlación personal con tu propia historia, quizás en relación a aspectos corporales —la parte de tu cuerpo que más te disguste: tus pechos, torso, piernas, brazos, lo que fuere. Elige una, la peor. ¿Eres tímido/a, imperioso/a, sometido/a? ¿De qué manera se interponen estas características en tu camino? ¿Tienes un pene pequeño, sufres de una infección crónica de vejiga, o de sudor en los pies? Los obstáculos son internos y externos; *todo* y *cualquier cosa* que dificulte el logro de tu OBJETIVO.

Tus intentos de vencer los grandes y pequeños OBSTÁCULOS a fin de conquistar tu OBJETIVO PRINCIPAL y tus OBJETIVOS de la ESCENA generan pasión tanto en el contenido del libreto como en tu actuación.

El uso de OBSTÁCULOS crea un desafío

Cuanto más difícil y riesgoso te resulte alcanzar tus objetivos, mayor valor adquirirá tu recorrido profesional, tanto para el actor que eres como a los ojos del público. Cuantos más obstáculos incorpores a una escena, más duro trabajarás para conseguir tu OBJETIVO de la ESCENA. La escena comienza. Tu personaje empieza a enfrentar y a intentar vencer los OBSTÁCULOS inherentes al sendero de su OBJETIVO DE LA ESCENA. A medida que la escena se desarrolla, tu personaje continúa esforzándose por superar los numerosos obstáculos que van surgiendo. Cuanto más lo intenta sin éxito, más se empeñará en librarse de ellos. Este movimiento es lo que crea el 'círculo' de la escena. El trabajo con obstáculos aumenta la intensidad, y guía las necesidades y el significado de la escena, llevándola al crescendo que toda escena debe alcanzar. También es cierto que las grandes dificultades que presentan ciertos obstáculos añaden satisfacción a la victoria y alegran al espectador.

Los OBSTÁCULOS generan dificultades que contribuyen al dramatismo de los resultados

Piensa en la escena de las serpientes que tiene lugar en *Indiana Jones: Raiders of the Lost Ark*. El personaje de Indiana Jones sentía un pánico mortal ante las serpientes y, sin embargo, para escapar, tuvo que atravesar nudos de enormes víboras que se retorcían bajo sus pies. Si el público hubiera ignorado que Jones sufría de esta fobia en particular (OBSTÁCULO físico y emocional), a sus ojos, el cruce se habría producido sin incidentes notables. Pero la mención explícita de su terror en relación a esas criaturas horripilantes —y a menudo incomprendidas— dio visos terroríficos a la escena y acrecentó las características heroicas del protagonista.

Sería infructuoso e interminable listar los OBSTÁCULOS con

los que nos encontramos al analizar un libreto. Todo aquello que se traduce en una dificultad o crea un conflicto entra en esa categoría. Empero, la mayoría de los OBSTÁCULOS se reducen a tres categorías: físicas, mentales, y emocionales.

OBSTÁCULOS físicos:

- **Discapacidad física**: incluye miembros fracturados, cojera *(Midnight Cowboy)*, parálisis *(Born on the Fourth of July)*, perlesía *(My Left Foot)*, tics *(The Tic Code)*, ceguera *(The Miracle Worker)*, hipoacusia y ceguera *(Children of a Lesser God)*, impotencia *(Sex, Lies, and Videotape)*.
- **Raza y religión:** racismo *(Amistad)*, cuestiones religiosas *(Agnes of God)*, rivalidad religiosa *(Mary, Queen of Scots)*.
- **Características físicas extremas:** escasa estatura (cualquier película de Woody Allen), estatura descomunal, obesidad *(Shallow Hal)*, extrema delgadez, pene exagerado *(Boogie Nights)* o demasiado pequeño, senos enormes (cualquier película de Pamela Anderson) o su opuesto, nariz exagerada *(Cyrano de Bergerac)*.
- **Apariencia física:** una víctima de quemaduras *(The Phantom of the Opera)*, fealdad *(Beauty and the Beast)* o belleza inalcanzable; vejez *(All About Eve)*, extremada juventud *(Paper Moon)*, usar ropas de travesti si uno no lo es *(Some Like It Hot)*, diferencia de edades *(The Graduate* y cualquier película de Woody Allen).
- **Problemas económicos:** excesiva riqueza *(Ruthless People)*, excesiva pobreza *(Titanic)*.
- **Alteraciones mentales:** ¿Borracho como una cuba, ebrio, drogado? ¿Sufres de alguna adicción que debas superar, como la heroína *(Drugstore Cowboy)*, la cocaína *(Hurlyburly)* o el alcohol *(Days of Wine and Roses)*?
- **Problemas médicos:** la cercanía de la propia muerte *(Terms of Endearment)* o de alguien que amas *(Love Story)*. ¿Consideras que el suicidio es tu única opción *(Death of a Salesman)*? ¿Tienes que sobreponerte a la muerte de un ser querido *(Lethal Weapon)*, a un aborto *(Loose Ends)*, o hacer frente a un embarazo *(The Turning Point)*?
- **Riesgos laborales:** ocupaciones peligrosas, por ejemplo: policía *(Die Hard)*, prostituta *(Klute)*, agente secreto (las películas de James Bond), militar *(Platoon)*, traficante de drogas *(Scarface)*,

pandillero *(The Sopranos)*, ladrón de bancos *(Bonnie and Clyde)*. O trabajos estresantes, como las altas finanzas *(Wall Street)*, la política *(Angels in America)*, los grandes negocios *(The Apartment)*, la actuación *(Bullets Over Broadway)*, la abogacía *(To Kill a Mockingbird)*, el deporte profesional *(Bull Durham)*, la medicina *(The Doctor)*, el estudio *(Ferris Bueller's Day Off)*, las ventas *(Glengarry Glen Ross)*, la enseñanza *(Oleana)*, el periodismo *(All the President's Men)*, la psiquiatría *(Antwone Fisher)*.

- **Posición social:** ser inmigrante *(Enemies; A Love Story)*, diferencia de clases *(Pygmalion)*, homosexualidad *(Far from Heaven)*, desviaciones sexuales *(9 ½ Weeks)*, ser víctima de habladurías *(The Women)*.
- **Lugares:** casas embrujadas *(The Shining)*, un callejón oscuro, un campo de concentración *(Schindler's List)*, un lugar donde acecha un asesino *(Halloween y otras)*, un lugar plagado de obstáculos físicos *(Home Alone)*, un lugar que evoca algún hecho traumático *(Sophie's Choice)*, un escenario distante y desconocido *(The African Queen)*.
- **Hechos:** la guerra *(Apocalypse Now)*, el parto *(Same Time, Next Year)*, la graduación *(Dead Poets Society)*, un reencuentro con viejos compañeros de secundaria *(Romy and Michele's High School Reunion)*, el último plazo para pagar una deuda contraída con un usurero o traficante de drogas *(A Hatful of Rain)*, la guerra entre pandillas *(Romeo and Juliet)*, un funeral *(About Schmidt)*, un rapto *(Ransom)*, un homicidio accidental *(Thelma and Louise)*, la violación *(The Accused)*, la venganza *(Cape Fear)*, un cumpleaños *(Cat on a Hot Tin Roof)*, un concurso *(The Competition)*, un embarazo no deseado *(The Pope of Greenwich Village)*, una boda *(Honeymoon in Vegas)*, el divorcio *(Kramer vs. Kramer)*, una aventura extramatrimonial *(Unfaithful)*, la Gran Depresión *(Waiting for Lefty)*, encontrarse en el pabellón de la muerte *(Dead Man Walking)*, ser capturado por un crimen *(Fargo)*.

OBSTÁCULOS mentales:

- **Capacidad mental:** ser demasiado inteligente o analítico *(Geniuses)*, excesivamente estúpido *(Dumb and Dumber)*, retrasado mental *(What's Eating Gilbert Grape)*, repensar todo *(The Real Thing)*, simplote *(Forrest Gump)*.

- **Convicciones políticas:** luchar contra el sistema *(Erin Brockovich)*, ser fiel a los propios ideales, queriendo innovar las leyes del juego *(Norma Rae)*, arriesgar la estabilidad laboral por lealtad a los ideales del personaje *(The Insider)*, arriesgar la vida defendiendo los propios ideales *(Silkwood)*.
- **Enfermedad mental:** fobias *(Arachnophobia)*, personalidad escindida *(Sybil)*, esquizofrenia *(A Beautiful Mind)*, depresión *(Girl; Interrupted)*, estar cuerdo e internado en un hospital neuropsiquiátrico *(One Flew Over the Cuckoo's Nest)*.
- **Secretos y mentiras:** tener un secreto *(No Way Out)*, sostener las mentiras *(A Streetcar Named Desire)*.
- **Educación formal o falta de ella:** disparidad en la educación *(After the Fall)*.

OBSTÁCULOS emocionales:

- **Problemas de relación:** cuestiones íntimas *(About Last Night)*, amores contrariados *(The Age of Innocence)*, problemas familiares *(Hamlet)*, problemas con un amigo *(Beaches)*, problemas matrimoniales *(Who's Afraid of Virginia Woolf?)*, ira contenida *(The War of the Roses)*, rivalidad entre hermanos *(True West)*, problemas con una ex pareja *(Blithe Spirit)*, obsesiones *(Fatal Attraction)*, cuestiones raciales en una relación amorosa *(A Patch of Blue)*, celos *(The Misanthrope)*, problemas con los padres *(Mourning Becomes Electra)*, personalidades diferentes *(The Odd Couple)*, engaño *(Shampoo)*, amor no correspondido *(Summer and Smoke)*, rivalidad mortal entre personas del mismo sexo *(Heathers)*.
- **Problemas personales:** Codicia y ambición extremas *(Macbeth)*, timidez *(The Glass Menagerie)*, odio hacia uno mismo *(Frankie and Johnny)*, personalidad autoritaria y controladora *(Ivan the Terrible)*, sentirse un perdedor *(The Hustler)*, problemas de abandono *(An Unmarried Woman)*, promiscuidad *(Carnal Knowledge)*, culpa *(Othello)*, ira arrolladora *(Last Tango in Paris)*, la virginidad en la edad adulta *(Savage in Limbo)*, personalidad antisocial *(Kalifornia)*, soledad *(Marty)*, autosabotaje *(American Pie)*, paranoia *(The Collector)*, miedo de ser juzgado.
- **Desviaciones de conducta:** tendencias homicidas *(American Psycho)*, incesto *(Fool for Love)*, tendencias violentas *(Raging Bull)*, obsesiones incestuosas *(Oedipus Rex)*, problemas que

derivan de haber sido violado, vejado sexualmente o maltratado en el pasado *(Danny and the Deep Blue Sea)*, la percepción ajena de una predilección sexual aberrante *(Secretary)*.

Todo lo que crea un estorbo, un conflicto, una barrera, o un impedimento que dificulta el logro de los objetivos se adecua a la función de OBSTÁCULO.

En *The Graduate*, la Sra. Robinson y Benjamin se enfrentan a problemas incursos en todas las categorías. Mi alumna Linda Gray actuó en la versión teatral puesta en escena en el West End de Londres (el Broadway de Inglaterra), y recibió críticas sumamente halagüeñas gracias a su exhaustiva investigación de los OBSTÁCULOS que la Sra. Robinson debía superar. Logró la representación de un ser humano palpitante, multifacético, vulnerable, y fascinante.

Los OBSTÁCULOS de la Sra. Robinson
- Benjamin podría rechazarla. (En todo libreto, la posibilidad del fracaso aparece siempre como un obstáculo).
- Ella es mucho mayor que Benjamin, de lo que se deduce que no se siente cómoda con su cuerpo. No sale bien parada de la comparación mental que lleva a cabo entre sus arrugas, su piel fofa, y su celulitis frente a una posible rival de la edad del muchacho, con un cuerpo sin marcas, firme, delgado, y de senos turgentes.
- Su esposo no la ha tocado en mucho tiempo; necesita, entonces, la atención de un hombre. Esto, unido a los problemas derivados de su edad, le provoca el temor de llegar a ese estado asexuado en que las mujeres dejan de ser hermosas y pasan a ser llamadas 'distinguidas'.
- Benjamin es hijo de su mejor amiga y vecina. Si las cosas salen mal, el muchacho podría divulgarlo todo, acarreando la destrucción de su matrimonio, la pérdida de su posición social, y haciéndola objeto de ridículo.
- Benjamin se enamora de su hija Elaine. Esto aumenta el riesgo de que la muchacha descubra la aventura amorosa que sostienen. De ocurrir así, la relación entre ella y su hija sufriría un daño irreparable.
- Es posible que algún amigo, vecino, o entrometido la reconozca durante su paso por el hotel donde se encuentra con Benjamin.
- Se encariña con el joven; tal vez, se enamora. Esto dificulta

muchísimo que renuncie a él y que soporte el amor que Benjamin profesa a Elaine.
- Por idénticas razones, siente celos. No es inusual que los celos desempeñen un papel importante en la relación madre/hija.

El empeño que pone la Sra. Robinson para vencer todos estos obstáculos justifica su OBJETIVO PRINCIPAL y sus OBJETIVOS DE LA ESCENA.

Los OBSTÁCULOS de Benjamin (en relación a la Sra. Robinson)

- La posibilidad de ser rechazado.
- Él es mucho menor que ella. Se siente intimidado por su extensa experiencia sexual, ya que, en términos comparativos, él ha vivido poco y nada. ¿Y si eyacula demasiado rápido? ¿Y si no logra una erección? ¿Y si sus caricias lo muestran inmaduro y estúpido?
- Su falta de mundo. ¿Sobre qué van a conversar? ¿Pensará ella que él es tonto e ingenuo?
- La Sra. Robinson es la mejor amiga de su madre, lo cual hace que la relación se vea poco menos que incestuosa.
- Ella lo ha visto crecer; lo conoce demasiado bien. Está enterada de todos los incidentes embarazosos de su vida, sea que mojaba la cama, que lo consideraban un tragalibros sin roce social, o que se comía los mocos.
- Teme que sus padres y el esposo e hija de la Sra. Robinson se enteren de la aventura.
- Cuando se enamora de Elaine, la Sra. Robinson le declara la guerra sin cuartel.

Resulta evidente que los obstáculos de Benjamin, aunque provienen de un ángulo diferente, coinciden con los de la Sra. Robinson. Cuando se desglosa un libreto en busca de obstáculos, es necesario encontrar el mayor número posible, puesto que cuanto más OBSTÁCULOS haya que vencer —físicos, emocionales, y mentales— más rica será la actuación.

> *Los OBSTÁCULOS que incorporas a tu*
> *trabajo deben ser los más arduos, exigentes,*
> *problemáticos, y estimulantes*

A mayor dificultad en ganar, mayor satisfacción en el momento de alcanzar la meta. Los OBSTÁCULOS proporcionan el factor dificultad; un obstáculo estimulante contribuirá a que luches más denodadamente. Pondrás más pasión si te enfrentas a un sinnúmero de obstáculos para lograr tu OBJETIVO PRINCIPAL recorriendo el círculo descrito por tus OBJETIVOS DE LA ESCENA.

Los OBSTÁCULOS inducen a la desesperación, y ésta, a su vez, da lugar a la comedia

La razón de ser de los OBSTÁCULOS consiste en intensificar el dramatismo. Cuando nos ciega la pasión por conseguir algo, a menudo asumimos conductas tontas, locas, y estrafalarias. Piensa en aquella vez, cuando te invitó a salir alguien que realmente te atraía, y querías causar buena impresión. Naturalmente, cuanto más ingenio y soltura deseabas transmitir, te conducías con mayor torpeza y estupidez, tropezándote, llevándote las paredes por delante, equivocándote de puerta, descolgándote con comentarios necios, derramando el contenido de tu vaso sobre tu ropa y/o la de tu acompañante, rompiendo cosas, etc.

Inclusive algo tan trivial como soltar un gas puede resultar devastador en circunstancias inoportunas —podría decirse que se convierte en un OBSTÁCULO importante. En *Seinfeld*, el personaje de Kramer, representado por Michael Richards, desbordaba comicidad, pero su motivación no era divertir, sino el deseo perentorio y desesperante de lograr un OBJETIVO DE LA ESCENA al que su personaje solía apelar: "lograr que [Jerry] guste de mí". Durante una grabación, Kramer, el personaje de Richards, aprovecha que Jerry se encuentra en el extremo opuesto de la habitación y suelta un gas que ha estado reteniendo. Pero en el momento exacto en que lo hace, Jerry se dirige hacia él. Consciente de que su 'bomba' —tan silenciosa como letal— va a matar cualquier interés que Jerry pueda sentir por él, Richards-Kramer comienza a abanicar el aire a sus espaldas, a la altura de las nalgas. Cada vez que Jerry intenta acercársele, Kramer se escabulle y se abanica la cola. La conducta humorística emana de la desesperada necesidad de Kramer de vencer un obstáculo hediondo para lograr el OBJETIVO DE LA ESCENA.

Cuando trabajé en *How High* con Redman, actor y cantante de rap, tenía que representar a un estudiante de Harvard que provenía del gueto y que siempre estaba drogado. A los propósitos de la línea argumental, lo que el personaje fumaba no era simplemente marihuana, sino una mezcla que contenía cenizas de un cadáver. Las cenizas aumentaban su inteligencia, aplicada a aprobar los exámenes de las materias que cursaba. El personaje necesitaba fumar para sobrevivir, emocional y mentalmente, a los rigores sociales y académicos de una universidad de ese estilo. No se había aficionado a la marihuana por diversión; la necesitaba para subsistir. La necesidad equivale a la adicción, y en este caso constituye un obstáculo viable. En consecuencia, cuando este personaje se ve obligado a remar en el equipo de Harvard —una actividad impensable para un habitante del gueto— junto a un grupo de muchachitos blancos, pijos, y acartonados, *tiene* que fumar hierba. ¿Cómo hacer para remar y drogarse al mismo tiempo? En nuestros intentos de resolver estos OBSTÁCULOS, decidimos que la solución era jalar (los remos) y enseguida inhalar (el porro). La frase se convirtió en un cántico que entonaba en voz alta: "jalar, inhalar, jalar, inhalar...", mientras realizaba las acciones en ese orden. El fruto de lidiar con los obstáculos se materializó en una escena cómica.

Lo mismo puede pensarse del personaje de Lloyd (Jim Carrey) en *Dumb and Dumber*. Todo se constituía en un obstáculo por las dificultades que presentaba, dado que Lloyd necesitaba superar el OBSTÁCULO de ser tonto (y retonto).

Los OBSTÁCULOS ayudan a una mejor comprensión del personaje por parte del actor

En la película *Three Way*, Rita, el personaje que encarnaba Joy Bryant, estaba enamorada de un perdedor, un hombre mayor, hermético al punto de inspirar desconfianza, probablemente responsable de la muerte de dos personas, indigente, que vivía en una choza y todavía amaba a su ex esposa. Quería enredar a Rita en un secuestro, un crimen que, de ser descubierto, implica largos años en prisión. ¿Verdad que suena como el príncipe azul de cualquier mujer? Joy y yo teníamos que decidir por qué alguien tan atractivo como Rita querría estar con semejante individuo. El guión no ofrecía ningún fundamento lógico, de modo que nos correspondía a nosotras indagar por debajo del texto.

El libreto no mencionaba que Rita tuviera amigos o parientes. Supusimos que su familia había muerto, y que su personaje se encontraba solo en el mundo. La soledad es un OBSTÁCULO que puede conducirnos a relaciones que no siempre tienen sentido. Como muchas personas reproducen una figura parental en su elección de pareja, nos arriesgamos a asumir que Rita había elegido a este hombre porque se asemejaba al padre del personaje que, como habíamos colegido, estaba muerto o desaparecido en acción. Al carecer de la persona real con quien necesitaba aclarar interrogantes, Rita encuentra un sustituto, lo cual le permite resolver los traumas infantiles que arrastra desde la infancia. Analizando algunos de los obstáculos que dedujimos de la relación entre ambos, Joy y yo logramos darle sentido y consistencia al personaje femenino por medio de razones tangibles y significantes en circunstancias que los extraños considerarían una mala elección de pareja. El proceso que llevó a Joy a la comprensión de los OBSTÁCULOS la capacitó para dar credibilidad a su actuación. Debido a que su personaje necesitaba resolver ciertas cuestiones atinentes a la relación con su padre, el OBJETIVO PRINCIPAL ("lograr que me ames y no me abandones") cobró sentido, y modificó lo que, en principio, era percibido como una meta negativa (lograr relacionarse con la persona equivocada), justificando el haberlo transformado en el compañero perfecto.

No necesariamente todos los OBSTÁCULOS de tu personaje aparecen escritos en el libreto

Algunos de los OBSTÁCULOS que tu personaje deberá enfrentar se encuentran escritos en el libreto, mientras que otros surgirán de las conjeturas y suposiciones que te sugiera la historia. Aún cuando creas que tu personaje no se ve impedido por obstáculo alguno, es tu responsabilidad descubrir impedimentos potenciales. Sin obstáculos ni conflicto, el trayecto que tu personaje debe recorrer a fin de alcanzar su OBJETIVO PRINCIPAL y sus OBJETIVOS DE LA ESCENA será excesivamente fácil y, por lo tanto, poco satisfactorio. Mientras que observar una tormenta resulta estimulante, es muy aburrido observar la calma.

El personaje sobre el que trabajé con Peggy Lipton para *Twin Peaks*, de David Lynch, representaba una roca en medio de una tormenta. El resto de los personajes era el colmo de lo indignante y extraño, mientras que el de Peggy se comportaba con normalidad. Ahora bien: una roca puede ser atractiva, pero después de observarla un corto tiempo se convierte en un panorama tedioso. Recurriendo a los hechos asentados en el libreto y a las características del personaje, encontramos OBSTÁCULOS razonables que Peggy pudiera superar de modo de crear un conflicto dramático viable.

- **Hecho:** Norma Jennings, su personaje, era camarera.
  Obstáculo inferido: problemas económicos. La mayoría de las camareras gana poco y, además, esta ocupación no suele ser el sueño dorado de nadie. Supusimos que se sentía defraudada con la suerte que le había tocado.
- **Hecho:** Norma era soltera.
  Obstáculo inferido: se sentía sola.
- **Hecho:** vivía en una ciudad pequeña.
  Obstáculo inferido: escasas opciones de un cambio social, laboral, y amoroso.
- **Hecho:** un asesino merodeaba por el lugar.
  Obstáculo inferido: el temor de convertirse en la próxima víctima.
- **Hecho:** en Twin Peaks abundaban gentes y sucesos muy raros.
  Obstáculo inferido: Norma, la persona normal, es vista como la *rara*.

Estos obstáculos engendraron matices que, de otro modo, no se habrían producido, y además favorecieron la conexión entre el personaje y el público.

> *Una vez que has identificado los OBSTÁCULOS más estimulantes, no dejes de lado tu OBJETIVO DE LA ESCENA, aún si parece imposible superar los OBSTÁCULOS*

Jamás aceptes la derrota; siempre existe la posibilidad de vencer un obstáculo. Inclusive si las probabilidades son escasas, no pierdas las esperanzas. Por lo general, quien se rinde fácilmente es percibido como un perdedor, por lo tanto, debes encarar tu actuación desde una posición ganadora, donde todo es posible. La escena concluye cuando dejas de luchar contra los obstáculos que te impiden lograr tu OBJETIVO DE LA ESCENA, lo cual significa que si la escena no ha terminado y tu enfrentamiento con el conflicto cesa, el movimiento se detiene, y el público pierde interés. De modo que no olvides que *no se acaba hasta que se acaba*. Continúa tu lucha para vencer los OBSTÁCULOS hasta pasados algunos minutos de tu salida de escena, de la indicación "Corten", o de la caída del telón.

Los OBSTÁCULOS y su aplicación práctica

Quizá suene a obviedad, pero cuando se trata de identificar los OBSTÁCULOS de una escena, el primer paso consiste en leerla, lápiz en mano, y tomar nota de ellos en el libreto a medida que van apareciendo. La razón de utilizar un lápiz es que puedes borrar si cambias de idea.

> *Al leer el libreto con los posibles OBSTÁCULOS en mente, no te concentres sólo en tus líneas o escenas, pues muchos de ellos surgirán a partir de las acciones y dichos de otros personajes.*

En este capítulo, hemos visto cómo identificar los OBSTÁCULOS a los que se enfrenta tu personaje, ya sea encontrándolos en el guión o deduciendo cuáles tendrían sentido. El paso siguiente consiste en hacer de ello una cuestión personal. La personalización de los OBSTÁCULOS sólo puede ser determinada mediante tu elección sustitutiva. Lo que escojas como SUSTITUCIÓN afectará tus elecciones acerca de la personalización de los OBSTÁCULOS.

Este es el orden inicial del análisis de un libreto:

1. Encontrar el OBJETIVO PRINCIPAL
2. Encontrar el OBJETIVO DE LA ESCENA
3. Encontrar en el texto los OBSTÁCULOS que dan sentido al libreto y al personaje.

Luego, el actor necesita ver la relación entre esto y su propia vida; así, se convierte en algo personal, como lo demuestra nuestra cuarta herramienta: la SUSTITUCIÓN.

CAPÍTULO 4

CUARTA HERRAMIENTA

LA SUSTITUCIÓN

> Investir al actor con quien se comparte la escena
> con las características de una persona que, en la vida
> real, mejor representa la necesidad expresada por el
> OBJETIVO DE LA ESCENA.

Nos proponemos adentrarnos en la aplicación e identificación de la mejor elección sustitutiva. Una vez que hayas encontrado la SUSTITUCIÓN que te parezca más convincente, aprenderás a utilizar los OBSTÁCULOS de tu personaje de manera personal y significativa para tu vida.

Aplicación e identificación de la SUSTITUCIÓN
La SUSTITUCIÓN te da acceso a una historia inmediata en relación a otro personaje o problema, y a todas las consiguientes respuestas emocionales. El recurso a la SUSTITUCIÓN permite conectarse con otro actor mediante emociones cuya profundidad y complejidad suele llevar años desarrollar. Probablemente, tú y el otro actor vienen trabajando juntos desde hace pocos días, pero según el libreto, los personajes que representan sostienen una relación prolongada e intrincada. Gracias a la SUSTITUCIÓN puedes 'entretejer' a la actriz que representa a tu madre, por ejemplo, dentro de la complicada historia que te liga a tu madre real: el amor o desamor que te demuestra, tu seguridad o inseguridad de ese amor, y los recuerdos felices y dolorosos. Trabajar con base en tu madre como SUSTITUCIÓN teñirá tu interacción con el otro actor de matices y elementos tan complejos como los que caracterizan tu relación con tu madre, visible en cada línea, cada mirada, y cada gesto. Dicho en otras palabras, la SUSTITUCIÓN crea una relación humana genuina antes que una interpretación motivada por la intelectualización.

Todos sabemos que nuestra conducta se modifica según quienes nos rodean. Asimismo, una actuación puede experimentar cambios radicales según en quién esté pensando y ante quién reaccione el actor (su SUSTITUCIÓN). Piénsalo. No te comportas del mismo modo con tu hijo, tu madre, tu amante, un metejón, tu cónyuge, tu némesis, un amigo/a, o tu jefe. Poseemos un sinfín de respuestas emocionales ante cada una de las personas con las que establecemos relaciones. La mayoría de los actores, librados a su imaginación, abordan una escena de amor intentando recrear los sentimientos concomitantes. Lo que consiguen es transmitir una sola nota. Nadie *simplemente* ama. En la vida real, el amor intercala momentos de enojo, dolor, competencia, celos, odio, y tristeza. Son pocos los detalles y aspectos complejos de la relación amorosa –los estratos de la historia y sus emociones —que emergen durante una actuación regida por nuestra fantasía. La eficacia de la SUSTITUCIÓN reside precisamente en la singularidad de nuestras respuestas ante cada individuo. Los diferentes rasgos de nuestra personalidad se manifiestan en el encuentro con otras personas, y cada SUSTITUCIÓN elegida despierta distintos estímulos y reacciones.

> ***Es importante recurrir a personas de carne y hueso durante el procesa interpretativo porque, aunque creas lo contrario, no sabes cómo te comportarás cuando hay mucho en juego.***

Es habitual que, después de dar una primera leída al libreto, el actor se forme una idea clara del formato y desarrollo de una escena en particular. Luego, trata de crear la imagen exactamente como la imaginó. Sin embargo, la vida rara vez transcurre tal como nos la imaginamos. Pensemos en una esposa disgustada, o en un esposo engañado que quiere que su pareja cambie de conducta. Imaginan cómo van a enfrentarse con el cónyuge desleal. Se dicen: "Voy a ir de frente y, esta vez, me voy a poner firme. Y le voy a decir que soy fabuloso/a, un ser especial, y que sin mí su vida sería un caos, así que deje de mentirme o me voy. ¡En serio! Esta vez me largo, en serio". En la fantasía, el cónyuge 'culpable' se siente intimidado por este abordaje brusco, se da cuenta del mal que ha ocasionado, se pone en cuatro patas, y pide perdón, con los ojos anegados de lágrimas. Así exactamente visualiza la escena de "Me niego a seguir siendo tu víctima". Pero sabemos que nunca resulta así. El ofendido inicia la confrontación desde este cuadro mental, pero cuando se ve ante la persona *real* de quien depende su futuro, la persona que tiene el poder de exiliarlo a una potencial vida de soledad, toda la fortaleza que reunió se desmorona. Aquello que imaginaron seguramente infló su decisión como un globo pero, en última instancia, el miedo vence. A menudo aceptan el odioso comportamiento de su pareja porque lo prefieren a quedarse solos. Del mismo modo funciona la fantasía que el actor se forja sobre la escena. Antes que actuar apoyándose en cuadros que casi nunca reflejan la realidad, es preferible utilizar la SUSTITUCIÓN, personalizando el trabajo actoral de modo que las acciones y reacciones se originen en el corazón y en el cuerpo.

La SUSTITUCIÓN ancla el trabajo del actor, proporcionándole personas reales con quienes interactuar. Ello conduce a conductas apropiadas, realistas y originales, que a menudo llegan a sorprender al actor mismo. ¿Por qué? Pensamos que sabemos cómo nos conduciremos con determinadas personas, pero la realidad de las situaciones suele diferir de nuestras fantasías. Nos mostramos débiles cuando creemos ser fuertes, pretendemos seducir cuando queremos mostrarnos fríos y distantes, jugueteamos cuando creemos ser aburridos. Una SUSTITUCIÓN tomada de la vida real construye un escenario para que el actor asuma las actitudes que esa persona le despierta, enriquecidas con los estratos emocionales que se suceden con naturalidad.

Antes de indagar cómo encontrar la SUSTITUCIÓN adecuada, necesitas comprender el funcionamiento de esta herramienta a nivel físico y práctico.

La SUSTITUCIÓN: Aplicación práctica

Al crear esta SUSTITUCIÓN, debes comenzar por encontrar algún rasgo facial del otro actor que te recuerde a la persona que vas a elegir. Cualquiera sirve: los ojos, las cejas, la tez, la nariz, los labios, los pómulos, la frente; lo importante es que se trate de un rasgo específico, porque a nuestra mente le cuesta adherirse a ideas imprecisas. Una vez que te hayas decidido, concéntrate en el rasgo escogido hasta que tu percepción de la persona se te haya metido en las entrañas. No es necesario que te pongas bizco para lograrlo; sólo tienes que esperar hasta sentir la esencia de la persona frente a ti. Y mientras lo haces, evoca hechos clave, tanto alegres como traumáticos, que has vivido con quien será tu SUSTITUCIÓN al tiempo que te concentras en el rasgo facial. Este ejercicio debe tomar entre cinco y diez segundos.

Al principio, trabajar así no resulta cómodo, pero después de unas cuantas veces, descubrirás que el proceso es tan fácil y natural como respirar.

Identificación de la persona a usar como SUSTITUCIÓN
Debes encontrar una persona capaz de suscitar las reacciones físicas y emocionales adecuadas. Guíate por tu OBJETIVO DE LA ESCENA. Si se trata de "lograr que me ames", pregúntate de quién proviene el amor que más te importa lograr. ¿De tu madre, tu hermano, ex esposa, ex novio, algún amigo/a que hace mucho que no ves? No te preocupes por la concordancia entre el personaje descrito en el guión y la SUSTITUCIÓN que elijas; apóyate en tu OBJETIVO DE LA ESCENA. Nuestra psiquis es tan extraña, complicada, e incomprensible, que no siempre nos percatamos de nuestros verdaderos sentimientos hacia las personas que forman parte de nuestras vidas. Lo importante es ensayar con cada uno de aquellos que se aproxima, aunque sea remotamente, a la idea de alguien que mejor refleja la necesidad expresada en el OBJETIVO DE LA ESCENA. Durante los ensayos, pon a prueba todas las posibilidades, llegando hasta la mitad de la primera página de diálogo. Verás que rápidamente se aclara cuál es la SUSTITUCIÓN que genera las emociones más potentes y adecuadas a la escena.

Otro ejemplo. Tu OBJETIVO DE LA ESCENA es "lograr que me devuelvas mi poder". En este caso, una buena sustitución podría ser tu jefe, un director que te tuvo a mal traer, tu implacable madre, un pariente político despreciable, alguien que te maltrató, una compañera mezquina de la fraternidad universitaria a la que pertenecías, el individuo que te dio una paliza durante una pelea, un maestro irascible, o un compañero de equipo que no pierde ocasión de competir contigo. La cuestión del poder se presenta bajo diversas facetas. No te dejes atrapar en el mundo material —haz elecciones que tengan un significado emocional. Verás que los resultados ganan en eficacia.

No abordes la elección de una SUSTITUCIÓN desde la literalidad: mírala desde el punto de vista de las emociones.

Que la escena tenga que ver con un amante no significa que tengas que buscar un amante actual o pasado en tu vida real. Necesitas encontrar una SUSTITUCIÓN a la que te liguen cuestiones emocionales de parecido tenor.

Pongamos por caso que tienes que representar una escena en la cual el OBJETIVO DE LA ESCENA de tu personaje es "lograr que me ames" y que, en el libreto, este objetivo se dirige a un amante. Tal vez te vuelques instintivamente a utilizar un amante o ex amante como SUSTITUCIÓN. Sin embargo, supongamos que tu vida fue signada por un padre que abandonó a tu madre y a ti cuando tenías ocho años. Para la mayoría de las personas, tal circunstancia tendría una carga emocional mucho mayor que cualquier episodio relacionado con amantes. Utilizando la figura de tu padre como SUSTITUCIÓN del personaje de tu pareja en la escena, encontrarás un soporte emocional más rico, profundo, y justificado para cumplir con el OBJETIVO DE LA ESCENA. Además, por lo general, y dicho en términos psicológicos, solemos involucrarnos sentimentalmente con sustitutos parentales: es frecuente que nos sintamos atraídos por alguien que encarna los mismos problemas que no hemos podido resolver con uno o ambos padres y no por quien no hace vibrar este aspecto de nuestras emociones. Es tan legítimo recurrir a un padre como a un amante para resolver una escena amorosa.

En cierta ocasión, como trabajo práctico en clase, asigné una escena de *The Hustler* a dos actores. La película narra la historia de Fast Eddie, un descarado (y tramposo) jugador de billar que desafía al mejor jugador de la ciudad, pierde, y se precipita en un mar de autocompasión y en los brazos de una mujer de nombre Sarah. En la escena que elegí, Fast Eddie le dice a Sarah que se va, no sabe por cuánto tiempo, pero que definitivamente volverá por ella. Sarah se enfada, no cree que vaya a volver, y usa todas las tácticas que se le ocurren a fin de cumplir su OBJETIVO DE LA ESCENA: "que te quedes para probar que me amas". Shawna, la alumna que desempeñaba el papel de Sarah, trabajaba bien en pos de su objetivo, pero a su actuación le faltaba algo. Yo no sentía que su vida emocional corriera suficiente peligro si Fast Eddie decidía partir para no regresar. La SUSTITUCIÓN de Shawna era su novio del momento, y no me pareció que la apuesta fuera muy elevada. Siendo una mujer bellísima e inteligente, si su novio la abandonaba no tardaría en encontrar otro. También sabía que, cuando Shawna era muy joven, sus padres se divorciaron y el padre desapareció de su vida. Esta situación ofrecía mucho más dramatismo, amén del trauma. Pensé que era lógico suponer que todavía la asaltaba el temor de ser abandonada a causa de esta circunstancia de su vida. Le pedí que se remontara a la fuente primigenia de sus temores y que utilizara al padre como SUSTITUCIÓN. Baste decir que las lágrimas afluyeron copiosamente, y también sus deseos de vencer. En la segunda pasada de la escena, la clase y yo *sentimos* que Sarah necesitaba que Eddie se quedara. Con desesperación salvaje, apelando a la vulnerabilidad, a la violencia, a la pasión, intentaba "que te quedes para probar que me amas". Hizo que todos deseáramos que lograra su objetivo. La apoyábamos para que ganara porque sentíamos que su supervivencia dependía del logro de su meta.

A menudo, elegirás un miembro de tu familia como SUSTITUCIÓN.

Cuando Jake Gyllenhaal desempeñó el papel estelar en el personaje de Warren —el torpe adolescente de *This Is Our Youth*— bajo la dirección de Kenneth Lonergan en el Garrick Theatre de Londres, al principio le costó mucho personalizar las circunstancias por las que atravesaba el joven según el libreto. La obra describe lo que ocurre cuando Warren roba 15.000 dólares a su padre, un hombre que triunfó por su propio esfuerzo y que lo echa a la calle por lo que ha hecho. Warren rápidamente despilfarra el dinero en compañía de su amigo Dennis, a quien envidia y admira. En la piel de Warren, el OBJETIVO PRINCIPAL de Jake era "ser aprobado", mientras que muchos de los OBJETIVOS DE LA ESCENA apuntaban, más específicamente, a que "tú [Dennis] me apruebes", porque, en comparación, se sentía empequeñecido e intrascendente. Dennis es hijo de un pintor famoso, tiene éxito con las muchachas, y es mucho más astuto que Warren. Procede con tanto desparpajo en los negocios que decide invertir una gran suma de dinero en cocaína. A Warren, que vive drogado, la idea le parece genial . En la vida real, Jake sostiene una excelente relación con su familia. El padre es un exitoso director de cine, la madre es una reconocida guionista cinematográfica, y la hermana cosecha alabanzas como actriz. No sabíamos a quién elegir. Le sugerí que intentara con los tres, porque no es buena idea tomar decisiones basadas en la racionalidad: el único modo de asegurarse de que la elección es acertada es probarla en la práctica. Mientras trabajábamos con el diálogo, descubrimos que padre, madre, y hermana disparaban conductas diferentes. Finalmente, decidimos que la mejor SUSTITUCIÓN era el padre, dado que Jake lo admiraba mucho y se esforzaba por hacer que se sintiera orgulloso de él. No es fácil sentirse contento con uno mismo cuando hay que satisfacer tantas expectativas. La SUSTITUCIÓN ayudó a que Jake se apropiara de las necesidades e impulsos de Warren, logrando que viviera en la piel del personaje. Esta actuación en particular le valió varios premios, algo sorprendente, considerando que era el debut teatral de Jake.

No sabes si va a funcionar hasta que pruebes.

Las mejores sustituciones se encuentran en las personas importantes en tu vida por la carga emocional que portan. Esto te sostiene en tu presente y evita reproducir maquinalmente problemas que ya han sido resueltos y que significan poco o nada. No digo que ésta sea la única SUSTITUCIÓN válida; a veces nuestros sentimientos se ven muy afectados por personas que ya no forman parte de nuestras vidas, pero la razón de que ello ocurra radica en la persistencia de cuestiones que no fueron tramitadas. El punto espinoso es que ignoramos cuáles relaciones fueron resueltas y cuáles no; a menudo sentimos que hemos terminado una relación cuando en realidad no es así, y los sentimientos concomitantes permanecen ocultos en nuestro inconsciente. Como el inconsciente no juega limpio, raramente establece una comunicación verídica con la conciencia; por lo tanto, y teniendo en cuenta que sólo el inconsciente sabe la verdad, la única manera de comprobar la eficacia de una SUSTITUCIÓN es poniéndola a prueba.

Hace varios años, cuando me dedicaba a la actuación, necesitaba una SUSTITUCIÓN para un personaje del que se suponía estaba locamente enamorada. En aquel momento no salía con nadie en especial, de modo que me desalentaba la idea. Probé con una cantidad de hombres de quienes me había enamorado, pero ninguno servía. Seguí intentando con ex novios, y nada cambió. Intenté usar a mi padre. Inútil. Ya sin saber qué hacer, la desesperación me llevó a evocar a mi ex esposo, en quien no pensaba hacía ya mucho tiempo (lo juro). Al traerlo a la mente, todo lo que aparecía en mi conciencia era lo bien que se vería friéndose en aceite hirviendo, con la piel cayéndosele a pedazos, y sin embargo pidiendo perdón por el maltrato infame al que me había sometido, hijo de puta, bueno para nada (bien... respiro hondo). Era muy improbable que funcionara. Necesitaba una SUSTITUCIÓN para demostrar amor, y lo intentaba a través de un individuo que no me inspiraba sino odio y resentimiento. Me sorprendí enormemente cuando esta elección dio fruto. La evocación de mi ex esposo me reveló que mis sentimientos hacia él no estaban del todo claros. También descubrí que no se puede odiar tanto si no se amó tanto. En consonancia con esta filosofía propia de una galleta china de la suerte, encontré una SUSTITUCIÓN útil para el caso en cuestión y, posteriormente, en muchos otros proyectos. Insisto en que no sabemos qué va a funcionar hasta probarlo. El arte no suele ser racional: no bases tus elecciones en razones intelectuales. Como yo, muchas personas no saben de las cuestiones que no están resueltas. Al probar, si uno siente que se establece una conexión, comprueba que hizo la elección correcta. Es así de sencillo.

El episodio que me enseñó la verdadera fuerza del inconsciente, reforzando mi creencia de que siempre hay que probar las sustituciones que hemos pensado, sucedió cuando trabajé con Jayne Brooke, la estrella de *The District* y *Chicago Hope*, entre otros programas. El personaje de Jayne se sentía amenazado en su relación de pareja por otra mujer que sostenía una aventura con su hombre. En ese momento de su vida, Jayne estaba felizmente casada. No se le ocurría nadie que significara una amenaza para su matrimonio: confiaba plenamente en su esposo, quien ni siquiera coqueteaba con otras mujeres ni echaba una mirada de reojo a ninguna rubia exuberante que se le cruzara en el camino. Por añadidura, tampoco tenía ex novias que lo perturbaran emocionalmente. Finalmente, le dije: "Si te apuntara a la cabeza con un revólver y no te quedara otro remedio que nombrar a alguien con quien tu marido tendría una aventura, ¿a quién elegirías?". Sin evidencia alguna que sustentara su respuesta, nombró a una vecina, y la sustitución funcionó. Lo increíble de esta historia es que, meses más tarde, Jayne y su esposo se separaron. ¿Y con quién empezó a salir el esposo? Sí, acertaste. Con la vecina que Jayne había mencionado. Moraleja: nuestro inconsciente *siempre* sabe.

La SUSTITUCIÓN no es necesariamente una prolongación lineal o literal del personaje descripto en el libreto

Si tu personaje tuvo una discusión con su madre, tu SUSTITUCIÓN no tiene por qué ser tu madre. Tendrás que analizar el OBJETIVO DE LA ESCENA y la discusión en su contexto. ¿Qué es lo que el personaje necesita de su madre? ¿Aprobación? Quizá tú la necesites de un maestro o amigo; en tal caso, ésa sería tu mejor sustitución.

Cuando trabajé con Mary Stein, una de las estrellas de la serie fílmica *Babe: Pig in the City*, las relaciones familiares de su personaje incluían una vasta colección de animales que albergaba en su casa. En lugar de buscar la mejor relación que Mary llegó a tener con una mascota, potenciamos su actuación por medio de SUSTITUCIONES que la inspiraron a relacionarse con los animales como si se tratara de una familia compuesta por seres humanos. Dotamos a cada animal de un rasgo distintivo que lo homologaba a personas reales en la vida de Mary, y esto dio sentido al modo en que se relacionaba con ellos.

No todas las escenas requieren SUSTITUCIONES

La SUSTITUCIÓN es una herramienta disponible para cuando se la necesita. En ocasiones, la persona con quien actúas (inclusive un director de casting) proporciona por sí misma la motivación necesaria a los fines de tu OBJETIVO DE LA ESCENA, en cuyo caso puedes prescindir de intermediarios.

Cuando empecé a ayudar a Jessica Capshaw a preparar su papel en el programa televisivo *The Practice*, descubrimos que no necesitaba de una SUSTITUCIÓN en las escenas con Camryn Manheim. Jaime Stringer, el personaje de Jessica, era el de una abogada relativamente nueva en la tira, y supuestamente se sentía intimidada e inexperimentada ante el personaje de Manheim (Ellenor Frutt), otra abogada con muchos casos en su haber. En tanto Jessica tenía en tan alta opinión la capacidad y experiencia actoral de Camryn, su necesidad de agradarle era análoga a la de Jaime por complacer a Ellenor. No necesitaba pensar en otra persona para mostrarse respetuosa.

Se recurre a la SUSTITUCIÓN cuando es necesario estimular las emociones.

Por ejemplo, si debes conectarte sexualmente con tu compañero/a de escena, no recurrirías a la SUSTITUCIÓN, sino directamente al otro actor. Una sustitución barrería con la ilusión de intimidad, puesto que sirve al propósito de fortalecer factores emocionales, no físicos. La conexión sexual contribuye a crear la química entre dos actores, un factor esencial para el éxito de cualquier espectáculo. No importa cuán bien escrito esté un libreto: si no hay química, el público sentirá que no vale la pena involucrarse entusiastamente en la relación (ver Capítulo 14, "La creación de la química sexual", donde se incluye un ejercicio instructivo).

Las conexiones emocionales difieren de las sexuales. Si el personaje en el cual el tuyo se interesa incluye necesidades emocionales, usa una SUSTITUCIÓN adicional.

¿Y si el actor de cuyo personaje se supone estás enamorado/a no te genera sentimientos? O, peor aún, ¿si, cosa frecuente, se trata de alguien que te disgusta? Si fuera así, la SUSTITUCIÓN constituye una buena opción. Sin embargo, ten presente que este es un recurso *agregado* a la "Creación de la química sexual" (Capítulo 14). Cuando entrené a una actriz homosexual que necesitaba mostrarse loca por los hombres en el papel estelar de una exitosa comedia televisiva, se ejercitó con el actor que se desempeñaba como su novio del momento, pero usó como SUSTITUCIÓN a su amante homosexual a fin de añadir un componente emocional a la química. Su actuación le deparó un Emmy, y nadie se dio cuenta de la superchería.

> ***Descubrirás que muy pocas personas que forman parte de tu vida son lo bastante movilizantes para encarnar SUSTITUCIONES.***

Muy pocas personas inciden en nuestra vida emocional y la moldean. Para la mayoría de nosotros, son nuestra familia directa: madre, padre, y hermanos. A medida que transcurre la vida, este grupo nuclear da cabida a una pareja, hijos, y empleadores. Estas relaciones se componen de tantos estratos a comprender y resolver que se prestan reiteradamente a ser usados como SUSTITUCIONES. Jack Nicholson suele recurrir a la figura de su madre, debido a la complejidad de la relación que los unió.

Durante su infancia, vivió en la creencia de que una mujer llamada June era su hermana y de que otra —Ethel— era su madre. Cuando su 'hermana' June se encontraba a las puertas de la muerte, Jack recibió una oferta para trabajar en la película *The Fortune*, de Mike Nichols. Le dijo a June que no estaba dispuesto a abandonarla en esas circunstancias; que permanecer a su lado era mucho más importante que cualquier papel. June le aseguró que se sentía bien y que él debía aceptar la propuesta: ella estaría viva a su regreso. Jack partió, y June falleció a los pocos días. Jack, destrozado, volvió a su hogar, donde lo esperaba un nuevo golpe: descubrió que June no era su hermana, sino su madre, y que Ethel era, en realidad, su abuela. Ethel había muerto años atrás, y ahora, con la desaparición de June, no quedaba nadie con quien hablar del tema, nadie que respondiera sus preguntas. Jack tuvo que desentrañar el misterio por sí mismo, poniendo en juego las emociones y las intelectualizaciones que ello implicaba. Tuvo que investigar los motivos y el porqué de lo sucedido, y uno de los métodos que utiliza consiste en utilizar a su madre/hermana como SUSTITUCIÓN en su trabajo. Sus sentimientos no resueltos de ira, amor, poder, y sexualidad se prestan estupendamente a que esta sustitución funcione. En lugar de sentir lástima de sí mismo, una reacción común a este tipo de trauma, Jack aprovechó su dolor para impulsar su trabajo, logrando personajes plenos, vigentes, y tremendamente excéntricos. Su sello personal lo hace inimitable.

La SUSTITUCIÓN es catártica
La actuación nos permite hacer cosas que no haríamos en la vida corriente, regida por las convenciones o la realidad de los hechos. La muerte pone fin a una relación, pero nuestra fantasía actoral mantiene viva a la persona. La fantasía se extiende a una diversidad de cuestiones. Cuando actuamos, todo aquello con lo que soñamos, queremos ser o hacer, es factible. Debido a que nada es real, actuar nuestras fantasías permite corporizarlas: podemos matar (a las personas que creemos merecen morir), casarnos (aún si no estamos saliendo con nadie), tener hijos (aunque seamos estériles), odiar (a quienes no es políticamente correcto denigrar en público), divorciarnos (de la persona que no podemos abandonar), y ser heterosexuales u homosexuales. Para Natasha Gregson Wagner, hija de la desaparecida gran actriz Natalie Wood, la fantasía de no ser huérfana de madre ocupaba un lugar importante, y el modo en que la utilizó como SUSTITUCIÓN la afectó muy positivamente.

Natasha y su madre eran muy unidas. Cuando Natalie murió, su hija contaba sólo once años de edad, y quedó abrumada por una pena intolerable. Durante los años en que trabajamos juntas, descubrimos que la figura materna opera como una SUSTITUCIÓN sumamente convincente. Es evidente que lo que siente por su madre se halla teñido con el tipo de afectos adecuados: abandono, pérdida, e inmenso amor. En su calidad de actriz, Natasha puede lograr lo imposible para mucha otra gente: vivir la fantasía de cómo sería su vida si su madre viviera. Por ejemplo, si desempeña un papel en el que se juegan el amor y la pérdida, recurre a su madre. En cierto sentido, esta SUSTITUCIÓN la ayuda a conectarse con su madre más allá de la oportunidad que le dio la vida. Habrá quienes piensen que esta conducta es poco saludable; sin embargo, por sensiblero que suene, el hecho de mantener viva a su madre por medio de su trabajo también la mantiene viva en su corazón.

Siempre que utilizas una SUSTITUCIÓN cuya carga emocional es importante, la relación no resuelta se va aclarando un poco más, tanto en la conciencia como en el inconsciente, puesto que, en el proceso de actuación, puedes decirle a la persona que significó mucho en tu pasado —o que llena tu presente— lo que la vida real te impidió o impide comunicar.

No cerrarse al cambio
Cuando una nueva crisis sacude nuestra vida, nuestra mente no puede dejar de pensar en ella. Las tragedias del pasado pasan a segundo plano, y las del presente ocupan el centro del escenario. Si algo doloroso, crucial, o muy importante llega a tu vida mientras trabajas en una obra teatral, una película, o un programa televisivo, y ello justifica la elección de una SUSTITUCIÓN más efectiva, por favor haz el cambio. Esto es lo que ocurrió cuando trabajé con Charlize Theron en la película *Mighty Young Joe*, que relata la historia de Jill Young (el personaje de Charlize), quien debe cuidar de un bebé gorila a la muerte de su padre, un científico estadounidense asesinado por cazadores furtivos en África. El personaje de Charlize tiene que criar al simio y asegurarse de que crezca adecuadamente, aún cuando es trasladado desde su hábitat natal a un refugio californiano. Jill se siente en la obligación de proteger a Joe, su gorila, de los peligros de la civilización. Habíamos elegido una SUSTITUCIÓN, y trabajado exhaustivamente en el personaje cuando, a los pocos días de filmación, el hermano de Charlize falleció en un accidente automovilístico. Naturalmente, este hecho inesperado y traumático eclipsó otros de su presente. La muerte de su hermano la hizo sentir desvalida, como suele ocurrirles a muchas personas que pierden familiares, particularmente hermanos. Se preguntaba qué podría haber hecho para evitar la fatalidad, y qué había quedado sin decir, ahora que ya no tendría la oportunidad de volver a hablar con él. ¿Qué fue lo que permaneció sin resolver en su relación? Cuando regresó al trabajo, desechó su SUSTITUCIÓN anterior y la reemplazó por su hermano, a modo de una segunda oportunidad de abordar los sentimientos truncos que su recuerdo le sugería. Esto confirió verosimilitud a su actuación, que no sólo resultó memorable sino catártica. En cada escena, revivía a su hermano y luchaba para conservarlo con vida, mitigando la impotencia que la atormentaba en la realidad.

Por supuesto, la muerte no es el único hecho de extrema relevancia en la decisión de un cambio de SUSTITUCIÓN. Un divorcio, una demanda judicial, el ser atrapado llevando a cabo un acto ilegal o inmoral, una pelea tremenda con un ser amado, el acoso sexual, la mentira, o el embarazo —para dar algunos ejemplos— sirven al mismo propósito. En cierta ocasión fui contratada por los productores de una serie televisiva de alto perfil para trabajar con la protagonista femenina. El director la maltrataba de palabra. La hacía objeto de desagradables alusiones, apenas veladas, a su estulticia y falta de talento, siempre en el set, donde todos podían oírlo. Este mismísimo director sirvió como SUSTITUCIÓN para el 'malo' que aparecía en los primeros episodios. Luego, la vida siguió su curso, ella se embarazó, y el padre de la criatura, que antes del 'accidente' declamaba su amor y apego por ella, de pronto desapareció. A esta altura, el director ya no era el peor villano de su historia personal, y fue suplantado por una SUSTITUCIÓN más cercana y eficaz.

Arriésgate con tus elecciones
Supongo que ha quedado claro que estoy convencida de la necesidad de arriesgarse. Si tuviera una moneda por cada vez que le he dicho a un actor que siempre se arriesgara, tendría que comprar una alcancía descomunal. La creación de un riesgo proviene de la necesidad de vencer grandes OBSTÁCULOS. Si eliges una SUSTITUCIÓN que te permita lograr fácilmente tu OBJETIVO DE LA ESCENA, no hace falta embarcarse en acciones emocionantes para conseguirlo. Veamos cómo nos comportamos con nuestros amigos. Por lo general, los tenemos de dos tipos: los que harán lo que sea por nosotros, inclusive dejarse matar, y los otros, los que nos esforzamos por conservar a nuestro lado tratando de mostrarnos super inteligentes, serviciales, o divertidos, en el intento de lograr su afecto y aprobación. Puede verse, entonces, que en una escena sobre la amistad, el segundo tipo es una SUSTITUCIÓN más útil. Tal como ocurre con todas las herramientas,

Las SUSTITUCIONES elegidas deben contar con OBSTÁCULOS inherentes.
Antes de optar por una SUSTITUCIÓN, pregúntate:

- ¿Quién me es más necesario para lograr mi OBJETIVO DE LA ESCENA?
  Y de la lista que surja:
- ¿Quién es el que tiene menores probabilidades de dármelo?

Este proceso integra a la ecuación la posibilidad del fracaso, creando incertidumbre para ti, el otro actor, y el público, al tiempo que permite la emergencia de tus defectos personales, lo cual se traducirá en peculiaridades de conducta exclusivamente tuyas.

La búsqueda de las SUSTITUCIONES
Tu actuación resultará enriquecida con efectos de realismo y profundidad si te apoyas en el OBJETIVO DE LA ESCENA para decidir acerca de la SUSTITUCIÓN más efectiva. Veamos cómo funciona el proceso para el personaje de Bonasera en la escena inicial de *The Godfather*. La película comienza con la boda de la hija de Don Corleone. De acuerdo con la tradición marcada en el relato, ése es el día en que un Don se dispone a escuchar pedidos de favores. Bonasera, propietario de una empresa de pompas fúnebres, se encuentra sentado al otro lado del escritorio del Don.

EL PADRINO
de Mario Puzo y Francis Ford Coppola
© 1972 Paramount Pictures

BONASERA
Yo creo en América. América ha hecho mi fortuna. Crié a mi hija según las costumbres americanas. Le di libertad, pero... le enseñé a no deshonrar a su familia. Se puso de novia; el muchacho no era italiano. Iban juntos al cine y volvían tarde. Yo no puse objeciones. Hace dos meses, la llevó a pasear en auto, con otro muchacho. La hicieron beber whisky. Y después trataron de aprovecharse de ella. Mi hija se resistió. Preservó su honor. Entonces le pegaron, como a un animal. Cuando llegué al hospital, tenía la nariz rota y la mandíbula destrozada, reparada con alambre. Ni siquiera podía llorar, a causa del dolor. Pero yo sí lloré. Ella era una muchacha hermosa, la luz de mi vida. Ahora nunca volverá a ser hermosa.
[Se le quiebra la voz y emite un sollozo]

Perdón...
Yo... yo fui a la policía, como un buen americano. Los dos muchachos fueron juzgados. El juez los sentenció a tres años de prisión —en suspenso. ¡En suspenso! ¡Quedaron en libertad ese mismo día! Yo me quedé parado en la corte, como un tonto. Y los dos hijos de su madre me sonrieron. Entonces le dije a mi esposa: "Si queremos justicia, debemos acudir a Don Corleone".

Bonasera esperaba obtener justicia para su hija, quien, en su opinión, había sido víctima de una triple violación, dos veces llevada a cabo por hombres de carne y hueso, y una tercera por el sistema americano de justicia, un sistema en el que hasta entonces había confiado a pie firme. Sintiéndose impotente para enfrentarse a los que habían lastimado a su amada hija, recurrió al Padrino en busca de venganza.

- OBJETIVO DE LA ESCENA de Bonasera: "que tú [Don Corleone] asesines por mí".

Al elegir tus SUSTITUCIONES, no olvides considerar los OBSTÁCULOS emanados del libreto. En este caso:

1. Un posible rechazo.
2. Temor al Padrino. Por su ocupación, Bonasera tiene conocimiento directo de lo que Don Corleone es capaz.
3. Temor de quedar en deuda con el Padrino.
4. Si el Padrino rehúsa complacerlo, Bonasera tendrá que asumir terribles sentimientos de culpa e ineptitud.
5. En la historia, Bonasera se ha esforzado por evitar todo contacto social con Don Corleone, actitud que indigna al Don, quien lo vive como una enorme falta de respeto, puesto que su esposa es la madrina de la hija de Bonasera. En consecuencia, Don Corleone se siente poco proclive a conceder el favor.
6. Corleone finalmente hará lo que mejor le parezca. Bonasera debe mostrarse sumiso, y experimenta una sensación de extrema debilidad.
7. El deseo desesperado de buscar justicia a través de lo que él considera un justo castigo.
8. Si Corleone se niega, a Bonasera no le quedan otros recursos.

Después de reflexionar sobre tu OBJETIVO DE LA ESCENA ("que tú [Don Corleone] asesines por mí") y los OBSTÁCULOS que incluye, tienes que descubrir cómo se aplica a tu vida, preguntándote de qué persona que te intimida a causa del desequilibrio de poder necesitas un inmenso favor. Otra pregunta posible sería: "¿A quién me resultaría emocionalmente penoso pedir algo?"

Mientras examinas las personas que te han venido a la mente en respuesta a tus preguntas, debes decidir cuál de ella afectaría tu vida en mayor grado como SUSTITUCIÓN. Con frecuencia, aparecerán un par de nombres. Dado que la actuación constituye una forma corporal del arte, no te dejes guiar por el intelecto. Repito: es necesario poner a prueba las elecciones, leyendo el diálogo en voz alta. De este modo se evidencia cuál de las posibles elecciones te afecta más. Busca las siguientes reacciones:

- Que te afecten emocionalmente.
- La pasión que pones para lograr tu OBJETIVO DE LA ESCENA
- La existencia de obstáculos inherentes.
- La coherencia que guarda con el libreto.

Es posible que alguien surja inmediatamente como la elección perfecta. Aún así, debes pensar en por lo menos dos SUSTITUCIONES alternativas porque, hasta que comprobamos si funcionan, no nos damos cuenta de cuál provoca efectos más contundentes sobre nuestra vida personal. No des por sentado que una SUSTITUCIÓN que se presenta como obvia es la que va a funcionar mejor: a veces, es la persona menos pensada la que despierta la pasión adecuada al OBJETIVO DE LA ESCENA.

Posibles SUSTITUCIONES para Don Corleone:

- **Tu padre:** Una dinámica habitual en las relaciones padre/hijo es que el hijo se sienta intimidado por el padre y le tema. Un hijo pone a su padre sobre un pedestal y siente que, sin importar lo que logre, siempre acaba por decepcionarlo. Ello lo lleva a no cesar en sus esfuerzos por hacer que su padre se enorgullezca de él, al tiempo que intuye que jamás será suficiente. Si el padre, además, tiende a maltratarlo, la necesidad del hijo por sobreponerse al abuso y lograr su amor no tiene límites. La elección primaria de un padre enciende una lucha desigual por el poder, inherente a este tipo de relación.
- **Tu madre:** Quizá en la dinámica de tu familia, tu madre lleve las riendas. Al igual que en la SUSTITUCIÓN anterior, el hijo pone a la madre en un altar y siente que, haga lo haga, siempre la decepciona. Esto lo lleva a esforzarse por que se sienta orgullosa de él, pero nunca es suficiente. Si la madre es demasiado exigente, o lo maltrata de obra y/o de palabra, no hay límites a lo que el hijo está dispuesto a hacer para conseguir su amor. Nuevamente, una elección primaria desencadena el tipo de lucha descrito en el párrafo anterior.
- **Tu madrastra o padrastro:** A menudo, los niños tienen conflictos con las personas investidas de autoridad parental sin que medien lazos de sangre. Con frecuencia las culpan por destruir

la unidad familiar. Las relaciones con madrastras/padrastros están llenas de problemas —reales o imaginarios— puesto que el niño no establece diferencias entre ambos. Una de las dificultades más comunes reside en la lucha de poder para captar la atención y dedicación del progenitor legítimo. Por lo general, el niño pierde la batalla, porque su padre o madre tiende a hacer causa común con quien comparte su lecho. Por lo tanto, necesitar algo del intruso puede resultar penoso.

- **Un maestro/a:** No es raro que una persona instalada en una posición de poder y autoridad abuse de ello. Algunos maestros disfrutan haciendo que sus alumnos se sientan estúpidos, incompetentes, rechazados, acosados sexualmente, o ridiculizados. Si tuviste un maestro de estas características, ofrece una SUSTITUCIÓN viable.
- **Tu jefe:** Es bastante raro que las relaciones con los jefes se deslicen por carriles sanos y satisfactorios. Tu presente y tu futuro están en sus manos, y es frecuente que el jefe no asuma la responsabilidad por las decisiones que toma al respecto. En este sentido, la lucha de poder es inherente a la relación.
- **Un director de casting, director de escena/rodaje, productor, agente, etc.:** Estas personas pueden convertir tus sueños en realidad. Cuando alguien posee tal poder sobre los deseos y esperanzas de otros, es difícil resistir la tentación de abusar de él. Esta dinámica aporta una SUSTITUCIÓN óptima. ¿A qué tendrías que renunciar para que se te conceda lo que deseas? ¿A tu dignidad, tu moral, tu ética? ¿Se supone que debes adular al individuo o intercambiar favores sexuales por aquello que ambicionas? Ten en cuenta que, para que esta SUSTITUCIÓN funcione, debe existir en tu vida una historia personal problemática *real* con alguien *específico* que ocupe un lugar de poder en la industria del espectáculo.
- **Tu ex cónyuge o pareja:** La razón por la cual un ex pasó a la categoría de ex es que tenemos graves problemas con él/ella, especialmente en relación al poder. ¿Quién ganaba más dinero? ¿Quién era mejor en la cama? ¿Quién puso más de sí? ¿Te sentiste castrado? ¿Era tu ex física o verbalmente abusivo? ¿Te trataba con condescendencia? Pedir algo —lo que sea— a un ex es humillante.
- **Un hermano mayor:** Esta elección se basa en la rivalidad entre hermanos. Tal vez tu hermano fue el preferido de tus padres hasta que tú naciste. El dolor de transitar la infancia junto a

un hermano mayor que te molió a golpes, te acusó con tus padres y se burló de ti no se quita con facilidad sólo porque ambos han crecido y se han convertido en grandes amigos.
- **Un pariente (tío, tía, abuelo, abuela):** En algunas familias, un pariente juega un papel más activo, intrincado, y complejo, y la autoridad y responsabilidad que se arrogan equivale a la de los padres. En tales casos, tus problemas con el pariente en cuestión reproducen la dinámica parental, pues la lucha de poder que se desencadena replica la que se habría producido con tu padre o madre.
- **Tu pareja actual:** El único motivo válido para utilizar esta SUSTITUCIÓN es la existencia de graves problemas en la relación. Si todo se desenvuelve normalmente, aparte de las riñas ocasionales propias de todas las parejas, no tendrás conflicto que te sirva para lograr tu OBJETIVO DE LA ESCENA. Pero si la relación se encuentra agotada, o si existen problemas *considerables* (tu pareja tiene una aventura, o tiende a ejercer la castración emocional), cuentas con elementos para trabajar. Darle la razón a tu odioso ex para pedirle un favor hará que no te importe comerte una rata. **Un amigo/a abusador/a:** Por más que afirmemos la normalidad de nuestras relaciones con nuestros amigos (A menudo, mis estudiantes me han dicho: "Oh, no tengo amigos de ese tipo; me deshice de ellos hace mucho"), la mayoría de nosotros tiende a conservar por lo menos un amigo/a de estas características. Tú sabes de quién se trata: tus otros amigos preguntan *por qué* te aferras a esa relación. Lo que empeora el asunto es que la lucha de poder con un amigo abusador presenta una apariencia amable, sumado al hecho de que el abusador suele ganar, y eso te pone furioso. Esta SUSTITUCIÓN es muy potente debido a la complejidad de las relaciones, que a menudo se mezclan con cuestiones parentales.
- **Alguien que abusó de ti sexualmente (una babysitter, un tío, vecino, etc.):** La persona que te despojó de tu poder del modo más abominable, especialmente si el episodio se remonta a tu infancia, cuando carecías de las herramientas para comprender lo que ocurría y defenderte. Pedir un favor a esta persona podría ser devastador. Sin embargo, si se trata de proteger a tu hija o a otro ser amado y el abusador es la única persona en posición de ayudarte, te verías forzado a pedírselo. Ello crearía un dramatismo extraordinario, pues la tensión de la escena se pondría inmediatamente en evidencia.

Por supuesto, existen muchas otras posibilidades que se prestan a SUSTITUCIONES; los ejemplos que vimos sólo aproximan una idea de lo lejos que se puede ir en busca de SUSTITUCIONES emocionalmente lógicas y ajustadas al libreto, además de contribuir a que un personaje como Bonasera cobre vida en tu interior.

Una vez que has hecho tu elección, puedes personalizar los OBSTÁCULOS presentes en el libreto, con base en la SUSTITUCIÓN que vas a utilizar. Los conflictos y problemas son exclusivos de cada persona que forma parte de tu vida. Tus necesidades, pensamientos, y cuestiones respecto de tu madre no son iguales que respecto de tu padre, y también difieren de lo que sucede con tus amigos, maestros, empleadores, hijos, etc. Por ello es importante identificar a quién de ellos encarna tu SUSTITUCIÓN antes de analizar su trabajo interior, puesto que será radicalmente diferente, según a quién te dirijas.

La personalización de los OBSTÁCULOS: aplicación práctica
Para personalizar los OBSTÁCULOS del libreto, lo primero es repasar los que ya has listado y definido tal cual aparecen en el libreto. Luego, teniendo presente tu SUSTITUCIÓN, decide qué OBSTÁCULOS similares existen en tu relación con ella.

A los propósitos de explicar cómo se llega a la personalización, imaginemos que fui elegida para desempeñar el rol de Bonasera en *The Godfather*. Recurro a mí misma precisamente porque este proceso apunta a personalizar, y yo conozco mi historia, no la de otros. Descubrí también que decirle a un actor (o escritor, o director) cuáles serían mis elecciones personales para trabajar un determinado papel siempre parece estimular sus ideas. Cuando lean mis elecciones, que les sirvan para inspirarles OBSTÁCULOS personales.

En el libreto, los principales OBSTÁCULOS a los que se enfrenta Bonasera son:

1. Un posible rechazo.
2. Desigualdad de poder.
3. Intimidación.
4. Temor a la persona a quien se dirige.
5. La historia de los problemas que han tenido en su relación.
6. Lo que pide no es una insignificancia.
7. Puede haber graves repercusiones si Don Corleone siente que el pedido de Bonasera implica una falta de respeto.

Considerando dichos obstáculos, se me ocurren tres posibles SUSTITUCIONES: mi madre, un ejecutivo de un estudio, y la maestra de mi hija. Veamos ahora cómo estas SUSTITUCIONES afectarían los OBSTÁCULOS.

- **Mi madre:** Me maltrataba en mi infancia, de modo que nuestra relación está signada por una historia de abusos. Aunque ahora soy una mujer adulta, no me podido desprender del núcleo de *temor* e *intimidación* que me provocaba. Las emociones primarias de este tipo tardan mucho en desaparecer.

  Por otra parte, mi madre no se distingue por su estabilidad mental. Temo que si la presiono demasiado (pidiéndole un favor parecido al que Bonasera necesita), se brote. además, como siento una especie de predeterminación a la culpabilidad, tendría que vivir con la culpa de haberla hecho perder la cordura. *Las repercusiones son graves.*

  La *desigualdad de poder* es un rasgo intrínseco de nuestra relación, puesto que ella es madre y yo hija. Los aspectos emocionales de esta dinámica son inamovibles, por más éxitos que yo acumule, y sin importar cuánto dependa ella de mí cuando alcance la vejez.

  Basándome en esta SUSTITUCIÓN, mi pedido a mi madre sería que destinara más fondos a la atención de mi hermano, quien padece de retraso mental y se encuentra a su cargo. Antes de morir, mi padre no estableció un fideicomiso para mi hermano. Mi madre, por su parte, despilfarra dinero, comprando los objetos más estrafalarios a todo vendedor que se le aparezca en la puerta. Sin embargo, cuando se trata de mi hermano, hace que Scrooge* se vea como Imelda Marcos. Si no lo ayuda económicamente, mi hermano quedaría en la calle, sin sustento y sin los cuidados médicos que necesita en razón de su estado mental. *Un pedido importante.*

- **Un ejecutivo de un estudio:** Llevo mucho tiempo en el negocio del espectáculo, y conozco el poder de los ejecutivos. Hollywood es un mundo pequeño, y estas personas pueden consagrar o destruir un proyecto, echarte, incluirte en una lista negra para que los otros estudios no te den trabajo y, para no pormenorizar más, causar estragos en tu vida por un simple

---

* El avaro proverbial retratado por Charles Dickens en *A Christmas Carol*, y llevado a la historieta con idénticas características como tío del Pato Donald [N. de la T.]

capricho. Con este ejecutivo en particular, yo tenía un combo que abarcaba OBSTÁCULOS personalizados: *desigualdad de poder, intimidación, temor a su persona y repercusiones graves.*

En el caso de esta SUSTITUCIÓN, le haría un pedido a favor de uno de mis discípulos que protagoniza una serie televisiva. Quiero que el ejecutivo cambie parte del diálogo sentimentaloide y trillado que se ve obligado a repetir episodio tras episodio. Por supuesto, el ejecutivo piensa que dicho diálogo "está nimbado por la palabra 'PREMIO'". Si le pido lo que deseo, corro el riesgo de enojar al V.I.P. y destruir la carrera de mi discípulo. También debo tener en cuenta que, como el ejecutivo me paga para entrenar al actor y no vivo del aire, arriesgo mi propio pellejo. *Un pedido importante.*

- **La maestra de mi hija:** Mi hija tiene quince años, la edad clave en que las notas comienzan a influir para una futura aceptación en la Universidad, pasantías, y empleos. Si asiste a una buena universidad, tendrá mayores probabilidades de éxito en su carrera. Por el contrario, si se gradúa en una universidad de bajo prestigio, puede que su potencial no se desarrolle plenamente y que su vida se vaya al diablo (Sí, ya sé que suena muy melodramático, pero soy su madre, y las madres ven las cosas así). *Desigualdad de poder.*

Parece que su maestra de inglés le ha tomado ojeriza. Mi hija es una muchacha excepcionalmente talentosa, y no lo digo por el mero hecho de ser su madre: la niña está en el cuadro de honor. Volviendo al tema, sospecho que esta maestra tiene por costumbre perseguir a sus alumnos (¿Qué otra razón podría explicar su ensañamiento con mi hija, que es un ángel de perfección?) No hace mucho, le puso una nota inmerecidamente baja.

Mi personalización para poner en práctica el pedido de Bonasera sería hablar con la maestra y pedirle que cambie la nota. Debo tener en cuenta que si me ve como a una enemiga, pondrá a mi hija notas más bajas en venganza, lo cual bajará su promedio general y afectará negativamente sus posibilidades de ingresar a una buena universidad. Por más que yo odie a la maestra a causa de lo que considero una conducta malvada e irracional, tendría que encontrar el modo de plantear mi pedido sin desautorizar a esta maestra injustificadamente perversa de modo que la nota suba al nivel que mi hija merece.

Intimidación. Temor a la persona con quien hablo. El pedido es importante. Probabilidad de repercusiones graves.

Fíjate que las diferentes SUSTITUCIONES modificaron mis OBSTÁCULOS personales. Pero más importante aún es que los OBSTÁCULOS personales imitan los del personaje según el libreto. En mis tres ejemplos, los obstáculos se refieren a la desigualdad de poder, al temor a mi interlocutor, a un historial de problemas, y a un pedido en que se juega mucho. La personalización de los OBSTÁCULOS crea una investidura más convincente e íntima del material, y añade pasión, necesidad, y sustancia a la actuación.

Al igual que ocurre con la SUSTITUCIÓN,
la personalización de los OBSTÁCULOS
no siempre es un proceso lineal.

Ayudé a la cantante Macy Gray a prepararse para su papel protagónico en la serie televisiva *M.D.s.*, en la que representaba a una cantante con cáncer en las cuerdas vocales. En la historia, el personaje tiene una opción. Si se somete a una operación de garganta, probablemente perderá su voz, pero salvará su vida. El episodio en el que trabajábamos versaba sobre la lucha del personaje para decidir entre la vida y la muerte. Finalmente, se da cuenta de que su voz *es* su vida, y se arriesga a prescindir de la operación, rogando que alguna intervención divina la salve. El personaje de Macy es una mujer soltera y sin hijos, a punto de alcanzar el éxito en su profesión. En la vida real, Macy es una cantante sumamente exitosa y madre de tres hijos. Necesitábamos encontrar el modo de que el mundo hecho trizas de la ficción se analogara con la realidad. Hablamos de cuánto significaban sus hijos para ella. De no contar con el dinero que ganaba su madre y con la protección que les brindaba, sus hijos tendrían que arreglárselas como mejor pudieran. Le pregunté qué haría si tuviera que enfrentarse a un obstáculo verdaderamente espinoso: una vida sin voz o la posibilidad de una muerte temprana. Macy respondió que preferiría perder la voz, puesto que si bien ello significaría el final de su carrera, por lo menos, al estar viva, podría seguir cuidando de sus hijos. Entonces, cuando personalizamos los OBSTÁCULOS del episodio, su obstáculo personal salió a luz bajo la forma de la orfandad de sus hijos, en tanto el obstáculo del personaje se centraba en la pérdida de la voz. El conflicto personal de Macy para decidir entre la vida y la muerte se basa en su instinto maternal y en su deseo de vivir para ocuparse de sus hijos, mientras que el del personaje se relaciona con la necesidad y el deseo de triunfar antes de morir. En ambos casos, los aspectos emocionales corren parejos y se reflejan el uno en el otro.

> *Los OBSTÁCULOS que requieren personalización*
> *no siempre se desprenden naturalmente del*
> *libreto ni están escritos en él.*

Durante muchos años, trabajé con Adrian Paul en el papel de Duncan MacLeod, en la serie televisiva *The Highlander*. Aunque desempeñaba el rol de un superhéroe, tuvimos que crear OBSTÁCULOS a fin de humanizar su personaje de modo que el público pudiera conectarse con él. En un episodio, Duncan MacLeod intentaba ayudar a un amigo, un alcohólico irredento. Le dije a Adrian que, salvo raras excepciones, los adictos no pueden ni quieren escuchar a personas que no han pasado por circunstancias parecidas. Si su personaje nunca había tenido una conducta adictiva, su amigo alcohólico sentiría que la ayuda ofrecida provenía de una posición crítica de superioridad moral, y es sabido que nadie aprecia ser tratado así. Aunque el libreto no contemplaba adicciones en el personaje de Adrian, era necesario crear este OBSTÁCULO y luego personalizarlo de modo que tanto él como su personaje pudieran compadecerse sinceramente del alcohólico. Inventamos una historia retrospectiva para Duncan: durante sus cuatrocientos años de vida, él también se había aficionado al alcohol en algún momento. Pero cuando comenzamos a personalizar el OBSTÁCULO, nos encontramos con que Adrian Paul jamás había sufrido problemas de alcoholismo; había que encontrar algún otro vicio. Uno puede negarse a admitirlo, pero no hay quien no tenga por lo menos un vicio: sexo, drogas, el ordenador, dormir de más, la gula, etc. Por lo general, quienes han elegido la carrera artística tienen una colección de malos hábitos, y no es para avergonzarse: es lo que te hace artista. Imbuyendo el vicio personal de Adrian en su caracterización de Duncan MacLeod, conseguimos que se relacionara con la conducta obsesiva y adictiva del otro personaje. Ello permitió que Adrian, en su rol de Duncan, comprendiera verdaderamente a su amigo, logrando así una actuación particularmente conmovedora.

> *Mira bajo la superficie en busca de los recovecos*
> *oscuros y tortuosos que te habitan.*

La personalización de los OBSTÁCULOS de un libreto requiere que te concentres en tus demonios internos, especialmente aquellos cuya existencia nos empeñamos en negar. El descubrimiento de la SUSTITUCIÓN adecuada y la personalización de los OBSTÁCULOS correspondientes requiere que ahondes en tu interior con total honestidad acerca de quién eres y de qué personas y cosas provocan tus reacciones. A medida que pones a prueba diversas elecciones, vas a sorprenderte al advertir lo que funciona y lo que no. Encontrarás problemas que creías resueltos, pero no lo están, personas que pensabas que habían dejado de afectarte, pero que aún viven en tu corazón. La *verdad desnuda* de tus sentimientos hace a la verosimilitud de tu actuación; por eso es importante que pruebes distintas opciones, inclusive las que te parecen equivocadas. Es probable que tu corazón y tus entrañas alberguen sentimientos residuales no resueltos, sin importar lo que diga tu conciencia. Trabajar de esta manera no sólo te posibilita una mejor representación, sino que te facilita una mejor comprensión de tu verdadero ser.

La SUSTITUCIÓN que elijas tiñe y altera las elecciones que hagas para todo tu trabajo interno, incluyendo las imágenes mentales creadas por el tema del que hablas y por lo que escuchas. Esos son tus OBJETOS INTERNOS, y la próxima herramienta a analizar.

CAPÍTULO 5

QUINTA HERRAMIENTA

LOS OBJETOS INTERNOS

Las imágenes que pueblan tu mente cuando hablas o escuchas acerca de personas, lugares, cosas, o acontecimientos.

En la vida real, una película natural se desarrolla detrás de nuestros ojos cuando hablamos y escuchamos. Estas imágenes sin solución de continuidad se componen de las asociaciones que hacemos con base en nuestras experiencias presentes y pasadas. Asimismo, cualquiera de los personajes que representes debe disparar una película detrás de sus ojos. Sin embargo, porque la vida y el lenguaje de tu personaje no te pertenecen, sino que responden al proceso creativo de un escritor, debes hacer tus propias asociaciones personales y apropiadas para que disparen las imágenes correctas, a fin de que cuando digas tus líneas o escuches las que te son dirigidas, las imágenes visuales resultantes parezcan emerger de tu propia vida. Si no produces asociaciones claras en consonancia con el diálogo, las palabras sonarán huecas. En tu calidad de actor, depende de ti personalizar las palabras provenientes de la mente del autor y transmitirlas como si fueran productos de *tu* mente. Esto ocurre mediante el recurso a los OBJETOS INTERNOS.

Nuestros OBJETOS INTERNOS no están librados al azar. Piensa en el proceso de adquisición del lenguaje. Primero, el bebé ve una imagen y luego forma la palabra. Nuestras primeras palabras suelen ser "ma má" y "pa pá". Son las que aprendemos primero porque las imágenes que verbalizan son clave para nuestra supervivencia, así como las más importantes que el infante humano percibe. Del mismo, cuando aprendemos una lengua extranjera, necesitamos unir una imagen a la palabra desconocida para poder recordarla. Es por eso que aprendemos primero términos como "baño", "cama", y los nombres de diversos alimentos.

La película de nuestros OBJETOS INTERNOS no se detiene nunca. La mente jamás permanece en blanco, *jamás*. Cada persona, lugar, u objeto del que hablamos u oímos hablar tiene incorporado un OBJETO INTERNO, porque el hilo de nuestro pensamiento no se interrumpe. Para evocar cualquier aspecto de la realidad, la mente no cesa de generar imágenes que inspiran la realidad y los sentimientos propios de un personaje. La mejor ilustración de la cinta continua que demuestra la actividad constante de nuestra mente es cuando alguien nos dice: "Tengo que hablarte de algo...". Esta introducción rara vez indica buenas noticias. Por lo general, las buenas noticias simplemente se desembuchan: "¡Mira! ¡Gané la lotería!". Cuando oyes la larga frase introductoria, supones que ha ocurrido algo malo y tus pensamientos se precipitan a inferir de qué mala noticia se trata. Si las palabras provienen de tu pareja, tal vez pienses: "¡Oh, Dios mío; me engaña!", o "¡Va a dejarme!", o "¡Me va a decir que es homosexual!", o "¡Está embarazada!", o "¡Se está muriendo!" La lista es interminable. Las imágenes y pensamientos de las malas noticias que tu mente imagina pueden ser acertadas o totalmente infundadas, lo cual en realidad carece de importancia siempre que la 'película' abunde en imágenes. Tu trabajo como actor consiste en que, mientras hablas y escuchas lo que tu compañero de escena tiene que comunicarte, tu mente se llene de pensamientos e imágenes. Ello significa que necesitas OBJETOS INTERNOS para cada elemento, humano o no, indicado en el libreto.

    La elección de estos objetos se halla supeditada a tu elección de SUSTITUCIÓN. Es decir: si has recurrido a tu madre, tus OBJETOS INTERNOS van a relacionarse con experiencias relativas a tu relación con ella. De este modo, tu trabajo se encaminará en la dirección correcta, completando la historia interna, de más vasto alcance, que necesitas crear. No utilices una SUSTITUCIÓN para luego trabajar sobre OBJETOS INTERNOS que tienen que ver con otra persona, pues resulta muy confuso a los propósitos del trayecto, además de dar lugar a una actuación desconcertante y desconcentrada. Si te encuentras preguntándote a ti mismo en qué estás pensando, es que te has equivocado en la elección de tus OBJETOS INTERNOS, que deben fluir y acoplarse a tu SUSTITUCIÓN, OBSTÁCULOS, OBJETIVO DE LA ESCENA y OBJETIVO PRINCIPAL como las piezas de un rompecabezas.

    En *Gone With the Wind*, Scarlett O'Hara habla a menudo de Tara, su hogar. Un actor que no recurre a sus OBJETOS INTERNOS tratará de imaginar alguna mansión ubicada en una plantación genérica antes que en un hogar que signifique algo personal en su vida. Estas elecciones genéricas resultan vagas, indefinidas y, en fin... genéricas. Una mansión ubicada en una plantación genérica no evoca significados personales ni conexiones emocionales, y carece de importancia. Inclusive si, por casualidad, vienes del sur y viste muchas plantaciones y las mansiones construidas en ellas, la imagen que te formas no está imbuida de las alegrías, traumas, y hechos de la vida real unidos a los lugares cuya historia emocional está ligada a la tuya. En cambio, puedes utilizar OBJETOS INTERNOS cargados de emociones. Por ejemplo, supongamos que actúas una escena con Melanie, la archi-rival de Scarlett, y que has elegido a tu madre como SUSTITUCIÓN. El OBJETO INTERNO que puedes usar para Tara es el hogar donde te criaste con tu madre. Si estás interpretando una escena con Rhett Butler y has elegido a tu ex pareja como SUSTITUCIÓN, el OBJETO INTERNO que elijas en función de Tara va a cambiar, porque tus pensamientos, necesidades, e historia son muy diferentes de los que te inspira tu madre. El recuerdo de tu ex pareja trae a tu mente una Tara semejante al hogar que compartiste con tu ex.

Debes elegir tus OBJETOS INTERNOS con base en tus emociones, no en aspectos físicos.

En *Forrest Gump*, el personaje de Bubba no deja de referirse a un barco dedicado a la pesca de camarones. Si tú desempeñaras el papel de Bubba y necesitaras un OBJETO INTERNO, no sería buena idea apelar a la mejor información pesquera que pudieras encontrar. A los ojos de Bubba, el barco no era simplemente un barco, sino el símbolo del cumplimiento de sus sueños, la razón de sobrevivir en el infierno de Vietnam en el que estaba metido y el objetivo que lo inspiraba a cumplir con su deber hasta el final. De modo que si representaras a Bubba, podrías usar como OBJETO INTERNO la idea de coprotagonizar una película con tu actor favorito, que tomaría el lugar del barco camaronero, o podrías pensar en darle a tu madre la casa de sus sueños antes de que muera. No existen las elecciones correctas o incorrectas, sólo las que se prestan mejor o peor a un propósito determinado. Cuando analices un libreto en busca de OBJETOS INTERNOS, asegúrate de que las imágenes que visualizas se relacionen con la SUSTITUCIÓN que has elegido, y que tus elecciones sean las que poseen mayor valor emocional para ti.

Los OBJETOS INTERNOS deben encontrarse inherentemente unidos a OBSTÁCULOS

Cuanto más específicos y llenos de angustia sean tus elecciones de OBJETOS INTERNOS para una escena dada, mayor será la respuesta emocional que despierten en ti, en el otro actor, y en el público. En líneas generales, las apuestas elevadas resultan de un conflicto: si la elección no presenta problemas, es fácilmente asimilable y, por lo tanto, no provoca gran interés. No sólo debes ocuparte de hallar OBJETOS INTERNOS que den verosimilitud a tu actuación, sino encontrar las imágenes más precarias y riesgosas. Si el diálogo dice: "Me siento mal", debes recurrir a tu peor temor. No debes imaginarte a ti mismo en cama con gripe, sino presa de la última agonía del cáncer; el cáncer que mató a tu abuela, el que se le diagnosticó a tu madre, el que tú mismo podría padecer en tanto ciertos tipos de esta enfermedad son hereditarios. La elección de un OBJETO INTERNO como el cáncer se basa en un temor *real*. Si tus elecciones no están embebidas de tu historia y de riesgos altos, no van a surgir naturalmente llegado el momento de la actuación. Cuanto más peligro entrañe tu elección, mayor probabilidad de que tu cuerpo recuerde las imágenes sin necesidad de pensar en ellas.

> *No es sólo tu parte del diálogo la que requiere de OBJETOS INTERNOS: los parlamentos del otro actor también deben estar unidos a imágenes que tienen significado para ti.*

La gente *oye* en imágenes. Recurrir a OBJETOS INTERNOS mientras escuchas al otro actor te permite reaccionar con mayor sinceridad. Una de las cosas de las que más se quejan los directores de escena y los directores de casting es que los actores no escuchan, sino que se limitan a esperar su turno de hablar. Ello no significa que, como actor, no escuchas lo que dice el otro personaje, sino que si sus palabras no se conectan con algo en tu interior ni evocan imágenes en tu cabeza, no estás escuchando eficazmente.

> *Cuando escuchamos, no nos proponemos imaginar la vida del otro, sino que relacionamos todo lo que oímos con nuestra propia experiencia.*

Cuando oímos hablar a otros, no tratamos de reproducir las imágenes que acompañan su discurso, inclusive si conocemos a la persona, lugar, objeto, o acontecimiento que comenta. Escuchamos a través de nuestras propias imágenes porque significan algo personal para nosotros. Digamos que un amigo te habla del reciente fallecimiento de su madre: no se te cruza por la cabeza el cuadro de su madre moribunda. Más bien evocas alguna muerte reciente que te ha afectado, o piensas en cómo te sentirías si tu madre muriera. Para escuchar de verdad, como lo hacemos en la vida, aparejamos los pensamientos expresados por la otra persona a sentimientos análogos en nuestra propia vida, y de este modo tratamos de comprender la realidad emocional del otro.

Los OBJETOS INTERNOS no cumplen una función física sino emocional, imitando las imágenes sugeridas por el diálogo
Durante una clase, Michael Ralph, quien actuó en la película *Rules of Attraction* y en la exitosa serie televisiva *The Bernie Mac Show*, representó el personaje de LeRoi Jones en una escena tomada de *The Dutchman*, una obra acerca de una mujer racista y un afro-americano en un subterráneo. Al principio, da la impresión de que ella pretende seducirlo, pero a medida que se desenvuelve la historia, la pasión inicial deviene en ira —al principio, sugerida mediante ofensas subidas a la raza que se exacerban a un punto de furia que culmina en el asesinato. Michael leyó el libreto, escuchó los pronunciamientos intolerantes proferidos por el personaje, y decidió utilizar el racismo como su OBJETO INTERNO. Toda persona de color que viva en los Estados Unidos ha experimentado el racismo: es una cuestión candente, y un OBJETO INTERNO sólido. Pero yo sabía que había otra cosa que llegaba más cerca de su corazón. A causa de ciertas trabas legales, tenía vedado ver a su hijo, quien residía a tres mil millas de distancia. Utilizando su pelea para recuperar a su hijo antes que el racismo, Michael alcanzó una intensidad y una reacción emocional mucho más profundas ante las injurias raciales. También se motivó con más fuerza para vencer a la malvada blanca, porque lo que se jugaba era la defensa de su hijo (una necesidad primordial). El trabajo que resultó del nuevo OBJETO INTERNO elegido por Michael fue volátil e impulsivo, pues no hay nada que un padre no haga para proteger a su hijo.

La personalización de los OBJETOS INTERNOS
Mi cuñado es un abogado que goza de reconocimiento internacional y gana prácticamente todos los juicios en los que interviene. La mayor parte se su clientela se compone de grandes corporaciones; la defensa de casos que involucran grandes negocios representa todo un desafío. Es una batalla ardua, ya que los jurados tienden a favorecer al individuo antes que a la corporación, 'la malvada' de la historia. Entonces, ¿cómo se las compone para ganar? Convierte sus

casos en situaciones análogas a las que podría atravesar él mismo, su esposa, o sus hijos. De este modo los personaliza porque, al sentir que defiende lo que le es más valioso —su familia y valores— su lucha ha dejado de centrarse en una compañía, despersonalizada por antonomasia. Presenta argumentos contundentes y aporta todo su tiempo y esfuerzo: sabe que, sin importar cuán altruista sea alguien, siempre tomará más a pecho las cuestiones que atañen a su persona y a su familia que las que implican a los extraños.

Trabajé con cierta actriz en la preparación de varios episodios de un popular programa televisivo sobre abogados. (No, no voy a decir de quién se trata porque equivaldría a revelar demasiado sobre su vida privada, lo cual no sería justo. En este caso, me acojo a la Quinta Enmienda). Su personaje debía defender a una víctima de violación. La línea argumental indicaba que la abogada lo tomaba como una cuestión personal, pues ella misma había sido violada pero nunca había denunciado el hecho. Para esta actriz, el desafío consistía en encontrar un OBJETO INTERNO que la conectara con la violación que, afortunadamente, no formaba parte de su experiencia personal. Le expliqué que una violación no es sólo un acto físico, sino que implica elementos emocionales. Le pregunté si nunca se había sentido violada en sus sentimientos, y entonces me confió que, de niña, era obesa, y que su padre no cesaba de criticarla y humillarla por su peso. Si bien desde hace mucho tiempo posee una figura esbelta, la ridiculización sufrida no la abandona. Cuando se mira en el espejo, se ve gorda y deforme. Llegó a darse cuenta de que, en verdad, se sentía violada por los dichos de su padre y que, tal como sucede en los casos de violación sexual, la conducta paterna le había dejado una marca permanente. Decidió optar por este OBJETO INTERNO. Durante su actuación, cada vez que se refería a la violación sufrida por su defendida y por ella misma, ponía en imágenes lo peor y más humillante de la conducta de su padre respecto de su peso. Mediante la selección de este OBJETO INTERNO, sus emociones asomaban a la superficie sin control, de modo muy similar a lo que ocurre con las víctimas de violación sexual.

La elección de los OBJETOS INTERNOS no siempre es lineal.

Adam Baldwin, protagonista de películas como *Full Metal Jacket* y *My Bodyguard*, actuó en una obra en la que representaba a un personaje que acababa de abandonar su adicción al alcohol y se 'postulaba' (el momento en el que el alcohólico relata su historia en público) en una reunión de Alcohólicos Anónimos. La historia del personaje marca que debe hablar de las injusticias que le deparó la vida, particularmente del hecho que dejó de beber para poner fin al abuso al que sometía a su amante y paciente esposa, ahora fallecida. El personaje de Adam estaba destrozado y confundido. Buscamos OBJETOS INTERNOS adecuados, y resultó todo un desafío: Adam no es alcohólico, y su esposa goza de excelente salud. Necesitábamos encontrar algo que lo hiciera pedazos al referirse a esa muerte sin sentido, replicando sus sentimientos sobre alguna muerte que le hubiera dolido mucho.

Adam había participado en la serie *Firefly*, creada por Joss Whedon al amparo de la fama que le había deparado *Buffy the Vampire Slayer*. La serie había despertado grandes expectativas: estaba increíblemente bien escrita y el personaje de Adam era el mejor que le había tocado en su carrera. Todo lo anterior, sumado al hecho de que Whedon ya contaba en su haber con una serie muy exitosa, hacía pensar que, con este papel, Adam ganaría suficiente dinero para mantener a su familia dignamente durante muchísimo tiempo. El actor también sentía que finalmente había conseguido un papel que alimentaba el espíritu, algo no muy frecuente, según los testimonios de muchísimos colegas. Además, quería a los otros miembros del elenco como si integraran su propia familia. Pero la serie se canceló después de la primera temporada. Fue una pérdida inconmensurable, y Adam quedó destruido, como si hubiera perdido a un familiar. A los propósitos del OBJETO INTERNO, *Firefly* ofrecía características similares a las de una buena esposa: seguridad, amor, inspiración, y protección. La 'muerte' de la serie y el comportamiento errático al que Adam se entregó a causa de lo sucedido constituyó un perfecto OBJETO INTERNO no lineal, permitiéndole mantenerse en el presente y experimentar sentimientos penetrantes y conmovedores.

Los OBJETOS INTERNOS pueden convertir una experiencia personal negativa en una positiva.

Cuando trabajé preparando un *thriller* con una renombrada actriz cuyo nombre me reservo por razones obvias, a su personaje le arrancaban brutalmente del útero su bebé nonato. Necesitaba un OBJETO INTERNO que imitara el gravísimo trauma de una madre que pierde a su hijo de modo tan atroz. Habiendo trabajado juntas muchos años, yo estaba enterada de que se había sometido a un aborto, una experiencia que le provocó tal angustia que no podía evitar temblores y llanto descontrolados cada vez que hablaba de ella. Le sugerí que, para jugar la escena, utilizara el aborto como OBJETO INTERNO. Así lo hizo, y dio rienda suelta a toda la ira, la tristeza, el terror, y la culpa espantosa que asalta a la mayoría de las mujeres que abortan, inclusive en aquellos casos en que no existe otra solución posible. Sea que uno esté o no de acuerdo con dicha práctica, muchos hombres y mujeres sienten que han asesinado a sus hijos. Si eres mujer y has pasado por un aborto o, si eres hombre, fuiste parte responsable, busca el modo de usarlo en tu trabajo interior, pues así encontrarás alguna forma de resolverlo a partir de las emociones.

Los OBJETOS INTERNOS resultan de gran efectividad cuando el material de trabajo abunda en jergas diversas (políticas, financieras, psicológicas, o tecnológicas).

Los productores de *Star Trek: Deep Space Nine* me contrataron para dar visos de realidad a Dax, el personaje de Terry Farrell. Según ellos, "Dax es un gusano de trescientos años de edad que en algún momento fue hombre y ahora es una mujer muy atractiva, sabia (debido a su edad), y sin interés en el sexo (la edad, nuevamente); en realidad, demasiado sabia como para tener sentido del humor".

Les respondí que tenía sentido, y que no habría problemas. No me cuento entre los fanáticos de la ciencia-ficción como los que forman el grupo de los 'Trekkies', pero sé que para hacerse querer, un personaje debe establecer algún tipo de relación con el público. Los productores deseaban que el público amara a Dax, sin que se traicionara su rol dentro de los parámetros de la ciencia-ficción. El único modo de combinar ambas cosas consistía en humanizar a Dax, encontrando paralelos humanos a sus cualidades alienígenas de modo que quienes todavía residimos en la Tierra (y las familias cuyos hábitos televisivos son monitoreados semanalmente por la encuesta Nielsen) podamos comprenderla y relacionarnos con ella. A partir de los OBJETOS INTERNOS, doté a Dax de sexualidad (un instinto primario universal), de sentido del humor (pues el humor le cae bien a casi todo el mundo), y personalicé toda la jerigonza tecnológica, haciendo que sonara a lenguaje corriente. Pasados algunos días, los productores vieron las tomas, y se mostraron encantados. Evidentemente, la humanización del alienígena les dio "exactamente lo que deseaban". Habría que aclarar que no era nuestra intención desafiar a las autoridades a cargo del programa; ellos también buscaban un tipo de representación que transmitiera mejor su visión del personaje y consiguiera que un público mayoritario sintonizara la serie. Pero como los productores no son actores profesionales, a menudo no conocen el lenguaje exacto para explicar lo que desean. Es trabajo del actor traducirlo en una gran actuación, introduciendo el factor humano, y prestándole excitación de modo que se conecte positivamente con los productores, el director, y el público.

La elección del OBJETO INTERNO debe basarse en circunstancias presentes y de alto riesgo.

Si usas circunstancias recientes y penosas de tu propia vida, te mantendrás alerta y en carne viva, porque todavía ignoras las ramificaciones derivadas de posibles soluciones futuras. No se trata sólo de que te ocupes de encontrar OBJETOS INTERNOS que te permitan ofrecer una actuación sincera, sino de encontrar las imágenes más volátiles y riesgosas del momento.

Prueba distintos OBJETOS INTERNOS
Al igual que cuando elegiste las otras herramientas, no confíes en tu intelecto para decidir lo que va a funcionar. Poniendo a prueba distintos OBJETOS INTERNOS, encontrarás los que mejor se prestan a tu propósito. Mientras ensayas, las elecciones más débiles terminan por evaporarse; es decir, tu memoria no las retiene, al contrario de lo que ocurre con las buenas elecciones. No necesitarás esforzarte en evocarlas: las imágenes simplemente aparecen, de manera orgánica y natural. Inclusive descubrirás que un OBJETO INTERNO fuerte incrementa tus sentimientos.

Todos tenemos abundantes experiencias a las que apelar, y cada una de ellas viene acompañada de su correspondiente imagen visual. La mayoría de las personas abriga tantos temores que se podrían compilar en varios volúmenes. Mira en tu caja de Pandora personal: allí encontrarás OBJETOS INTERNOS apropiados y poderosos.

La escritura del OBJETOS INTERNO en la página: aplicación práctica
Para ayudarte a decidir tus elecciones de OBJETOS INTERNOS, escríbelos con lápiz sobre la página para poder borrarlos si cambias de opinión (sucede a menudo). Hazlo directamente debajo de la palabra o palabras con la/las que se relaciona.

Para demostrar la aplicación de los OBJETOS INTERNOS, veamos cómo Michael, uno de mis discípulos, los utilizó cuando desempeñó el papel de Jack en *The Importance of Being Earnest*, la comedia de Oscar Wilde. La historia gira en torno de dos jóvenes, Jack Worthing y Algernon Moncrieff que, presas del tedio, inventan un hermano imaginario llamado Ernest, como válvula de escape de su vida insulsa y como puerta hacia la aventura y la fantasía. Jack se vale del inexistente Ernest como excusa para escapar de su aburrida existencia en el campo y retozar en la ciudad, en compañía de Gwendolen, la muchacha de quien está enamorado. Dado que todas las mentiras suelen volverse contra quien las profiere, en un punto las de Jack y Algernon se cruzan, de resultas de lo cual la relación de Jack y Gwendolen queda amenazada.

LA IMPORTANCIA DE LLAMARSE ERNESTO
Oscar Wilde
(Acto I, escena I)

[Un saloncito en el apartamento de Algernon, situado en Half-Moon Street. El cuarto está amueblado con lujo y buen gusto. Se oye un piano en la habitación próxima]

[Entra ALGERNON]

ALGERNON
¿Cómo estás, querido Ernesto? ¿Qué te trae por la ciudad?

JACK
¡Pues el placer, el placer! ¿Qué otra cosa me haría ir a alguna parte? Comiendo como siempre, ¿eh, Algy?

ALGERNON
[incómodo]
Creo que en la buena sociedad es costumbre tomar un bocado a las cinco. ¿Dónde estuviste desde el jueves pasado?

JACK
En el campo.

ALGERNON
¿Y qué demonios haces ahí?

JACK
Cuando uno está en la ciudad, se divierte. Cuando está en el campo, divierte a los demás. Es excesivamente aburrido.

ALGERNON
¿Y a quiénes diviertes tú?

JACK
[sin darle importancia]
Oh, vecinos, simplemente.

ALGERNON
¿Son simpáticos tus vecinos allá en Shropshire?

JACK
¡Desastrosos! No me trato con ninguno.

ALGERNON
¡Pues los debes divertir muchísimo! A propósito: Shropshire es tu condado, ¿verdad?

JACK
¿Cómo dices? Ah, sí, claro. ¡Vaya! ¿Por qué tantas tazas? ¿Por qué hay sandwiches de pepino? ¿Qué significa todo este derroche? ¿A quién has invitado a tomar el té?

ALGERNON
Sólo a mi tía Augusta y a Gwendolen.

JACK
¡Maravilloso!

ALGERNON
En efecto, pero me temo que tía Augusta no quedará muy complacida de verte.

JACK
¿Puedo preguntar por qué?

ALGERNON
Mi querido amigo, el modo en que coqueteas con Gwendolen es vergonzoso. Casi tanto como el modo en que ella coquetea contigo.

JACK
Estoy enamorado de Gwendolen. He venido a Londres con el expreso propósito de pedirle que se case conmigo.

ALGERNON
Yo creía que habías venido a divertirte... Para mí, el matrimonio es un asunto de negocios.

JACK
¡Qué poco romántico eres!

(continúa la escena)

En el papel de Jack, el OBJETIVO PRINCIPAL de Michael es "lograr que Gwendolen me ame". Su OBJETIVO DE LA ESCENA "que tú [Algernon]me ayudes a conseguir su amor". Como SUSTITUCIÓN para Algernon, Michael utilizó a su amigo Tom, quien le había presentado al OBJETO INTERNO que usó para relacionarse con Gwendolen (Samantha, una muchacha por la que Michael siente una pasión no correspondida). Ahora, tomemos la escena y anotemos los OBJETOS INTERNOS de Michael bajo las palabras que los requieren, que aparecerán subrayadas. Recordemos que los OBJETOS INTERNOS incluyen la imagen mental de personas, lugares, objetos, o acontecimientos de los que se habla o se oye hablar.

LA IMPORTANCIA DE LLAMARSE ERNESTO
Oscar Wilde
(Acto I, escena I)

[Un saloncito en el apartamento de Algernon, situado en Half-Moon Street. El cuarto está amueblado con lujo y buen gusto. Se oye un piano en la habitación próxima]

[Entra ALGERNON]

ALGERNON
¿Cómo estás, querido Ernesto? ¿Qué te trae por la ciudad?
Microstick, el sobrenombre de Michael   *Hollywood*

JACK
¡Pues el placer, el placer! ¿Qué otra cosa me haría ir a alguna parte?
Sexo, drogas y rock and roll

Comiendo como siempre, ¿eh, Algy?
Tomando whisky

ALGERNON
[incómodo]
Creo que en la buena sociedad es costumbre
Entre amigos

tomar un bocado a las cinco. ¿Dónde estuviste desde el jueves pasado?
beber una copa a las 5 p.m.

JACK
En el campo.
Van Nuys (el valle)

ALGERNON
¿Y qué demonios haces ahí?

JACK
Cuando uno está en la ciudad, se divierte.
Hollywood

Cuando está en el campo, divierte a los demás.
la gente de los suburbios

Es excesivamente aburrido.
Jugar al bowling y comer en Denny's

ALGERNON
¿Y a quiénes diviertes tú?
La gente de los suburbios

JACK
[sin darle importancia]
Oh, vecinos, simplemente.
Familias aburridas, no hay solteros

ALGERNON
¿Son simpáticos tus <u>vecinos</u> allá en <u>Shropshire</u>?
  Las familias   el valle

JACK
¡Desastrosos! No me trato con ninguno.

ALGERNON
¡Pues los debes divertir muchísimo! A propósito: <u>Shropshire</u> es tu condado, ¿verdad?
  El valle

JACK
¿<u>Cómo dices</u>? Ah, sí, claro. ¡Vaya! ¿Por qué tantas <u>tazas</u>?
  el valle   vasos de plástico
¿Por qué hay <u>sandwiches de pepino</u>?
  Chivas Regal, caro
¿Qué significa todo este derroche? ¿A quién has invitado a tomar <u>el té</u>?
  a unos tragos

ALGERNON
Sólo a mi <u>tía Augusta</u> y a <u>Gwendolen</u>.
  Kim, la mejor amiga de S.   Samantha

JACK
¡Maravilloso!

ALGERNON
En efecto, pero me temo que <u>tía Augusta</u>
  Kim odia a Michael
no quedará muy complacida de verte.

JACK
¿Puedo preguntar por qué?

ALGERNON
Mi querido amigo, el modo en que coqueteas con <u>Gwendolen</u>
  Samantha
es vergonzoso. Casi tanto como el modo en que ella coquetea contigo.

JACK
Estoy enamorado de <u>Gwendolen</u>.
Samantha

He venido a <u>Londres</u> con el expreso propósito de pedirle
Hollywood, donde vive S.

<u>que se case conmigo</u>.
Ponerme de novio con S.

ALGERNON
Yo creía que habías venido a <u>divertirte</u>...
Sexo sin compromisos
Para mí, el matrimonio es un asunto de <u>negocios</u>.
estúpido

JACK
¡Qué poco romántico eres!

A medida que Michael trabajaba la escena para presentarla en la clase, descubrió que algunos OBJETOS INTERNOS eran eficaces y otros no. Después de cada pasada con su compañero de escena, iba deshaciéndose de los que no funcionaban tan bien y probaba otros que le parecían mejores. Tu trabajo no se completa hasta que has terminado de rodar la película o, si se trata de una obra, hasta que baja de cartel. Siempre puedes recurrir a otros objetos para mejorar tu actuación, pues tratándose de una experiencia ilimitada, no hay fin del aprendizaje ni de la experimentación. El juego no termina hasta el anochecer, y en materia de arte, el sol no se pone nunca.

CAPÍTULO 6

SEXTA HERRAMIENTA;

COMPASES Y ACCIONES

Un COMPÁS es un cambio en la línea de pensamiento. Las ACCIONES son mini-OBJETIVOS unidos a cada COMPÁS. Ambos comprenden los diversos enfoques con que abordamos el OBJETIVO DE LA ESCENA.

Cada vez que se produce un cambio en la línea de pensamiento dentro del libreto, se produce una alteración del COMPÁS

Marca con un corchete cada [COMPÁS] para indicar dónde termina uno y comienza otro. ¿Cuántos COMPASES hay en el siguiente diálogo?

"¿Por qué me heriste así? No, no respondas... Lo sé. Porque no te importa, nunca te importó. ¿Y sabes qué? A mí tampoco me importa. ¡No me importa ni la mitad que a ti! ¡Ahí tienes!"

Hay tres COMPASES:

["¿Por qué me heriste así?] [No, no respondas... Lo sé. Porque no te importa, nunca te importó.] [¿Y sabes qué? A mí tampoco me importa. ¡No me importa ni la mitad que a ti! ¡Ahí tienes!"]

Un COMPÁS puede ser una palabra, una línea, e inclusive una página de diálogo. El criterio para el cambio está indicado por la desviación del pensamiento. Al igual que ocurre con el resto de las herramientas, aquí no hablamos de absolutos. Aquello que puede parecer un COMPÁS (un pensamiento) en tu análisis preliminar del libreto, puede cambiar cuando lo dices en voz alta, e inclusive depende de la reacción del actor con quien trabajas la escena. Mantén la mente abierta a la posibilidad de modificarlo, pues hacerlo te permite el acceso a otras elecciones y te mantiene en el momento presente y a flor de piel. Considera el análisis de los COMPASES como perfil al cual recurrir, una base sólida para emprender ajustes naturales no premeditados que surgen al calor de la actuación en vivo.

> *Las ACCIONES son mini-OBJETIVOS, los distintos enfoques con los que abordas tu OBJETIVO DE LA ESCENA de la manera más eficaz, y se llevan a cabo mediante la palabra y la conducta.*

Los COMPASES y las ACCIONES marcan una diferencia entre las diversas tácticas que pones en práctica para lograr tu OBJETIVO DE LA ESCENA. Están redactados con mayor precisión que dicho objetivo y deben sostener el movimiento hacia delante que te conduzca a él.

Si el OBJETIVO DE LA ESCENA es "que me des empleo", existen muchas maneras de inducirte a que quieras hacerlo. Por medio del lenguaje y la conducta, la ACCIÓN, en un primer COMPÁS, podría consistir en "hacerte reír" y, en un segundo COMPÁS, "impresionarte con mi currículum". En un tercer COMPÁS, la ACCIÓN podría tender a "asombrarte con mi inteligencia", y en el cuarto COMPÁS, "hacer que confíes en mí". Trabajar con COMPASES y ACCIONES permite perseguir el objetivo de manera específica mediante variados comportamientos, dotando a la escena de diversidad e influenciándola no sólo a través de la verbalización sino también del comportamiento que la acompaña. Mientras la palabra se alinea con el COMPÁS y la ACCIÓN, el cuerpo se siente obligado a seguirla, y así se construye la conducta.

> *Al igual que el OBJETIVO DE LA ESCENA, los COMPASES y las ACCIONES deben redactarse de modo de disparar una reacción en la otra persona.*

La utilización de los COMPASES y las ACCIONES para ejercer un efecto sobre la otra persona te permite trabajar en el momento mismo. Si no hubiera necesidad de afectar o de provocar un cambio en otra persona, es fácil caer en la trampa de memorizar un modo de ser. Esto no se condice con la naturaleza humana. El actor necesita replicar las partes más inconscientes y espontáneas de su vida, pues son éstas las que se traducirán en resultados originales e inesperados.

Los COMPASES y las ACCIONES te permiten presencia y autenticidad.

Cuando utilizas COMPASES y ACCIONES para obtener la reacción del otro actor, no debes responder a una planificación previa. No sólo no tienes modo de saber cómo vas a decir tu parlamento, en tanto estás concentrado en el otro, sino que tampoco tienes idea de cómo va a reaccionar ni de cuál será tu respuesta a su reacción, y así sucesivamente. Es la vida lo que debe emerger, no una imitación de la vida.

Tu necesidad de que la otra persona reaccione (COMPÁS y ACCIÓN) la autoriza, pues hace que se sienta importante.

Si no expresas tu necesidad de que el otro actor reaccione, lo desvalorizas, debilitando tu capacidad de lograr tu OBJETIVO DE LA ESCENA. Casi todos hemos pasado por la experiencia de encontrarnos en una fiesta donde alguien se nos acerca y nos pregunta cómo estamos, sin mirarnos a la cara ni esperar la respuesta, continuando su camino o buscando con los ojos otros invitados más importantes, o más sexys, o más interesantes que nosotros. Esto nos hace sentir mal, insignificantes, sombras, ¿verdad? Pues así es como haces sentir al otro actor (o al director de casting, si se trata de una audición) cuando les lanzas una línea sin que te importe genuinamente su reacción.

Volviendo al mismo fragmento que analizamos al principio de este capítulo, ensayémoslo con algunas posibles ACCIONES pertinentes:

["¿Por qué me heriste así?]
[No, no respondas... Lo sé. Porque no te importa, nunca te importó.]
[¿Y sabes qué? A mí tampoco me importa. ¡No me importa ni la mitad que a ti! ¡Ahí tienes!"]

Veamos ahora algunas opciones de COMPASES y ACCIONES que no desvirtúan las necesidades del OBJETIVO DE LA ESCENA: "que no me abandones".

- PRIMER COMPÁS: "¿Por qué me heriste así?"
  Acción: *conseguir que me ayudes a comprender*
  O: *conseguir que me consueles*
  O: *hacerte sentir culpable*

- SEGUNDO COMPÁS: "No, no respondas... Lo sé. Porque no te importa, nunca te importó".
  Acción: *conseguir que me tranquilices*
  O: *conseguir que admitas que tengo razón*
  O: *que me digas que no es verdad*

- TERCER COMPÁS: "¿Y sabes qué? A mí tampoco me importa. ¡No me importa ni la mitad que a ti! ¡Ahí tienes!"
  Acción: *hacerte sentir mi dolor*
  O: *desafiarte a que me 'superes' en sufrimiento*
  O: *asustarte para que pienses que 'se acabó'*

Las opciones ofrecidas fueron redactadas buscando despertar una reacción, de modo de establecer la interacción y, por consiguiente, una relación con el otro. La formulación de las frases convierte al otro en tu centro de atención y evita la sensación de embarazo o de autoindulgencia.

Vuelve a leer las líneas, ahora en voz alta, probando cada uno de los COMPASES y ACCIONES junto con el diálogo. Fíjate cuánto cambian tu elocución y tu comportamiento con cada una de las distintas opciones, bien que las mencionadas aquí son sólo unas pocas entre múltiples posibilidades.

Aunque expresan los mismos sentimientos, los ejemplos que siguen son mucho menos efectivos, porque no requieren de una respuesta:

- PRIMER COMPÁS: "¿Por qué me heriste así?"
  Acción: *Quiero comprender*
  O: *Estoy triste*
  O: *Creo que tú tienes la culpa*

- SEGUNDO COMPÁS: "No, no respondas... Lo sé. Porque no te importa, nunca te importó".
  Acción: *Conservar la calma*
  O: *Creo tener la razón*
  O: *No creo que esto esté pasando*

- TERCER COMPÁS: "¿Y sabes qué? A mí tampoco me importa. ¡No me importa ni la mitad que a ti! ¡Ahí tienes!"
  Acción: *Sufrir*
  O: *Me siento desafiada*
  O: *¡Se acabó!*

Estos no son COMPASES y ACCIONES, sino sentimientos, y los sentimientos no provocan reacciones. Formulándolos de este modo, no necesitas de la interacción; puedes experimentarlos a solas. Poner tus ACCIONES en palabras inertes invita a la introspección y a una realidad exenta de propósito y de necesidad o deseo de interactuar con otra persona. En consecuencia, no se produce movimiento ni relación alguna.

Las ACCIONES poseen la facultad de modificar los significados y la intencionalidad.

Esto te da la libertad de descubrir formas más interesantes y originales de abordar el diálogo. Sin los COMPASES y las ACCIONES, lo más probable es que hagas una lectura literal. Toma esta línea: "Te odio". Úsala para practicar. Verás que, por sí sola, la intención parece evidente, pero mira lo que ocurre cuando apelas al COMPÁS y a la ACCIÓN. Trata de decir "Te odio" transmitiendo que:

"Quiero hacerte reír"

¿Suena diferente de lo que imaginaste al principio? Ahora prueba con:

"Quiero que admitas tu culpa"

Ya ha cobrado un significado completamente distinto. Bien; ahora dilo para:

"Conseguir que me consueles"

Comprendes la idea, ¿no es cierto? Tu elección de COMPÁS y ACCIÓN determina lo que intentas comunicar, independientemente de las palabras, pues estas herramientas operan cambios drásticos sobre los significados. ¿Alguna vez has dicho "Te amo" cuando a lo que verdaderamente te referías (COMPÁS y ACCIÓN) era a tu deseo de tener un encuentro sexual con la otra persona? Compara la lectura de la línea con la ocasión en que dijiste "Te amo" con el propósito de conseguir (COMPÁS y ACCIÓN) una respuesta recíproca, o con la vez en que tu frase pretendía que el otro "se riera ante lo absurdo de la situación" (COMPÁS y ACCIÓN). Esto te demuestra por qué la actuación de frases como "Te odio" o "Te amo" basada en el sentido obvio y sin matices de la palabra, se pierden de vista los tonos intermedios entre lo absoluto del blanco y el negro. El área gris entre ambos es, tanto de manera literal como figurada, un espacio vacío que demanda una interpretación específicamente sostenida por una elección de COMPÁS y ACCIÓN.

> *Pregúntate qué deseas obtener (el OBJETIVO DE LA ESCENA), y cuál es el modo más efectivo, tanto verbal como conductual, de lograrlo (COMPASES y ACCIONES).*

Las ACCIONES deben apoyar el OBJETIVO DE LA ESCENA a fin de crear un entretejido que mantenga la unidad total de la escena. Cuanto más te propongas lograr tu OBJETIVO DE LA ESCENA, compás por compás, pasando de una acción a otra, utilizando diversas tácticas en tu discurso y movimientos corporales, y descubras que no tienes éxito, con mayor ahínco intentarás alcanzar tu meta. Así se produce un *crescendo* en el círculo que creas durante la escena. También debes hacer que el otro personaje *quiera* darte el OBJETIVO DE LA ESCENA por medio de las mejores elecciones de COMPASES y ACCIONES.

Jennifer Beals lo tuvo en cuenta, con resultados conmovedores, cuando trabajamos una escena dentro de un episodio de la serie *The L Word* en Showtime. El programa gira en torno a las lesbianas y a los traumas y pruebas que enfrentan en un mundo homofóbico e intolerante. En una de las escenas, Bette —el personaje de Jennifer— asiste a una entrevista televisiva donde se traba en un acalorado debate con Faye Buckley, la némesis del episodio. En tono ofensivo, Faye argumenta que la exposición artística montada por Bette es pornográfica. Al final del episodio, Faye se excede, y le propina un golpe bajo, revelando información sobre la vida privada de Bette. Esto es lo que dice:

> "La Biblia condena la homosexualidad, Bette; esa es la razón por la cual Dios privó a tu amante lesbiana del hijo que

llevaba en el vientre: para ahorrarle la humillación a la que se habría visto sometido si hubiera nacido para criarse en la perversión en que viven ustedes. Fue afortunado en no haber nacido".

Bette se desquita llamándola 'monstruo', y haciendo público un video porno protagonizado por la hija adolescente de Faye, que ésta ha hecho lo imposible por mantener oculto. La ACCIÓN correspondiente al COMPÁS en el momento en que Bette dice la palabra 'monstruo' y proyecta el video en cámara podría ser vengativa, pero el OBJETIVO DE LA ESCENA de Bette es "hacer que ustedes [el público]se pongan de mi parte en contra de Faye". Si Bette se mostrara malévola y rencorosa, daría una imagen de crueldad. El modo más eficaz de lograr su OBJETIVO DE LA ESCENA consistía en no entrar en el juego insultante de Faye. Utilizamos la ACCIÓN para el COMPÁS de "ayudarte [a Faye] a comprender tu crueldad", pues profirió 'monstruo' con suavidad, en lugar de estallar en una ira fútil, y luego, compasivamente, deslizó el video sobre la mesa para que Faye percibiera que no era un secreto. Si Bette hubiera reaccionado con actitud vengativa, no habría cosechado las simpatías del público. Utilizando esta combinación de COMPÁS y ACCIÓN, Jennifer compuso un personaje empático, una persona con quien el público podía identificarse.

Aplicación de COMPASES y ACCIONES a movimientos no acompañados de diálogo

Durante una discusión con tu amante, puedes marcharte airadamente, pegando un portazo. Inclusive si no median palabras, estás usando un COMPÁS y una ACCIÓN: "conseguir que me impidas irme". Casi siempre, cuanta más violencia emplees en pegar el portazo, más deseas que la otra persona te siga y te detenga, en prueba de que te ama. Esto hace que el COMPÁS y la ACCIÓN de "conseguir que me impidas irme" sostenga la importancia del OBJETIVO DE LA ESCENA: "conseguir que me pruebes tu amor".

Puede suceder que las acotaciones del libreto indiquen que te dispones a acostarte, irritada y molesta, en el marco de un OBJETIVO DE LA ESCENA de "hacer que te culpes por cómo me siento". El COMPÁS y la ACCIÓN podrían ser "hacerte admitir tu culpa", o "hacer que sientas mi sufrimiento", o "conseguir que me tranquilices". En verdad, es mucho lo que podemos intentar lograr mediante el uso de COMPASES y ACCIONES.

*Inclusive cuando el otro actor habla, debes
mantener activos tus COMPASES y ACCIONES*

Mientras escuchas, debes tener presente lo que deseas del otro personaje, *con o sin palabras*. Cuando callas y la otra persona habla, debes continuar intentando lograr la reACCIÓN deseada por medio de tu conducta. ¡Tus necesidades no se detienen junto con tu discurso!

*Las elecciones no son correctas ni equivocadas,
sino más o menos eficaces.*

Debes tener en cuenta el modus operandi de tu personaje
No pierdas de vista el "¿quién soy?" de tu personaje, el *modus operandi* distintivo que hará que elija la fórmula más eficaz para lograr su OBJETIVO DE LA ESCENA. Una seductora por lo general logra su propósito poniendo en juego su sexualidad; un intelectual lo hace poniendo en práctica con inteligencia los gambitos de la mente; un hazmerreír usa el humor; un gángster o pendenciero recurre a la violencia y a la agresión para obtener lo que desea. En otras palabras, al momento de elegir COMPASES y ACCIONES, recuerda *la identidad* del personaje y *el modo* en el que se comporta en la vida.

Trabajé con Jon Voight en la preparación de *A Dog in Flanders*, una película en la que desempeñaba el papel de figura paterna ante un muchacho que se creía huérfano. Hasta las escenas finales, el personaje de Jon ignora que es el padre biológico del muchacho: su madre murió antes de tener la oportunidad de decírselo. Jon aprovechó todos los recursos para demostrarle al público que podía cumplir con la función de padre. Dentro del diálogo, utilizó COMPASES y ACCIONES como "hacerte sentir protegido", "lograr que creas en ti mismo", "impresionarte con mi lealtad", y "hacerte sentir amado". Sus elecciones obraron como apoyo primordial a los propósitos de la película. Cuando él y el público finalmente se enteran de la paternidad del personaje, no tienen dificultades en aceptarla. Gracias a sus COMPASES y ACCIONES, le dio sentido al descubrimiento de la verdad.

Debes considerar el *modus operandi* del otro personaje
También es necesario que recuerdes quién es el otro personaje, lo cual te ayudará a decidir *cómo* conseguir lo que deseas. El otro

puede ser alguien que utiliza su intelecto para lograr sus metas en la vida. Tienes que tratar de apelar al otro en su propio campo, porque se sentirá mejor dispuesto a darte lo que quieres si él/ella puede conseguir así su propio objetivo.

Tu elección de COMPASES y ACCIONES debe ser focalizada
Tus elecciones de ACCIÓN deben surgir de la sensación de que te están apuntando a la cabeza con un revólver. En la medida en que te estás arriesgando con tu OBJETIVO PRINCIPAL, OBJETIVO DE LA ESCENA, OBSTÁCULOS, SUSTITUCIONES, y OBJETOS INTERNOS, tu apuesta personal tiene que ser muy elevada. Como sabes, cuando hay mucho en juego, todo lo que hagas o digas, por nimio que sea, cuenta. Nada es desechable. Cada *cómo*, *qué*, y *por qué* significa algo. Imagina que se te ocurre hacer un comentario intrascendente bajo la amenaza de un revólver. Ni soñando; cuando se trata de salvar la vida, todo comentario, todo movimiento, hace oscilar la balanza en una u otra dirección. Cada escena, entonces, está dirigida a tratar de decidir, vencer, y lograr algo extremadamente valioso para ti. Tus COMPASES y ACCIONES deben complementar e impulsar la realización de una meta sumamente importante: tu OBJETIVO DE LA ESCENA. Ello infunde a tu trabajo la fuerza de una lucha de vida o muerte, y significa que no puedes desperdiciar un minuto ni restarle trascendencia a nada. Todo lo que digas y hagas debe hacerte avanzar hacia tu objetivo, mediante los COMPASES y ACCIONES que son imperativos para la totalidad del libreto.

> *No vayas tras tus COMPASES y ACCIONES*
> *como si fueran un listado de tareas a cumplir,*
> *llevándolas a cabo una después de otra como un*
> *tren descarrilado.*

Busca la ACCIÓN y el COMPÁS a través de la conducta y la palabra, y decide si has provocado la reacción que necesitas. Debes comprender y avivar tu respuesta emocional hacia la pérdida o ganancia que la una o el otro te reportan, y luego moverte hacia la próxima ACCIÓN y COMPÁS. Repite el proceso ante cada respuesta hasta que llegue el momento de retirarte del escenario o el director dé la orden de cortar.

Por ejemplo, imaginemos que estás contando una broma. Obviamente, tu ACCIÓN para ese COMPÁS será "hacerte reír" —con una risa despectiva, forzada, suficiente, un 'ja, ja, me hizo tanta gracia que olvidé reírme', etc., etc. Tu reacción emocional variará según *la otra persona* responda a tu COMPÁS y ACCIÓN. Si ríe, te sentirás muy bien; de lo contrario, te invadirá la desazón. La importancia del COMPÁS y la ACCIÓN reside en la observación de la reacción del otro, su internalización por parte tuya, y la provisión de una respuesta acorde.

> *Concentrarte en obtener una reacción te evita encerrarte en tu* **mente** *y te permite mantenerte en el momento.*

Cuando te concentras en obtener una reACCIÓN, es difícil que te observes a ti mismo o que prepares con anticipación el modo en que dirás y actuarás el diálogo. Esto da lugar a la espontaneidad. Piensa en los momentos de tu vida cuando era mucho lo que estaba en juego, en alguna situación en que tu deseo de algo era tan arrollador que casi podías paladearlo antes de que sucediera. Recuerda cómo te concentrabas en la actitud de la persona en cuyas manos estaba el darte lo que querías. Analizabas una y otra vez cada pestañeo, mirada de reojo, inflexión de la voz, señales dictadas por el lenguaje corporal, y luego las contabas a tus amigos en busca de nuevas interpretaciones. Estabas en alerta máxima respecto de todo lo que se hacía y decía. Bien: cuando actúas, debes encontrarte en idéntico estado.

Es lícito repetir un COMPÁS y una ACCIÓN dentro de una misma escena

Por ejemplo, tu objetivo es que lograr un encuentro sexual con alguien. Tu OBJETIVO DE LA ESCENA sería, entonces: "hacer que tengas sexo conmigo". Descomponiendo el diálogo de la escena en COMPASES y ACCIONES, podrías pensar en el COMPÁS y la ACCIÓN de "excitarte sexualmente", típico de una primera cita. La segunda ACCIÓN que acompaña al segundo COMPÁS podría ser "impresionarte con mis proezas sexuales", y la tercera, siguiendo el correspondiente COMPÁS, "conseguir que confíes en mí", finalizando con un cuarto par que bien puede repetir "excitarte sexualmente".

> *Durante los ensayos, prueba diferentes COMPASES y ACCIONES a fin de identificar aquellos que mejor funcionan.*

Como con el resto de las herramientas, no tomes decisiones basadas en la razón para determinar tus COMPASES y ACCIONES. Repito, una vez más, que el arte es una forma física que requiere de la experimentación activa y vocal. Nunca sabrás cuáles son los mejores COMPASES y ACCIONES hasta que los pongas en práctica y descubras si son eficaces para impulsar tu OBJETIVO DE LA ESCENA.

Los COMPASES y las ACCIONES realizan el lenguaje
Cuando Garry Shandling comenzó a preparar conmigo su papel en *The Larry Sanders Show*, una de mis primeras acotaciones fue que tenía que implicar más a su cuerpo. Garry triunfó en Hollywood como cómico, lo cual significa que acostumbraba a apoyarse en la palabra para lograr efectos de comicidad. Sin embargo, le señalé —tal como lo hago con todos mis discípulos— que, por lo general, lo que nos hace reír no es lo que se dice, sino lo que se *hace*. Los COMPASES y las ACCIONES no sólo sirven a los propósitos del diálogo, sino que, además, crean las conductas que lo acompañan. Al salir del cine o del teatro, solemos decir: "Me encantó el modo en que fulano *hizo* [lo que fuera]"; raramente comentamos que nos fascinó el modo en que fulano *dijo* una línea.

Uno de los primeros ejercicios que le enseñé fue a realizar físicamente las palabras del texto, utilizando COMPASES y ACCIONES. Elegíamos una escena, y luego resolvíamos qué ACCIÓN se adecuaba a cada COMPÁS. Después yo le leía el pie, y él interpretaba físicamente el COMPÁS y la ACCIÓN, sin decir la línea. Veamos una escena tomada de un episodio de *Larry Sanders* titulado "Adolf Hankler". Larry (Garry Shandling) conversa con Arthur (Rip Torn), su productor, acerca de su hermano Stan, quien va a venir a pasar unos días con él. Larry está por dejar el programa de entrevistas que conduce para la cadena televisiva, y su reemplazo es Jon Stewart (en persona). Durante mucho tiempo, la vida de Larry giró obsesivamente en torno del programa, donde trabajaba dieciséis horas por día, e inclusive su vida social dependía de él. Está aterrado: no tiene idea de cómo utilizar su tiempo una vez que se haya retirado. Intenta acercarse a su hermano Stan y a sus parientes, con la esperanza de conseguir el afecto y sostén que tan desesperadamente necesita ahora que se siente desplazado. Stan es un empresario... o así lo cree; en realidad, se trata de uno de esos individuos que viven haciendo castillos en el aire, y el apodo que mejor le cabría sería "El que siempre piensa en un plan estúpido que supuestamente lo hará rico pero que termina con sus huesos en el asilo". Además de producir el programa de Larry, Arthur es también su mejor amigo. Sabe que Stan no trama nada bueno porque ésa es su conducta habitual. En la escena siguiente, Arthur intenta prevenir a Larry de que se aparte de Stan, independientemente de cuán fuerte sea su hambre emocional.

Tomemos ahora la escena y descompongámosla en COMPASES —marcados por paréntesis— y en ACCIONES (miniOBJETIVOS o tácticas), anotadas con lápiz sobre el margen derecho, de modo que no se confundan con notas relacionadas con otras herramientas. Encontremos ideas para ACCIONES, desde el punto de vista de Larry Sanders, y recordemos que no son inamovibles y que, al igual que toda otra herramienta, varían según la interpretación de cada actor.

El propósito de estos COMPASES y ACCIONES en particular consiste en guiar el OBJETIVO DE LA ESCENA: "conseguir que me hagas sentir mejor".

Larry Sanders acaba de terminar el programa y camina entre bastidores cuando Arturo, su productor, lo detiene para felicitarlo:

THE LARRY SANDERS SHOW
EPISODIO "ADOLF HANKLER"

ARTHUR
[¡Hola, capitán Sanders! Ahora el U.S.S. Hilarity reposa a salvo en su amarradero.
Hacerte reír

LARRY
¿Alguna vez te han dicho que deberías usar un gorro de marinero?

ARTHUR
Sí, el difunto Rock Hudson.

LARRY
Ése es otro tema.]

ARTHUR
[¿Así que tu hermano Stan viene a la ciudad?
Conseguir que te des cuenta de mi desesperación

LARRY
Va a alojarse en mi casa]

ARTHUR
[¡Ah!
Conseguir que dejes de juzgarme

LARRY
¿Qué significa ¡Ah!?

ARTHUR
Nada. Sólo practicaba mi chino.]
(compás)
¿Y si le envías un cheque?

LARRY
[Me vendrá bien tener compañía.
Hacerte sentir que sufro

ARTHUR
¿Quieres un consejo? Si quieres compañía cara, cómprate un perro chino.]

LARRY
[¿Para que seamos dos los que beben del excusado?
Hacerte reír

Cuando Garry y yo ensayamos la escena, le di el pie leyendo la parte de Arthur. Sin recurrir a la palabra, Garry tenía que expresar físicamente el COMPÁS y la ACCIÓN, recurriendo a los OBJETOS INTERNOS que habíamos seleccionado con anterioridad. Fíjense que el *modus operandi* de Larry Sanders es el de un tipo gracioso, por la cual la ACCIÓN de "hacerte reír" se repite. La versión corporal de Garry sacó a luz conductas muy cómicas. Una vez que realizó exitosamente los COMPASES y las ACCIONES con el cuerpo, pasamos la escena utilizando COMPASES y ACCIONES para el diálogo. Ahora la conducta subrayaba el diálogo, redoblando su efectividad. Los COMPASES y las ACCIONES inspiran las intenciones del personaje.

Comprométete con tus COMPASES y ACCIONES
Ve por tus ACCIONES audazmente, sin temores, más allá de los límites comúnmente aceptados. Cuanto más te arriesgues, más apasionantes serán los resultados.

Trabajé con Christian de la Fuente para preparar su audición y luego su personaje (Memo Moreno) en la película *Driven*. Christian es chileno, y no está completamente familiarizado con el inglés. Buscar sus COMPASES y ACCIONES sin vacilaciones contribuiría a que su actuación resultara más convincente, y sus líneas más comprensibles al oído. Cuando lo entrené para la audición con Sly Stallone (Joe), lo alenté a comprometerse con sus elecciones, y a no pensar en lo tonto que, según él, se veía. Aunque gran parte de la película se centra en una carrera de automóviles, una rama lateral del argumento refiere que Memo está casado con la ex esposa del personaje de Joe. Hay una escena en particular en la que Memo debe enfrentarse a Joe, quien se muestra inamistoso. Interpretar la escena equiparándose al antagonismo demostrado por Joe parecía una pobre elección para el personaje de Christian, pues evoca el proverbio "mantén cerca a tus amigos, y más cerca aún a tus enemigos". Por ello le indiqué, como OBJETIVO DE LA ESCENA, "conseguir que gustes de mí", porque si Memo le cae en gracia a Joe, disminuyen las posibilidades de que trate de sabotear la relación amorosa. La escena incluía una cantidad considerable de forcejeo verbal entre ambos hombres y, en un determinado momento, Memo dice "Quiero que te cases conmigo". Para esta línea, usamos el COMPÁS y la ACCIÓN "hacerte reír". Cuando Christian se presentó a la audición, se acercó a Stallone, se arrodilló, y dijo la línea. Luego se quitó un anillo y trató de ponerlo en el dedo anular de Stallone, que era mucho más grueso, sin cejar, aunque no lograba hacerlo pasar del nudillo. Atónito, Stallone no quitaba la vista del desventurado Christian, quien persistía, a pesar de no saber si lo estaba irritando aún más con esta maniobra. Finalmente, cuando parecía que había transcurrido una eternidad, Stallone lanzó una carcajada y exclamó: "¡Este tipo me encanta!". Por supuesto, consiguió el papel. Ya en el plató, Christian continuó tomando decisiones riesgosas respecto de COMPASES y ACCIONES sin dar importancia a lo tontas que pudieran verse. Después de ver las tomas de los primeros días, el estudio le ofreció un contrato para dos películas.

No te autocensures
Prueba cualquier cosa que se ocurra apropiada. Te asombrará que ciertas opciones inesperadas funcionen mejor que otras que te parecían más próximas a la situación. Como he venido repitiendo un sinnúmero de veces: no sabrás qué sirve hasta que lo intentas.

> *Considera lo que* **realmente** *se juega para el personaje tras el OBJETIVO DE LA ESCENA. Lee entre líneas.*

Imagina que tienes que interpretar una escena durante la cual una pareja enojada considera la posibilidad de divorciarse. Que el diálogo diga que te quieres separar no significa que eso sea lo que el personaje verdaderamente desea. Como hemos visto en el caso de salir dando un portazo, es común que, cuando amenazamos con irnos, lo que buscamos es que la otra persona nos convenza de no hacerlo, o que nos pruebe su amor de algún modo. Otro ejemplo: una escena en la que tu personaje habla de su admiración y respeto por una obra literaria. La verdad es que probablemente jamás haya leído dicha obra, o que la haya leído y encontrado aburrida, pero dice lo contrario en su afán de impresionar al otro personaje con su cultura o, simplemente, para gustarle.

El gran trabajo que hizo Elisabeth Shue en *Burn This*, producción de Lanford Wilson aclamada por la crítica, proporciona un excelente ejemplo de la lectura entre líneas. Vamos a ver un fragmento del libreto, acompañado de las notas que ella y yo tomamos de los COMPASES y ACCIONES para apoyar el OBJETIVO DE LA ESCENA de su personaje ("conseguir una prueba de tu amor (para no salir lastimada").

Recuerda poner los COMPASES entre paréntesis y escribir las ACCIONES a la derecha para saber a qué palabras corresponden. Hay muchas maneras de abordar el objetivo, y mientras te mantengas fiel a él, a la esencia de tu personaje, y a la del que interpreta la escena contigo, estás en libertad de elegir entre cientos de posibilidades. Las que se transcriben a continuación son las que tomamos inicialmente, aunque Elisabeth hizo cambios en respuesta a las reacciones de Peter Skarsgaard, su co-estrella.

BURN THIS
Por Lanford Wilson
(Fragmento del Acto II)

(Sala de estar en la casa de Anna, avanzada la noche)

ANNA
[Pale, nunca tuve una vida. No me asustaba tenerla; simplemente no disponía del tiempo; no era importante. Ahora todo ha cambiado y me siento muy vulnerable.
Impresionarte con mi vulnerabilidad
No voy a ser presa de algo que no quiero. Soy demasiado fácil. Ve a buscar en otra parte.]

PALE
[Lo busco en ti.
Hacerte rogar que me quede

ANNA
No, ya te dije que no. No quiero esto. No tengo la fuerza física para hacerte salir a patadas.] ¿Por qué te pones tan agresivo? Te dije que no me gustas. No quiero conocerte;
Hacer que me desees sexualmente
no quiero volver a verte. No hay razón para que vengas aquí. No me gustas, y te tengo miedo.]

Si bien el diálogo explicita que Anna quiere que Pale se vaya, lo cierto es que desea que se quede. En estado de extrema fragilidad, herida por una tragedia ocurrida en un momento anterior de la obra, Anna necesita poner a Pale a prueba instándolo a abandonarla. Si se queda, independientemente del maltrato al que la someta, ella creerá que Pale la ama. Si Elisabeth actuara sus líneas en un sentido literal, interpretaría que el libreto marca su deseo de liberarse de este hombre. Pero Elisabeth sabía que su personaje necesitaba amor y un peldaño donde apoyarse para llegar al final de la historia, que termina mostrando el inmenso amor que se profesan Anna y Pale.
    Tu elección de COMPASES y ACCIONES deben apoyar el OBJETIVO DE LA ESCENA, que a su vez apoya el OBJETIVO PRINCIPAL del personaje. En este caso, el OBJETIVO DE LA ESCENA era "lograr

que me demuestres tu amor", previo al OBJETIVO PRINCIPAL de "que la pasión vuelva a mi vida".

Considera los COMPASES y las ACCIONES como un subconjunto del OBJETIVO DE LA ESCENA, y a éste, un subconjunto del OBJETIVO PRINCIPAL.

De esta manera verás que se complementan en el sentido, puesto que te guían en el trayecto que lleva al final de la historia.

Ahora que has descubierto la mejor manera de hacer avanzar la historia en cada escena, necesitas comprender *cómo* y *por qué* llegaste donde te encuentras. Para ello recurrimos al MOMENTO ANTERIOR.

CAPÍTULO 7

SÉPTIMA HERRAMIENTA

EL MOMENTO ANTERIOR

El hecho previo al momento en que comienza la escena le da al actor un lugar de despegue físico y emocional.

El MOMENTO ANTERIOR adecuado guiará tu OBJETIVO DE LA ESCENA, infundiéndole perentoriedad y necesidad de que los acontecimientos se desarrollen de determinada manera.

1. **¿Qué es lo que deseo?** OBJETIVO DE LA ESCENA.
2. **¿Por qué lo deseo tanto?** OBSTÁCULOS, SUSTITUCIONES, y OBJETOS INTERNOS, tres elementos que proporcionan la necesidad de lograr el OBJETIVO DE LA ESCENA.
3. **¿Por qué lo deseo tanto en este preciso momento?** El MOMENTO ANTERIOR, que intensifica la necesidad de lograr el OBJETIVO DE LA ESCENA, tornándolo en algo perentorio y apremiante; dicho de otro modo, dotando a la escena de la noción de *tiempo* y las presiones asociadas a él.

El MOMENTO ANTERIOR fortalece tu necesidad de lograr inmediatamente tu OBJETIVO DE LA ESCENA. Ya sea que actúes una intensa escena sexual o una batalla física o verbal, esta herramienta te ubica en el espacio apremiante —mental, física, y emocionalmente— apropiado a la escena, además de darte un punto de partida, puesto que ni la escena ni la vida surgen de la nada. El MOMENTO ANTERIOR te ayuda a saber *de dónde vienes* y *por qué*, y *cuánto* deseas conseguir tu OBJETIVO DE LA ESCENA lo antes posible.

Es importante reconocer que una escena no comienza en el lugar indicado por el libreto: existe un hecho anterior implícito que justifica el texto. Al utilizar ese momento, la escena que se juega en el presente marca una continuidad en la interacción antes que un principio, y te facilita tratar cada escena como si ya te encontraras inmerso en la situación.

En una obra teatral, los actores recurren al MOMENTO ANTERIOR antes de que suba el telón, entre un acto y otro, y cuando abandonan el escenario y deben regresar a él.

En las películas y la televisión, esta herramienta se vuelve crucial para el actor, dado que las escenas suelen rodarse como partes aisladas fuera de su orden natural. Por ejemplo, es posible que la última escena de una película en la cual la esposa muere en los brazos del marido se filme antes que el resto. El MOMENTO ANTERIOR, junto con el OBJETIVO PRINCIPAL, el OBJETIVO DE LA ESCENA, los OBSTÁCULOS, SUSTITUCIONES, OBJETOS INTERNOS, y COMPASES y ACCIONES te inyectarán las emociones y conductas adecuadas.

En el contexto mencionado, otra razón de peso para utilizar el MOMENTO ANTERIOR reside en que las escenas tienden a ser muy breves, y no tienes tiempo de partir de la nada y comenzar a construir hasta llegar a un crescendo basado en menos de tres páginas de diálogo. Para conservar la tensión de un material conectado por numerosas escenas muy cortas, debes iniciar cada escena desde un lugar pleno de carga emocional. Asimismo, el lento proceso de la filmación implica demoras, por lo cual el MOMENTO ANTERIOR constituye una herramienta esencial que te permite volver a meterte en la piel del personaje cada vez. Es, por añadidura, la llave que restablece las necesidades y la problemática de tu personaje.

Aplicación del MOMENTO ANTERIOR

1. Determinar el acontecimiento personal que ha de producir una necesidad imperiosa.
2. Poco antes de que el director indique "¡Acción!", o de entrar a escena, date un momento para revivir el acontecimiento elegido, y piensa en lo que que acaba de suceder.
3. Rememora todos los detalles: visualiza los factores sensoriales del lugar donde te encontrabas y de la persona que te acompañaba; escucha las palabras que ambos pronunciaron, y siente visceralmente lo que hiciste y cómo reaccionaste. Deja que este 'volver a vivir' el momento te conduzca a la tensión física y emocional.

La aplicación del MOMENTO ANTERIOR no debe insumir más de un minuto.

Si lleva más tiempo, has errado tu elección del MOMENTO ANTERIOR. El acontecimiento elegido debe afectarte fácil e inmediatamente. Muchos actores pasan horas tratando de evocar las emociones necesarias para mantener su atención fija en la escena, y si ésta implica una gran carga emocional, quizás se esfuercen por revivir "el día en que murió mi perro". Este método no sólo resulta agotador, sino que genera sentimientos confundidos en un hongo atómico al momento de la acción o del rodaje. Tal como ocurre durante una explosión, estalla rápidamente y se disipa con igual velocidad, produciendo una representación poco clara, por dos razones. Primero, una representación alimentada por emociones inconexas no se motiva sólo porque existe un libreto, lo cual implica una dificultad, dado que cuando los sentimientos no están anudados a la historia y necesidades del personaje, tampoco hay un camino a recorrer y, segundo, las emociones forzadas no duran mucho, especialmente si no se apoyan en el contenido del libreto. El cuerpo humano tiende a alejarse o a 'cerrarse' frente al sufrimiento, a menos que se vea sujeto a la gravedad de un hecho que lo inmovilice en el dolor. Un MOMENTO ANTERIOR guiado por la historia mantiene los sentimientos adecuados hasta el final de la escena, porque se relaciona con el material y tiene sentido lógico. Por otra parte, los sentimientos resultantes del artificio no permiten la construcción y evolución natural de las emociones. Si utilizas las seis herramientas de las que hemos hablado y eliges un MOMENTO ANTERIOR eficaz, dispondrás de todos los detalles, sutilezas y estratos emocionales que desplegamos en la vida real.

> *Tu MOMENTO ANTERIOR debe basarse en experiencias personales recientes o pasadas no resueltas. La falta de resolución mantiene la filtración constante de los sentimientos evocados hacia el interior de tu mente y de tu corazón.*

No recurras a problemas resueltos. Conocer el resultado de un hecho desanima la acción y sólo crea la reproducción mecánica de los sentimientos en juego. Al elegir el MOMENTO ANTERIOR, es importante pensar qué te motivaría a querer ganar; en consecuencia, un hecho que no te produzca la ardiente necesidad de resolución socava tu lucha por lograr el OBJETIVO PRINCIPAL y el OBJETIVO DE LA ESCENA. Si apelas a cuestiones de tu vida presente, no te hará falta 'cocerte' en tus emociones hasta que estés 'a punto', pues te encontrarás intentando resolver un problema que te acosa diariamente y que, por eso mismo, está al alcance de tus emociones. También existen experiencias lejanas que quedaron pendientes de solución, y que pueden considerarse presentes porque continúan viviendo en tu corazón y en tu mente. El recurso a una cuestión presente de uno u otro modo barre con la necesidad del juego mental o de la búsqueda profunda y arbitraria que te conduzca a lugares que hace ya mucho dejaron de importarte.

El único modo de saber si lo que sientes acerca de un hecho de tu vida está resuelto es probarlo como MOMENTO ANTERIOR.

A veces creemos haber resuelto un problema equis cuando, en realidad, sigue al acecho en los rincones oscuros de la mente, en un territorio que prefiero llamar *negación*, y que no es otra cosa que el trabajo del inconsciente a través del tiempo, destinado a ahorrarnos el tener que lidiar con un sufrimiento intolerable. Nos gustaría pensar que nos hemos sobrepuesto a circunstancias y relaciones penosas porque necesitamos sentir que ésa es la verdad. Por lo general, según mi experiencia, los restos emocionales de tales circunstancias permanecen en nuestro inconsciente durante décadas. Entonces, sabrás que un hecho funciona bien como MOMENTO ANTERIOR si lo pones a prueba.

Hace poco tuve que proponer un MOMENTO ANTERIOR para una audición a la que debía presentarse Beyoncé Knowles. Era necesario despertar las emociones provocadas por el suicidio de una hermana: culpa, desamparo, enojo, tristeza, y la resolución de un hecho irreparable. A menudo, en el proceso de idear material para mis discípulos, apelo a lo que yo usaría con base en mi propia experiencia de vida. Eso me ayuda a comprender al personaje y a estimular la mente del discípulo, de modo que rescate un hecho análogo dentro de su propia vida. En el caso de Beyoncé, recordé la muerte de mi padre, ocurrida hace más de diez años. Tratamiento terapéutico e introspección profunda mediante, la había superado... o, al menos, así lo creí. A medida que leía el diálogo con Beyoncé, se sucedían las imágenes de mi padre en su lecho de muerte. Le dije a la actriz que si yo tuviera que representar el papel, usaría la muerte de mi padre, aunque probablemente no serviría porque era un episodio cerrado. Mientras hablaba de mi exitosa recuperación del hecho traumático, las lágrimas afloraron a mis ojos. Me había equivocado.

Evidentemente, mi sólida salud emocional había sido eclipsada por los pensamientos dolorosos que me asaltaron: mi padre nunca me dijo que me quería, lo cual me llevó a preguntarme si en verdad me amó. Su muerte cercenó toda posibilidad de despejar mis dudas. Poniendo a prueba este hecho como MOMENTO ANTERIOR hizo que tomara conciencia de que mis sentimientos al respecto no se han cerrado, y que probablemente jamás se resolverán.

Al igual que con las demás herramientas, no temas cambiar tu elección del MOMENTO ANTERIOR. El cambio es inherente al arte, puesto que las interpretaciones son infinitas.

A menudo sucede que se te ocurre un gran MOMENTO ANTERIOR, pero en seguida sucede un hecho límite: una muerte inesperada, un accidente automovilístico, te abandona la pareja con quien conviviste diez años, te enteras de que tu novia está embarazada, te despiden del empleo, etc. Tu mente se concentra en los cambios extremos producidos en tu vida. La intensidad de la elección del MOMENTO ANTERIOR se ve debilitada por un hecho presente que reviste mayor urgencia. Si fuera el caso, no dudes en trasladar tu MOMENTO ANTERIOR a la nueva circunstancia.

Susan, una de mis discípulas, actuaba en clase una escena de *Hannah and Her Sisters*, de Woody Allen. Holly, la hermana de Hannah, se encuentra por casualidad con Mickey, su ex cuñado, en una tienda de discos. Holly, una ex actriz devenida guionista, le pregunta a Mickey —escritor de televisión— si quiere ayudarla con el guión que tiene entre manos. Después de muchas pullas a expensas de la novata, él accede.

La primera pasada no causó efecto alguno porque el hecho elegido por Susan como su MOMENTO ANTERIOR no motivaba sus necesidades ni sentimientos en relación a la escena. Existía un problema adicional: su versión carecía de comicidad; nada bueno, tratándose de una escena de Woody Allen. Le pregunté a Susan acerca de su elección, y me habló de un hecho intrascendente, explicando que había supuesto que un material humorístico se prestaba a este tipo de elección. En ese momento me percaté de que Susan no había comprendido. La verdad de la comedia reside en elecciones más desesperadas, dolorosas, airadas, y oscuras de las que requiere la tragedia. Entonces le pregunté qué acontecimiento de su vida presente la llevaría al enojo y a la desesperación. Entre lágrimas, dijo que le habían robado el auto hacía varias noches. Ella había sufrido contusiones leves, pero su esposo estaba herido de gravedad. El atraco los había conmocionado tanto que estaban pensando seriamente en mudarse de Los Ángeles e instalarse en un lugar más seguro. Al mismo tiempo, irse de Los Ángeles equivalía a despedirse de sus sueños de llegar a ser actriz. Se debatía entre quedarse y vivir con miedo o irse, renunciar a sus sueños, y vivir tranquila.

Como elección de MOMENTO ANTERIOR, el atraco era sumamente atractivo, porque no había sido resuelto e implicaba repercusiones que bien podían modificar el curso de una vida. También le ayudaría a Susan a aplicar su necesidad de resolver si debía mudarse o no a la elección del OBJETO INTERIOR de Holly respecto de su necesidad de auxilio con el guión. Tuvimos que cambiar su SUSTITUCIÓN del personaje de Mickey y reemplazarla por un amigo VIP en la industria cinematográfica. Tanto trabajo elevó la apuesta para Susan y su personaje. En la segunda pasada, cuando Holly le pide ayuda a Mickey, Susan sintió que estaba pidiendo ayuda respecto de su propio dilema a alguien en cuya experiencia confiaba. El cambio efectuado sobre el MOMENTO ANTERIOR, que conllevó la modificación de los OBJETOS INTERIORES y la SUSTITUCIÓN, permitió que Susan relatara una historia coherente por dentro y por afuera. Además, el nuevo MOMENTO ANTERIOR revistió la escena de nerviosismo y perentoriedad, impulsando a Susan a ir tras su OBJETIVO DE LA ESCENA ("conseguir que me ames y me ayudes") como si su vida dependiera de ello, pues en realidad así era. La segunda pasada cosechó las risas que tanto escasearon la primera vez.

El uso de ¿Y SI...?
Si tienes una vida estable, desprovista de hechos perturbadores, y no se te ocurre ningún acontecimiento pasado que te afecte, recurre al ¿y si...?, con base en un temor real. Se trata de una experiencia imaginaria originada por un profundo y bien fundado temor. Para utilizarlo como tu MOMENTO ANTERIOR, tienes que imaginar todos los detalles de algo que *podría* ocurrir como si realmente *hubiese* ocurrido. Por ejemplo, si un ser amado padece una enfermedad terminal, puedes usar tus sentimientos de temor, ira, tristeza, etc. para imaginar cómo será tu vida cuando muera. Otro caso: si sientes que tu empleo peligra pero no te han despedido todavía, puedes hacerte una imagen mental de tu jefe llamándote a su oficina, los escalofríos que te recorren el cuerpo, la imposibilidad de pagar las cuentas, quedarte sin techo, etc.

El uso de ¿y si...? como MOMENTO ANTERIOR debe asentarse sobre un temor real y plausible en el marco de tu propia vida.

Si no te preocupa la muerte de tu madre porque goza de perfecta salud, no debes utilizarla como un ¿Y SI...?; es demasiado improbable para vencer la sensación de seguridad. Hechos de este tipo son demasiado rebuscados, y ni la psiquis ni la imaginación los absorben. Por el contrario, si tu temor está bien fundado, la posibilidad de que se materialice a menudo resulta más intimidante y poderosa que la realidad, porque no tenemos idea del desenlace, y es parte de la naturaleza humana imaginar lo peor. Somos criaturas paranoicas gravitando en torno a lo negativo. Pero, irónicamente, nuestros temores suelen dar frutos positivos en la actuación, brindándonos MOMENTOS ANTERIORES de mayor consistencia.

Amy Smart desempeñó un papel particularmente difícil en la película *The Butterfly Effect*. La historia gira alrededor de Evan Treborn (Ashton Kutcher), un hombre que intenta recuperar la memoria viajando a su pasado, pero cada vez que altera algún episodio del pasado, se modifica su realidad presente. Amy personifica a Kayleigh Miller, amiga de la infancia y objeto de amor de Evan. Toda vez que Evan realiza algún cambio, afecta también la vida de Kayleigh —su persona, su historia, y sus recuerdos. De uno de los viajes de Evan al pasado, durante el cual abandona a la joven al descubrir que el padre abusa sexualmente de ella, Kayleigh se convierte en una prostituta adicta a la heroína. En una escena que profundiza este escenario en particular, Evan, ya mayor, se encuentra con Kayleigh, y ve cómo se ha destrozado su vida. Evan sabe que es su culpa, y trata de enmendar las cosas. Amy y yo ideamos, como OBJETIVO DE LA ESCENA, "hacerte sentir culpable", no sólo para que el personaje de ella evite asumir la responsabilidad, sino porque, al fin y al cabo, la culpa le correspondía a Evan.

La escena requería de un buen MOMENTO ANTERIOR, algo que no sólo replicara el daño sufrido por el personaje de Kayleigh, sino que también diera muestras del sufrimiento y el abandono causado por quien una vez había amado tanto. Necesitábamos encontrar, en la vida de Amy, un paralelismo con esta clase de dolor, de modo que pudiera genuinamente convertirse en Kayleigh.

No hace falta aclarar que Amy no es prostituta ni drogadicta. No tiene acceso a situaciones de abandono primario a causa de la excelente relación que la une a sus padres, felizmente casados. El único suceso doloroso que identificamos fue la ruptura con su novio de muchos años, acaecida mucho tiempo antes de que comenzara el rodaje. Pero no pasó a mayores, puesto que reanudaron el noviazgo poco después. Entonces decidimos utilizar el recurso de ¿Y si...? como MOMENTO ANTERIOR.

Ante cualquier ruptura, es natural suponer que uno es 'descartable' y fácilmente reemplazado. La mayoría de las personas siente que su ex pareja va a encontrar a otro/a con quien probablemente tendrá relaciones sexuales. Aunque no era probable que ello sucediera en este caso, el temor de Amy al respecto era genuino. *Podría* suceder. De resultas del temor visceral que experimentaba, dimos con su MOMENTO ANTERIOR: ¿Y si descubría que su novio salía con otra? Amy comenzó a trabajar sobre su temor imaginando que así era en la realidad, visualizando a su novio en plena relación sexual con otra mujer. Se tornó disgustada, enojada, y se sintió traicionada y abandonada. Su MOMENTO ANTERIOR la hizo experimentar la sensación de ser intolerablemente fea, reemplazable, herida sin remedio, y necesitada de alivio para su pena, todo lo cual correspondía a la realidad de una adicta a la heroína. Gracias a este MOMENTO ANTERIOR, basado en el ¿Y SI...?, la dulce y pacífica Amy se transformó en una prostituta grosera y destruida por las drogas.

> *Puedes recurrir a un suceso del pasado —*
> *violación, abuso, violencia, o abandono— pero,*
> *en lugar de recrearlo en tu mente, imagina que se*
> *desarrolla en el presente por segunda vez.*

Dicho de otro modo: ¿Y si me volviera a suceder? Imaginar que un hecho traumático vuelve a suceder constituye una elección eficaz para el MOMENTO ANTERIOR. Funciona a dos niveles. Primero, como comprobamos en el caso de Susan (la que sufrió el robo del auto con ella y su esposo en su interior), los hechos traumáticos nos llevan a experimentar profundos temores de que se repitan, puesto que perduran en la mente, conservando la vividez de los detalles junto con la constante aprensión de que vuelvan a ocurrir. Trabajar estos temores indelebles hace que el MOMENTO ANTERIOR basado en la técnica del ¿Y SI...? nos resulte accesible e intenso. Segundo, imaginar que el ¿Y SI...? se repite, *ahora*, en el presente, traslada el MOMENTO ANTERIOR al tiempo actual. Ya sabes cómo terminó en la ocasión anterior, pero una segunda vez te sugiere consecuencias diferentes. En esencia, la segunda vez es un hecho totalmente nuevo, porque ya no eres la misma persona, y las diferencias se establecen a partir del trauma original: posiblemente, ahora seas más recelosa y menos ingenua. Ello significa sobreponerse a grandes obstáculos porque, si vuelve a ocurrir, podría deberse a que te constituyes en un imán que atrae a tu trauma, que te saboteas a ti misma. Este tipo de MOMENTO ANTERIOR refuerza tu necesidad de lograr tu OBJETIVO DE LA ESCENA, porque es mucho lo que se juega.

Uno de mis discípulos, una persona famosa, había sufrido repetidos abusos sexuales por parte de su *babysitter*. En un determinado momento de su carrera, acudió a mí para prepararse a desempeñar el papel de un violador serial sin conciencia. Necesitaba un MOMENTO ANTERIOR que le hiciera sentir de que en realidad no hacía nada reprochable, de cada una de sus víctimas merecía lo que le ocurría, lo cual convertía el crimen en una acción justificada. Le hice utilizar a su *babysitter* como SUSTITUCIÓN para todas las víctimas y, como MOMENTO ANTERIOR en todas las escenas en que tenía que actuar una violación, le hice traer a la memoria los peores momentos del abuso al que había sido sometido, imaginando a la *babysitter* haciendo otra vez, en el *presente*, todas las cosas espantosas a las que lo sometió cuando sólo contaba trece años. En cada escena de violación, el MOMENTO ANTERIOR imbuyó al actor de la sensación física de abuso, ira, y del deseo de justa venganza que necesitaba para que cada violación cometida se transformara en un acto de justicia antes que en un rapto de violencia al azar. Como ya he dicho, es de importancia vital no juzgar al personaje, independientemente de la conducta aborrecible que demuestre. Las personas que cometen estos actos no los ven bajo esta luz —siempre cuentan con un motivo que los justifica.

Tu elección del MOMENTO ANTERIOR siempre debe provenir de una posición emocional asociada a tus relaciones personales.

No elijas un hecho exclusivamente inspirado en el libreto. Tu MOMENTO ANTERIOR debe provenir de una posición emocional asociada a tus relaciones personales; tu interpretación debe encontrar su razón de ser exclusivamente en tu historia personal. Esto contribuye a una actuación única y emocionante, porque tú eres un individuo único. En un episodio de la serie *Once and Again*, la aclamada actriz Susanna Thompson desempeña el papel de Karen

Sammler, presa de una crisis nerviosa seguida por un espantoso accidente: sale a caminar, y es atropellada por un automóvil, lo cual la obliga a rever su vida. En aquel momento, Susanna pasaba por una etapa negativa en su vida personal. Luego de haber vivido en la misma casa durante ocho años, fue conminada a mudarse antes de que se cumpliera un mes. Era Navidad, y los técnicos y el elenco estaban sumergidos en la vorágine de una agenda de filmación muy apretada. La casa de Susanna era su cable a tierra, su cordura. Hablamos de cuán desplazada se sentía; de que ya no contaría con los lugares que enmarcaban su orientación: las tiendas donde realizaba sus compras, comía, llevaba su ropa a lavar, para no mencionar la tranquilidad que le ofrecía el saber dónde se encontraban sus efectos personales. Se sentía confundida, sola, y terriblemente insegura acerca del futuro. Los estudios sobre el tema coinciden con los terapeutas en que las mudanzas se cuentan entre las experiencias más estresantes. Estoy segura de que, si alguna vez has tenido que mudarte sin preparación previa de un lugar donde te sentías seguro a otro desconocido, sabes en carne propia la angustia que provoca. Para peor, diciembre es época de vacaciones de invierno, un momento en el que no es fácil encontrar un nuevo domicilio en Los Ángeles. Considerando lo dicho, no es tan traído de los pelos equiparar un colapso nervioso real al temor no exento de razón de encontrarse viviendo en la calle. Le pedí a Susanna que imaginara esta situación límite como su MOMENTO ANTERIOR para la escena en que era atropellada por el auto. El público debía convencerse de que el 'accidente' bien podría haber sido un intento de suicidio. Activando su horror de quedarse sin hogar, pudo sentir el shock, el desasosiego y la desorientación propios del colapso nervioso. Ello la ayudó a crear una representación precisa e inquietante de la impresión que causa el colapso, por la sencilla razón de que lo estaba viviendo.

En ciertas ocasiones, puede resultar muy efectivo utilizar 'la gota que rebasó la copa' como MOMENTO ANTERIOR.

Aunque un hecho en particular no impresione como algo terrible visto como hecho aislado, cuando se lo integra a otros sucesos desgraciados que lo precedieron, puede adquirir características intolerables. ¿Y si poco después de descubrir que te has quedado sin empleo tu pareja te anuncia que se marcha? Lo que ocurrió antes tiñe el suceso posterior de colores lóbregos.

Cuando David Spade concurría a mis clases, antes de *SNL* y de la fama, tenía una 'gota que rebasó la copa' que puso en práctica durante una escena de la película *Broadcast News*. Su personaje, Aaron Altman, se encuentra solo en su casa, lamentando cómo arruinó la primera oportunidad que se le ofreció para presentar noticias en televisión. Al salir al aire, estaba tan nervioso y transpiraba tanto que la emisora recibió numerosos llamados del público, temeroso de que se encontrara al borde del infarto. No hace falta decir que Aaron no gozaría de una nueva oportunidad de cumplir su sueño. Justo en ese momento, inesperadamente se presenta Jane Craig, la muchacha de quien está enamorado. Por un instante, el panorama parece mejorar, pero, desafortunadamente, Jane ha venido a anunciarle que está enamorada de Tom, su archirival. No es el día de suerte de Aaron. Para meterse en la piel de Aaron, David necesitaba un MOMENTO ANTERIOR que transformara la confesión de Jane en una cuestión letal, para lo cual recurrió a un episodio de su propia vida que 'colmó el vaso': no hacía mucho, había estropeado un demo para *The Tonight Show*, considerado como un trampolín profesional para los cómicos. Cuando ello ocurrió, David se puso fuera de sí a causa de la angustia respecto de su carrera futura, lo que le proporcionó un excelente MOMENTO ANTERIOR.

Ejemplos corrientes del MOMENTO ANTERIOR
Recuerda que el MOMENTO ANTERIOR es un hecho ocurrido inmediatamente antes del inicio de la escena, y que su propósito consiste en impulsarte a querer y *necesitar* perentoriamente que se cumpla el OBJETIVO DE LA ESCENA. El MOMENTO ANTERIOR debe ser consistente con tu OBJETIVO DE LA ESCENA y con la SUSTITUCIÓN que has elegido. Esta modalidad de trabajo permite no perder de vista el OBJETIVO PRINCIPAL y el OBJETIVO DE LA ESCENA, así como el círculo descrito por tu personaje a través del libreto.

Los ejemplos propuestos aquí incluyen unas pocas ideas que te harán pensar cómo elegir MOMENTOS ANTERIORES eficaces y apropiados, ya se trate de hechos reales o de ¿Y SI...? fantaseados, aunque estos deben basarse en temores genuinos.

Si el OBJETIVO DE LA ESCENA es "hacer que me ames", un MOMENTO ANTERIOR es algo que te ha ocurrido recientemente o un ¿Y SI...? cuyo temor implícito te obliga a necesitar ser amada *en este instante*. Entre las infinitas posibilidades, encontramos las siguientes:

- Tu pareja ha roto contigo. La pérdida de su amor hace que necesites desesperadamente el amor de tu nueva posible pareja, pero a su vez te causa cierta aprensión. Antes de lanzarte a la escena, imagina que la ruptura acaba de tener lugar (o aplica el ¿Y SI...?). Ten una imagen mental del lugar, de los olores, de las ropas que tu pareja usaba ese día, de lo que se dijeron, y de tus sentimientos heridos.
- Temes que tu pareja tenga aventuras clandestinas (¿Y SI...?). Aunque sólo se trata de tus temores, pues careces de evidencia, imagina que lo descubres. Mira la escena en tu mente: quién es el otro/a, dónde se reúnen, qué harías tú, cómo te lo anunciarían, cómo los pescarías *in fraganti*. Observa, desde tus entrañas, a tu pareja haciéndole el amor a otro/a del mismo modo en que lo hace contigo, y luego siente la herida que te produce. Entonces, comienza a representar tu escena.
- Si no estás en pareja, recurre a una separación real o ¿Y SI...? de un amigo, agente, socio, miembro de la familia, o cualquier otra persona cuya pérdida alteraría tu vida. Debes elegir a alguien por cuyo regreso harías cualquier cosa. Imagina la ruptura, creándola o recreándola en tu mente con tanto detalle como puedas, y comienza la escena.

Si el OBJETIVO DE LA ESCENA es "conseguir que me devuelvas mi poder", el MOMENTO ANTERIOR adecuado es algo (real o imaginario) que te impulsa a necesitar recuperarlo de inmediato. Por ejemplo:

- Tu jefe, tu amante, un miembro de tu familia, o un amigo, acaba de hacerte sentir extremadamente estúpido. Recrea y/o revive el incidente en tu imaginación.
- Te han despedido injustamente y deseas tomar revancha. Recrea y/o revive el despido.
- Te involucraste en una pelea violenta y te dieron una paliza. Recrea y/o revive la situación.
- Has sido violada, abusada, atracada, robada, o experimentado algún tipo de manoseo físico que te hizo sentir impotente. Recrea y/o revive el incidente.
- Fuiste castrado o amputado de modo tan espantoso que tu vida nunca será la misma. Recrea y/o revive el incidente.

Cuando la cantante de rap MC Lyte era estrella invitada en una serie llamada *Platinum*, dedicada a la historia de la industria musical afro-americana, acudió a mi estudio. El episodio en particular que la trajo narraba la caída de Camille FaReal, una exitosa intérprete de rap que estaba siendo rápidamente desplazada por una nueva "estrella". En la historia, el productor de la compañía discográfica deja de prestarle atención a FaReal, por mucho que ella intente berrinches, diatribas lacrimógenas, y peleas al estilo de las grandes divas, con un estilo que enorgullecería a las estrellas de lucha libre . Hay una escena en la que FaReal se niega a abandonar su remolque y actuar en un video musical porque la nueva, que también participa del video, acapara demasiada atención. El productor va a buscarla, y se produce una pelea de órdago. Sintiéndose abandonada y traicionada, FaReal grita y llora.

El OBJETIVO DE LA ESCENA es "conseguir que me devuelvas mi poder". En el papel de FaReal, Camille se enfrentaba al desafío de encontrar un MOMENTO ANTERIOR apropiado, pues ella misma acababa de inaugurar su propio sello discográfico —SGI/CMM— justamente para evitar situaciones como la que atormentaba a su personaje. Acordamos que, si bien la creación de su sello salvaba algunos de los escollos inherentes a la carrera artística, igualmente iba a tener que hacer frente al hecho de que, en la industria musical, la permanencia en los primeros lugares es efímera. Juntas decidimos utilizar la inseguridad que ello inspira para construir el MOMENTO ANTERIOR. Trabajamos sobre un incidente reciente: MC había descubierto que una de sus competidoras más acérrimas (y mucho menos talentosa) había alcanzado éxitos más resonantes que los suyos (CDs de platino, contratos cinematográficos), y eso la llenaba de ira. Entonces, cuando el director indicó "¡Acción!", MC confrontó a su SUSTITUCIÓN —un peso pesado en el mundo de la música, y una amiga que apoyaba a la otra cantante— con todo el peso del MOMENTO ANTERIOR, que la lanzó a una lucha genuina y sincera para lograr su OBJETIVO DE LA ESCENA.

Si tu OBJETIVO DE LA ESCENA es "hacer que me adores" o "que me admires", necesitas un MOMENTO ANTERIOR en el cual te sentiste tan disminuido que te resulta esencial lograr tu objetivo, porque es el único modo de recuperar tu autoestima. Veamos algunas posibilidades:

- Acabas de ser despedido.
- Recientemente te viste afectado por una disfunción sexual.
- Tu pareja acaba de abandonarte.
- Estropeaste una audición, y van...
- Tu padre/madre te reprende por algo que no depende de ti.
- Invitaste a salir a alguien y la persona te rechazó, tratándote como si quisiera deshacerse de un olor pestilente e insistente.
- Fuiste culpado agresivamente por algo que no hiciste.

En mi clase, Matt, uno de los estudiantes, trabajaba una escena de la obra *Private Wars*, y le costaba mucho encontrar un buen MOMENTO ANTERIOR. Desempeñaba el papel de Salvio, un hombre que, en la guerra, había perdido su 'bulto' durante una explosión y ahora vivía en un hospital neuropsiquiátrico. Naturalmente, la pérdida de la parte del cuerpo que define el género es un hecho arrasador para cualquier hombre. En la escena en cuestión, Salvio le enseña a su amigote Woodruff a 'levantar' mujeres. Su teoría es que "les dices que eres sacerdote, la casta más cachonda y solitaria de la Tierra". La primera pasada de Matt no mostró gran entusiasmo por lograr su OBJETIVO DE LA ESCENA ("probarte mi virilidad"). Aunque Salvio no posee mucha más experiencia en el tema que Woodruff, su falta de órganos genitales exige que Woodruff lo admire como a un Don Juan. Para adquirir un estado de ánimo que lo preparara física, mental, y emocionalmente, Matt necesitaba evocar un hecho castrador análogo a las circunstancias del personaje. Le pregunté si sufría de alguna disfunción sexual, si le preocupaba el tamaño de su pene, o si alguna mujer se había burlado de su modo de hacer el amor, aclarándole que no hacía falta que lo dijera en voz alta (pues habría sido humillante), pero que debía *pensar* en ello. La mayoría de los hombres experimenta algún tipo de inseguridad al respecto, porque *todos* sienten un temor irracional cuando se trata de su sexualidad. Indiqué a Matt que usara lo que le viniera a la mente en este sentido, que lo convirtiera en su MOMENTO ANTERIOR, y que luego volviera a intentar la escena. En la segunda pasada, el personaje se pavoneaba por el escenario rotando provocativamente la pelvis, y había adoptado un tono exagerado de confianza en que "puedo conseguir a la mujer que se me antoje, así que escucha y aprende". Esta era la actitud adecuada para un hombre que se siente obligado a sobrecompensar su seguridad a causa de su impotencia física y emocional.

Hablando de sexo, con frecuencia el teatro, el cine, y la televisión explotan escenas de antes y/o después del acto. Veamos algunas sugerencias para pensar el correspondiente MOMENTO ANTERIOR.

El MOMENTO ANTERIOR para la "primera vez"

El primer encuentro sexual (no necesariamente la primera experiencia sexual) nunca es fácil, especialmente si te sientes atraído por la otra persona. Antes de que suceda —y tú sabes que va a suceder)— hay momentos que hacen vibrar nuestros más profundos deseos y sentimientos de inseguridad. Para escenas de este tipo, tu MOMENTO ANTERIOR debe guiarse por tus verdaderas fantasías y neurosis sexuales. Por ejemplo:

- *Antes* **de la primera vez (hombres y mujeres)**

MOMENTO ANTERIOR: Primero, piensa en tus mayores inseguridades sexuales, en lo que temes que podría ocurrir, o en cuestiones sexuales que tal vez se presenten durante el acto mismo. Recuerda alguna ocasión en la que lo que más temías efectivamente se cumplió, o recurre al ¿Y SI...(sucediera nuevamente)? Luego, fantasea vívidamente con la persona/actor que te acompaña y ruega que tus problemas con el sexo no salgan a luz.

Si eres hombre, piensa en el tamaño de tu miembro, en posibles disfunciones sexuales, ansiedad de satisfacer a tu partenaire, gustos sexuales extraños que pueden ser mal interpretados y rechazados, el problema de hablar demasiado durante el acto, etc.

Si eres mujer, piensa en el tamaño de tus senos, en grasas acumuladas o celulitis que sólo se ven durante el acto sexual, tu tendencia a hablar demasiado o demasiado poco, gustos sexuales extraños que podrían dar la impresión de que eres una puta o una puritana, etc.

- *Después* **de la primera vez (hombres y mujeres)**

MOMENTO ANTERIOR: Piensa en tus mayores inseguridades sexuales y enfrenta el hecho de que tus peores temores efectivamente *se cumplieron* durante el acto y ahora te ves obligado/a a sufrir la tortura de las consecuencias. Revive, desde las entrañas, un episodio durante el cual se pusieron en evidencia tus peores problemas sexuales, e imagina lo mal que tu partenaire piensa de lo que acaba de descubrir.

Hombres y mujeres pueden apelar a las sugerencias ofrecidas para los respectivos sexos en el *Antes*.

MOMENTO ANTERIOR para peleas
Siempre es posible encontrar motivos para iniciar una pelea física o verbal. Considera tu OBJETIVO DE LA ESCENA que, en este tipo de escena, suele ser "probar que estás equivocado para demostrar que yo tengo razón" o "que me devuelvas mi poder".

MOMENTO ANTERIOR: Primero debes fijarte en la SUSTITUCIÓN que has elegido y en la historia interna que refleja, porque la persona que imaginas determina el motivo de la pelea y el episodio que utilizas como MOMENTO ANTERIOR. Éste es el que debe desencadenar la pelea, de modo que cuando se inicie la escena en el punto más álgido, cuentes con razones poderosas que te impulsen a luchar.

En la película *In the Bedroom*, se desata una guerra verbal entre marido (Tom Wilkinson) y mujer (Sissy Spacek) acerca de cuál de los dos es culpable de la muerte del hijo. Para ambos personajes, el OBJETIVO DE LA ESCENA es "conseguir que aceptes tu culpa para que yo pueda liberarme de la mía". Los dos asumían la responsabilidad *y* se culpaban mutuamente por el hecho, en una descripción de este tipo de trauma muy cercana a la realidad. Para cualquiera de los dos, un buen MOMENTO ANTERIOR sería imaginar un incidente trágico de su propia vida, o un ¿Y SI...? relacionado con temores de que algo terrible vaya a ocurrir. En todo caso, el sentimiento de culpa debe integrar el proceso. La SUSTITUCIÓN sería la persona que, según quieres creer, provocó la tragedia. El recurso a un episodio trágico que te trae culpa te impulsa a mitigarla mediante el logro del OBJETIVO DE LA ESCENA: "conseguir que aceptes tu culpa".

Private Lives, de Noel Coward, incluye otra escena clásica que involucra una pelea. En el segundo acto, Amanda y Elyot, ex amantes, se han recluido en el apartamento de ella, intentando remendar su relación. Para ambos, el OBJETIVO DE LA ESCENA es "lograr que admitas que me trataste mal (para que yo resulte la parte ofendida)". Es de noche, tarde, están bebiendo y, por supuesto, surge el tema de la ruptura. Ambos tienen puntos de vista diferentes sobre lo que sucedió y de quién fue culpable: indefectiblemente, el otro. Amanda y Elyot se sienten víctimas del maltrato. Inician una pelea verbal hasta que se van a las manos. Para esta escena, tu MOMENTO ANTERIOR estaría basado en la evocación del peor incidente de maltrato al que te haya sometido tu SUSTITUCIÓN.

El MOMENTO ANTERIOR a una reconciliación
Por lo general, el OBJETIVO DE LA ESCENA es "conseguir que me perdones" o "que me des tu absolución".

MOMENTO ANTERIOR: Piensa en algo que te haga sentir que estabas equivocado y que te inspira una culpa enorme. Eso te impulsa a querer resolver el problema, porque la culpa es tuya. Elige episodios concordantes con tu SUSTITUCIÓN y con la historia interna que ideaste. Algunas sugerencias:

- Un momento específico en que engañaste a tu pareja.
- Un momento específico en que te atraparon en un acto ilegal.
- Un momento específico en que mentiste sobre tus problemas de adicción.
- Un momento específico en que atraparon mintiéndole a tu SUSTITUCIÓN, o calumniándolo.
- Un momento específico en que maltrataste a tu SUSTITUCIÓN de obra o de palabra.
- Un momento específico en que te atraparon robando a tu SUSTITUCIÓN.

Recuerda que el MOMENTO ANTERIOR es un hecho real o un ¿Y SI...? que ocurre antes de la escena y que estimula tu necesidad de lograr tu OBJETIVO DE LA ESCENA lo antes posible. Tomas el hecho en cuestión y lo imaginas como si estuviera sucediendo, con la plena vividez de su totalidad, un momento antes de comenzar a actuar. Evocas los aspectos espaciales, sensoriales, las palabras y las emociones, y sientes la presencia de todo ello.

Debes ensayar tu MOMENTO ANTERIOR para cerciorarte de que has hecho la elección correcta que te llevará a buscar perentoriamente tu OBJETIVO DE LA ESCENA. Si lo que has escogido no te afecta de inmediato, encuentra otra cosa que sirva a tu propósito.

CAPÍTULO 8

OCTAVA HERRAMIENTA

El LUGAR Y LA CUARTA PARED

Dotar la realidad física del personaje con los atributos de un **LUGAR y CUARTA PARED** de la vida real del actor.

El uso del LUGAR y de la CUARTA PARED crea privacidad, intimidad, historia, significado, seguridad, y realismo. Esta herramienta debe apoyar y dar sentido a tu elección de las demás herramientas. Recurriendo a la información provista por la historia interna que has ideado, pregúntate: "¿Qué ESPACIO de mi vida justifica mis elecciones, elevando la apuesta al límite?"

Supongamos que tu OBJETIVO DE LA ESCENA es "lograr que admitas tu error y te disculpes", usando la figura de tu madre como SUSTITUCIÓN. Necesitas un LUGAR que preste mayor intensidad a tu realidad, algo que magnifique la sensación de traición e impulse tu necesidad de lograr tu meta (OBJETIVO DE LA ESCENA). A fin de encontrar tu LUGAR, primero debes identificar el lugar donde, según el libreto, se desarrolla la escena. ¿Es un interior o un exterior? ¿Un espacio público o privado?

Una vez hecho esto, debes relacionar el espacio marcado en el libreto con uno de tu propia vida. En el caso que planteamos, tendrías que pensar en un lugar donde fuiste engañada o decepcionada por tu madre. Este LUGAR de tu vida debe corresponderse con tu MOMENTO ANTERIOR, o con un lugar donde tu SUSTITUCIÓN te traicionó, siempre que concuerde con la escena del libreto. Si la escena transcurre en un espacio público cerrado —un restaurante, por ejemplo— piensa en un lugar donde tu familia solía ir a comer, y donde tu madre siempre te desvalorizaba por tu gordura. Por otra parte, si la escena se desarrolla en un espacio privado cerrado, podrías elegir tu dormitorio de la niñez, donde tu madre te sometía a maltrato físico o verbal. Un espacio público abierto se presta a utilizar los escalones exteriores de la escuela, donde a los ocho años esperabas durante horas porque tu madre había olvidado pasar a recogerte.

Independientemente del lugar donde se desarrolle la escena, la identificación del tipo de lugar, seguida del reconocimiento de tu lugar personal, te ayudará con la historia interna que construiste mediante las siete herramientas anteriores, que reflejan y forman el soporte de los sentimientos y objetivos de tu personaje.

El mejor modo de comprender cómo el LUGAR contribuye al desempeño actoral es desglosar una escena en particular. En un momento de la película *Titanic*, el personaje de Jack Dawson se reúne con el de Rose DeWitt en el camarote de ella. Rose se encuentra completamente desnuda, a excepción de un valioso collar. Es una muchacha de la alta sociedad, comprometida con Cal, un joven adinerado y manipulador. Jack, por otra parte, es joven, pobre, se encuentra solo en el mundo, y ganó su pasaje a bordo, en tercera clase, durante una partida de naipes. El OBJETIVO DE LA ESCENA de Rose es "hacer que [Jack] te enamores de mí". Naturalmente, el espacio es cubierto y privado, aunque existe la posibilidad de que la madre o el prometido de Rose irrumpan y los sorprendan. Este es uno de los muchos OBSTÁCULOS que necesitas tener en cuenta para jugar la escena, puesto que la elección del LUGAR depende en gran medida de los OBSTÁCULOS inherentes a la escena.

Los OBSTÁCULOS de Rose son:

1. Un posible rechazo.
2. Estoy desnuda y no me siento muy cómoda con mi cuerpo (aquí hay que especificar: caderas, abdomen, senos, celulitis, etc.)
3. ¿Y SI él piensa que soy una mujer fácil?
4. Mi prometido podría irrumpir en cualquier momento y matar a Jack, a mí, o a ambos.
5. Mi madre podría irrumpir en cualquier momento y hacer un escándalo.
6. Las diferencias sociales que se interponen entre Jack y yo.

Si representaras el papel de Rose, el LUGAR análogo de tu propia vida no sería el que más se parece a un camarote lujoso tapizado con boisserie. Lo que debes buscar es un LUGAR que encarne los seis OBSTÁCULOS mencionados y que se adecue a la SUSTITUCIÓN que elegiste para Jack.

Al igual que haces con las demás herramientas, no dejes de reproducir los aspectos físicos del libreto partiendo de lo emocional.

He aquí algunos LUGARES que servirían para reemplazar el camarote del *Titanic*:

- Si tu SUSTITUCIÓN para Jack es tu ex pareja, porque todavía te sientes ligada a él, LUGAR: **la sala de estar de tu ex pareja.**

    Esta elección te retrotrae a lo que se jugaba en tu historia con él, y reaviva los peligros de volver a salir lastimada. La persona que puede sorprenderte en tu actual situación comprometedora podría ser tu pareja actual, o algún amigo/pariente a quien no le simpatizaba tu ex.

- Si tu SUSTITUCIÓN es tu atracción por algún amigo, pariente, o compañero de trabajo de tu pareja actual, LUGAR: **el dormitorio que compartes con tu pareja actual.**

    Se trata de un lugar peligroso, pues todo en él te recuerda tu infidelidad y, además, tu pareja podría presentarse en cualquier momento.

- Si utilizas una amistad platónica (aunque tus sentimientos van más allá de la mera amistad) como SUSTITUCIÓN de Jack, LUGAR: **el apartamento de tu amigo.**

    Esta elección incorpora el peligro de perder su amistad. Si el romance no prospera, es poco probable que la relación vuelva a su estado anterior. Quien podría sorprenderte sería un amigo común, integrante del círculo de ambos. Encontrarte sin ropas lo alarmará, y seguramente lo contará a los otros.

- Si tu SUSTITUCIÓN para Jack es tu jefe, LUGAR: **la oficina del jefe.**

    El lugar te recuerda lo impropio de la situación, e implica el peligro de que entre impensadamente un compañero de trabajo, secretaria, su esposa, etc. Además, si sostienes una relación sentimental que acaba mal con tu empleador, podrías perder tu puesto.

Las cuatro sugerencias anteriores son recortes de miles de otras posibilidades. Si realmente jugaras el papel de Rose, durante los ensayos probarías muchísimos LUGARES dependientes de la SUSTITUCIÓN a fin de comprobar cuál se adapta mejor a tu OBJETIVO DE LA ESCENA.

Una vez identificados varios lugares útiles, con base en tu SUSTITUCIÓN y OBJETIVO DE LA ESCENA, debes crear uno. Ello significa dotarlo con los atributos del lugar elegido. Veamos cómo crear el LUGAR con el primer ejemplo que dimos para la escena del *Titanic*; i.e. la sala de estar de tu ex pareja.

Aplicación del LUGAR

Recuerda las partes sobresalientes de la sala de estar de tu ex pareja: el moblaje, el piso, el color de las paredes, los cuadros o adornos, las puertas y ventanas, los olores, los sonidos, y la temperatura. Una vez que hayas reconstruido la imagen con la mayor precisión posible, equipara los elementos del plató con los que había en aquella sala de estar. Por ejemplo, iguala el sofá del plató al sofá de la sala, y embébete de los colores y del tapizado. En tu imaginación, coloca el equipo de audio de tu ex sobre la mesita del plató. Los cuadros colgados en las paredes del plató son ventanas; el piso de madera se transforma en la alfombra azul que tan familiar te resultaba. Puedes oler su colonia favorita. Los sonidos presentes corresponden al tránsito pesado de la calle de entonces. Sientes frío, porque tu ex se negaba a subir el termostato con el pretexto de que odiaba transpirar. Mientras vistes el LUGAR, piensa en los hechos —maravillosos y tristes— ocurridos. Recuerda la primera vez que hicieron el amor sobre el sofá. Y luego recuerda que, en ese mismo sofá, descubriste una tanga que pertenecía a otra mujer. Mira el póster que le regalaste. Oye la música del CD que escuchaba hasta el cansancio. Imagina la puerta que cerraste de un golpe al salir de allí por última vez. Hazlo hasta sentirte transportada del estudio, clase de actuación, o teatro, al LUGAR que elegiste.

> *Una vez elegido el mejor LUGAR, dota los espacios del plató con los objetos reales que trajiste a la memoria.*

Si trabajas sobre un escenario, llena el LUGAR antes de cada ensayo. En el caso del cine o la televisión, pasa al menos diez o quince minutos en el plató donde se filmará la escena. Crea tu LUGAR, ponte cómoda en él, y haz que sea real para ti, recordando aquellos hechos emocionalmente adecuados que ocurrieron allí.

Yo produje una película titulada *Kiss Toledo Goodbye* y protagonizada por Christopher Walken. Cada vez que cambiábamos de plató y de exteriores, Walken caminaba en la oscuridad, antes de que se encendieran las luces, tocando y familiarizándose con el moblaje. Se sentaba en las sillas, tocaba los objetos de la mesa del café, hojeaba los libros de la biblioteca, etc., y lo hacía hasta que el lugar se convertía en parte de su realidad, con los sentimientos e historia correspondientes: invocaba su LUGAR. Al llegar el momento del rodaje, el mundo de Walken y el plató eran uno y el mismo.

Tu elección de LUGAR debe incluir obstáculos que le son inherentes.

Si el LUGAR que escoges es excesivamente cómodo, no te sentirás obligado a buscar tu OBJETIVO DE LA ESCENA. Imaginemos que juegas una escena en la cual tu personaje asiste a una entrevista de trabajo, con el OBJETIVO DE LA ESCENA de "hacer que me des el empleo". Si usas un LUGAR donde triunfaste sin gran esfuerzo, la apuesta no vale la pena, y ello ocurre porque el LUGAR no te provoca el nerviosismo que te asalta durante una entrevista en que darías la vida por el empleo. Sería mucho más efectivo elegir un LUGAR donde estropeaste una estupenda perspectiva. Un LUGAR así alimenta tu OBJETIVO DE LA ESCENA, infundiéndote una necesidad desesperada de hacer que la entrevista se desarrolle con éxito, porque no quieres arruinarla como lo hiciste en aquella otra ocasión.

El LUGAR nos afecta de manera asombrosa. Piensa en un restaurante al que solías concurrir con una ex pareja. Ahora imagina cómo te sentirías comiendo en ese restaurante con una nueva cita a las pocas semanas de haber roto con el otro. ¿Verdad que experimentas sensaciones diferentes? Lo que fuera un segundo hogar, un sitio acogedor, se ha convertido en un LUGAR que te provoca angustia e incomodidad. Probablemente temas que aparezca tu ex —al fin y al cabo, era un lugar especial para ambos. Tal vez recuerdes las horrendas discusiones que tuvieron aquí, y que podrían repetirse si tu cita de hoy se transforma en una relación larga y comprometida. Quizás llegues a pensar que no volverás a estar en pareja porque este LUGAR no cesa de recordarte tu espantoso fracaso con tu ex. Nuestros sentimientos y necesidades sufren la influencia de los lugares donde nos encontramos.

En *The Blue Room*, adaptación libre de David Harse de *La Ronde* de Arthur Schnitzler, el autor dirige nuestra atención a la importancia del LUGAR. Mediante el título ya indica el papel integral del LUGAR en toda historia. La obra narra una serie de encuentros sexuales: en una escena, un senador sostiene una aventura con una joven pasante. Le pedí a Bill Moses, estrella de *Melrose Place, Falcon Crest*, y numerosas películas para televisión, que representara esta escena en clase. Bill sabía que los OBSTÁCULOS principales de su personaje consistían en su condición de hombre casado y miembro del Senado. Al aspecto de 'senador' le preocupa que su esposa, la prensa, y sus electores, descubran su indiscreción. Como hemos visto tan a menudo en el ilustre pasado político de nuestra nación, una revelación de este tipo constituye un atajo hacia el sector de los desempleados. La edad de la muchacha agrega otro OBSTÁCULO: una 'Lolita' no aporta nada positivo al currículum del senador. Bill y yo hablamos del LUGAR propicio para convocar esta clase de urgencia sexual con los peligros concomitantes. Bill ya había pasado por un divorcio, y tenía un hijo de ese matrimonio. Si lo hubieran descubierto teniendo una aventura en el interín, se vería forzado a revivir la pesadilla, y por nada del mundo deseaba pasar por ello otra vez. Así, Bill usó su dormitorio como un ¿Y SI... trajera una amante mientras su mujer e hijo se hallaban fuera? Tener sexo en el mismo lecho que compartía con su mujer y donde fue concebido su hijo adquirió aristas peligrosas cuando imaginó la escena con la SUSTITUCIÓN que había elegido. Bill vistió el LUGAR con formas y recuerdos, evocando el moblaje que él y su esposa habían comprado juntos, percibiendo los olores de las ropas y perfumes de su mujer, y concientizando la idiosincrasia del lecho. Todo ello aumentó sus temores y sentimientos de culpa (su esposa podía aparecer en cualquier momento), y elevó su libido, pues el erotismo se favorece cuando se introduce el factor peligro. La representación fue movilizadora, alimentada por un LUGAR fuerte y efectivo.

El LUGAR es una herramienta esencial, inclusive si se trata de un sitio en el que no se espera que el personaje haya estado antes.

Muchos actores se valdrán de la jugarreta de no pisar el plató hasta el momento del rodaje si se supone que el personaje jamás ha estado en el LUGAR. Esta estrategia sirve para la primera toma, pero ¿qué ocurre con la segunda, o con la número catorce? ¿Qué pasa con el montaje de cada escena? Vas a tener que volver una y otra vez para las grabaciones originales, los primeros planos, etc. ¿Y qué harás entonces? A ello se debe la importancia de hacer una elección consciente y personal del LUGAR, dado que necesitas uno que te provoque los mismos sentimientos cada vez que los necesites. Y, créase o no, hay numerosos LUGARES de tu vida capaces de replicar la angustia de encontrarte allí por primera vez.

Por ejemplo, si estás filmando una película de terror y el libreto indica que debes entrar a una casa embrujada por primera vez, una buena elección sería la casa en que te criaste y que no has vuelto a visitar. A los efectos de que esta 'primera vez' ponga los pelos de punta —después de todo, estamos hablando de una casa embrujada— reconstruye, en tu imaginación, los recuerdos desagradables (OBJETOS INTERNOS) de tu infancia mientras vas mirando el LUGAR. Así tendrás la misma sensación espeluznante que produce la estancia en una casa embrujada. Fíjate que esta modalidad de trabajo también justifica tu OBJETIVO DE LA ESCENA, proporcionándote OBSTÁCULOS adicionales que superar (los malos recuerdos).

Natasha Gregson Wagner se hizo cargo del personaje de la víctima en *Urban Legends*. Utilizamos un LUGAR seguro para realizar la sorpresa que produce el asesinato brutal de su personaje. En las primeras escenas de esta película, el personaje de Natasha se encuentra en su automóvil, cantando inocentemente al son de la radio, cuando un psicópata que se ha escondido en el asiento trasero la sorprende, la asesina, y crea un terrorífico escenario cubierto de sangre. Aunque nuestros automóviles tienen muchas partes de vidrio, los consideramos lugares privados. Todos nos hemos comportado en ellos como no soñaríamos hacerlo en público: nos hemos hurgado las narices, hemos llorado, o nos hemos mecido al compás de nuestras canciones favoritas. Le dije a Natasha que recurriera a su propio automóvil en calidad de LUGAR, y que imaginara las calles que la conducían al hogar de su infancia mientras miraba por el parabrisas y las ventanillas.

En las escenas que incluyen automóviles, la creación del LUGAR incluye la personalización de lo que se ve por las ventanillas.

Natasha no sólo se sentía a salvo en el interior del auto, sino que también absorbía la seguridad brindada por el vecindario de su infancia. La sensación de no encontrarse en peligro le permitió cantar despreocupadamente, y eso que su talento para el canto se parece más a los alaridos de un gato magullado que a Melissa Etheridge. La combinación de efectos hizo que el público, relajado, riera. El LUGAR daba a personaje y público tal sensación de seguridad que cuando el maníaco homicida surgió del asiento trasero, el horror fue genuino, pues no lo esperaban. El uso de este LUGAR resultó tan eficaz que, durante los preestrenos, el público declararó que

Natasha era su personaje favorito, y que esta escena era la que más le había gustado. Como Natasha muere al principio de la película, los productores la reeditaron, volviéndola a usar en retrospectiva durante todo el film.

El uso del LUGAR en la creación de la privacidad
El LUGAR contribuye a que no te sientas observado. El público debe tener la sensación de ser una mosca en la pared, presenciando cosas íntimas y privadas que en verdad deberían desarrollarse sin testigos.

El uso de un LUGAR de la infancia está dotado de la fuerza de lo primario.

El poder de los recuerdos que provienen de nuestra infancia se debe a que gran parte de nuestro presente deriva de experiencias pasadas. Independientemente de la edad que hayamos alcanzado, no dejamos de recordar los hechos importantes de la niñez, que incluyen no sólo el *qué* sino el *dónde*. Aparentemente, el *dónde* inspira sentimientos e imágenes muy fuertes. Si alguna vez volviste a tu escuela primaria, o manejaste a través de tu antiguo vecindario, o regresaste al Burger King en el que te reunías con tus amigos, los recuerdos —buenos y malos— inundan tus pensamientos.

Tatiana Ali (*The Fresh Prince of Bel Air*) y yo trabajamos en la preparación de su papel en la película *Alicia Packer*, con Ja Rule y Ving Rhames como co-estrellas. El personaje de Tatiana lleva el mismo nombre que la película. Alicia es una joven que ha perdido a su padre, predicador, en un tiroteo producido frente a un cajero automático. En una de las escenas, Alicia está sola en el escritorio de su padre, mirando la Biblia que le había pertenecido, un viejo álbum de fotografías, y su diario personal. Ella trata de mantener vivo su recuerdo por medio de la reflexión y la nostalgia. Usamos el dormitorio infantil de Tatiana como su LUGAR porque le traía a la mente una época y episodios que no volverán. Aunque el padre de Tatiana vive, la imagen y las impresiones sensoriales de su antiguo cuarto la sumieron en sentimientos de pérdida y duelo: siendo adulta, le estaba vedado el regreso a la infancia, lo cual significa que no volverá a experimentar la protección especial implícita en el amor de un padre por su hija pequeña. Dotamos al plató de hechos significativos en la relación padre/hija (OBJETOS INTERNOS). Las anotaciones del diario del predicador se convirtieron en las palabras de aliento con las que el padre de Tatiana trataba de curar las heridas emocionales (OBJETOS INTERNOS) de su niñez a medida que la niña crecía. Estas evocaciones la ayudaron a imitar los sentimientos de pérdida emanados de la muerte de un ser querido, dado que se basaban en la realidad de su infancia muerta y de la imposibilidad de volver a ser la 'niñita de papá'.

El uso del LUGAR para realzar los sentimientos
Cada LUGAR de tu vida se apoya sobre una base emocional. No importa cuán inocuo parezca, ha sido el escenario de algún hecho que creó ataduras emocionales. Para lograr efectos dramáticos más impactantes, debes elegir el LUGAR al que te halles fuertemente ligado por tus emociones.

Durante muchos años trabajé con la actriz Michelle Stafford, ganadora del Emmy por su personaje de Phyllis, uno de los pilares de la serie *The Young and the Restless*. En cierto momento, Phyllis es incriminada por haber prendido fuego a la casa de huéspedes de su esposo Jack, donde se alojaba Diane, su ex novia y madre de su hija. Diane aprovecha el tiempo que Phyllis pasa en prisión para seducir a Jack, quien primero sucumbe y luego pretende que Phyllis le perdone su infidelidad porque, al fin y al cabo, sólo se había acostado con Diane (en más de una ocasión) para hacerla confesar que la incendiaria era ella y no su esposa. Phyllis no le cree, pero no puede hacer nada al respecto desde su celda. Ah, y eso no es todo —no olvidemos que esta tira se exhibe en horario diurno. La soledad, la traición, y la derrota afectan la salud mental de Phyllis. Oye voces, habla sola (Michelle literalmente representa a dos personas en esta escena), y trata de lastimarse físicamente. Hablamos de un LUGAR que sirviera al propósito de sentirse presa. Le dije que cualquier sitio que provoca una sensación de encierro físico y/o emocional puede considerarse una prisión. En consecuencia, Michelle eligió un LUGAR donde vivió un hecho traumático durante su infancia. Todo trauma infantil tiñe nuestra conducta y nuestros sentimientos en la edad adulta, imponiéndonos la necesidad de mantenernos alertas para protegernos de que tales heridas emocionales se repitan. El LUGAR elegido por Michelle le permitió sentir que no tenía escapatoria ni a quién recurrir: lo mismo que había experimentado en el momento del trauma infantil. Por añadidura, este LUGAR en particular le recordaba un episodio que la había hecho sentir impotente y fuera de sí. Uniendo todos los elementos —temor, impotencia, descontrol, imposibilidad de escapatoria y de ayuda— se compone la receta perfecta para la locura. Así, la elección de Michelle le permitió una actuación realista, precisa, y plena de vitalidad emocional.

La CUARTA PARED
La CUARTA PARED es la dimensión de LUGAR que da privacidad al sitio donde actúas, marcando una separación entre los actores/escenario/plató y el público/camarógrafos, etc. Podría decirse que es el borde que cierra tu LUGAR, estableciendo la sensación de intimidad. Cuando personalizas los pisos, paredes, y moblaje del plató a partir de tu LUGAR, tienes que vestir también la CUARTA PARED. En tu elección de LUGAR, la verdadera CUARTA PARED será una cómoda o una escultura bajo la ventana, aún si en la zona correspondiente del plató hay cámaras y luces.

Aplicación de la CUARTA PARED
Cuando miras hacia donde se ubicaría la CUARTA PARED, imagina que ves un mueble en el sitio de la cámara, o una escultura en el de la luz principal, o una ventana donde se encuentra el difusor. En otras palabras, si bien no existe literalmente la cuarta pared en el plató, debes llenar la totalidad de tu LUGAR, replicando y completando, en la dimensión espacial, lo que habría en la pared del LUGAR que elegiste. Selecciona objetos voluminosos —una ventana, un televisor, una pintura, un armario, etc. — cuyas formas se asemejen a los objetos que sí están ahí. Ello facilitará la construcción de tu CUARTA PARED personal.

La combinación de LUGAR con la CUARTA PARED también te permite librarte de la intimidación que cámaras y público ejercen sobre el actor. En cuanto al público, pierde la sensación de ver una representación, y alimenta la ilusión de observar la interacción verdadera entre seres humanos. Las mejores actuaciones son aquellas que inducen al público a creer que está 'espiando' la privacidad de otras vidas tan reales como la propia. Siempre es importante infundir la idea de privacidad en la representación actoral, pero es crucial hacerlo cuando se interpreta una escena de gran tensión sexual o emocional.

Asimila correctamente la CUARTA PARED del LUGAR elegido y vístela adecuadamente.

Reviste los elementos reales de la CUARTA PARED —decorados, mobiliario, cámaras, etc.— con las elecciones que realizaste para tu

CUARTA PARED personal de modo que puedas traerla fácilmente a la mente; de lo contrario, te enredarás en juegos intelectuales que complicarán y confundirán las cosas. Si existe un espacio concreto que te separa del público —en el teatro, por ejemplo— opta por los elementos más prominentes de tu CUARTA PARED e imagínalos allí. Si la sala es reducida, fija la vista en la pared real que se encuentra tras la última fila de butacas. Luego reemplaza las formas reales que contiene y revístelas con tus propios objetos.

> *Al revestir el LUGAR y la CUARTA PARED, no es necesario imaginar la totalidad de los elementos.*

Imagina los objetos clave que definen tu LUGAR y CUARTA PARED, especialmente aquellos que evocan una historia o un significado particular. El hacerlo te transportará al LUGAR y a la CUARTA PARED, porque poseen la fuerza para hacerla aparecer en tu mente. Si proyectas objetos que contienen la debida carga emocional, a menudo arrastran consigo otros, menos cargados, que contribuyen a ampliar el espacio.

Aplicación de una CUARTA PARED EXTERIOR
Si se trata de un exterior, la CUARTA PARED se encuentra en el horizonte. En la playa, verías los alrededores de aquella playa especial que elegiste como tu LUGAR, y la CUARTA PARED sería el agua: el color, los sonidos, y el movimiento de las olas. En la ciudad, la CUARTA PARED serían los edificios que se encuentran en una calle familiar que aviva tus emociones.

> *Al elegir LUGAR y CUARTA PARED, se debe tener en cuenta si se trata de un LUGAR PRIVADO INTERIOR, PÚBLICO INTERIOR, PRIVADO EXTERIOR O PÚBLICO EXTERIOR.*

Los diferentes LUGARES y CUARTAS PAREDES crean sentimientos igualmente diferentes. Cuando te encuentras solo en un interior, no piensas en mostrarte reservado, porque no estás expuesto a ojos y oídos indiscretos. Por el contrario, cuando estás expuesto en un lugar público donde hay otra gente, siempre existe la posibilidad de ser visto u oído por las personas menos indicadas.

LUGAR/CUARTA PARED interior y privada/o

- Tu hogar (o cualquiera de las dependencias que lo integran).
- Tu oficina.
- Un cuarto de hospital.
- Un cuarto en un hotel/motel.

En cualquiera de los ejemplos anteriores, estás solo, o con una o dos personas más. No importa lo que se haga o se diga porque no hay ojos ni oídos indiscretos que espíen, transmitan, juzguen, o alteren lo que sucede. No debes perder de vista la posibilidad de una interrupción o de ser descubierto, pero hasta que se presente el intruso —si en verdad se presenta— eres libre de sentir que todo lo que haces pertenece al ámbito privado, incluyendo la actividad sexual, las comunicaciones secretas, la violencia, o la muerte.

LUGAR/CUARTA PARED interior y pública/o

- Un restaurante.
- La sala de espera de un hospital.
- La sala de espera de un consultorio médico.
- Un juzgado.
- Una fiesta en tu casa.
- Un cine o teatro.
- Un bar.
- Una sala de interrogatorios en la estación de policía (suele haber otros escuchando detrás de un falso espejo).
- Un avión.
- Un tren.
- Una tienda.
- Un centro comercial.

Los LUGARES interiores y públicos cambian el tono de la escena porque es perfectamente posible ser oído y/o visto. En estos casos, siempre existe el OBSTÁCULO de que otras personas presentes en la escena descubran y revelen lo que vieron y oyeron a quienes tu personaje no desea que se enteren: su pareja, su jefe, sus padres, sus hijos, la policía, o el amigo/a a quien estás criticando.

La personalización de un individuo silente cerca de ti en un LUGAR INTERIOR y PÚBLICO realza tu comportamiento, particularmente si esa persona en particular representa una amenaza emocional y/o física, porque amplía los OBSTÁCULOS de la escena.

Al pensar en este tipo de escenario, resulta útil identificar con exactitud a quien te acecha, pues así se eleva la tensión. Imagina una escena en que la primera cita cuyo LUGAR y CUARTA PARED es un restaurante. Elige a un actor o extra sentado en otra mesa y usa como SUSTITUCIÓN a tu ex pareja (quien juzgaría a tu cita poco atractivo, estúpido, raro, o pervertido y te haría sentido que has bajado sensiblemente tus exigencias), o usa a tu padre/madre, obsesionado por que cambies tu soltería por un matrimonio e hijos —esta elección te obliga a intentar por todos los medios que la cita tenga éxito, sin importar que la persona con quien estás no sea la más apropiada para el caso. Puedes usar un amigo/a que no pierde ocasión de burlarse de ti (lo cual te hará asumir una actitud tan hipercrítica respecto de tu cita que la interacción entre ustedes se verá contaminada), e inclusive un amigo/a de tu ex que estará encantado de correr a contarle con cuánto menos te conformas. Según qué SUSTITUCIÓN elijas, te comportarás de maneras muy distintas.

Otro ejemplo de revestimiento de un actor o extra en este tipo de situación puede verse en una escena desarrollada en un bar donde tu personaje confía sus problemas a un perfecto desconocido. Recurriendo a una SUSTITUCIÓN —a alguien que verdaderamente te importe— para el parroquiano que mata el tiempo sentado en la banqueta vecina, o para el barman silencioso, se agudizan el conflicto y el aspecto trágico de la escena. Ahora, el observador sin importancia se ha convertido en tu madre, a quien le molesta que bebas, o en un enemigo/a (o amigo de tu némesis) quien estará feliz de averiguar tus secretos y salir a desparramar tus debilidades y fracasos.

Quizás tu personaje sea el acusado en un juicio. Si apelas a la SUSTITUCIÓN imaginando que uno de los jurados es alguien que, en tu vida real, gozaría con tu desgracia (una ex pareja, un viejo enemigo/a, alguien a quien *tú* heriste en el pasado, etc.), se intensificará tu deseo de lograr tu OBJETIVO DE LA ESCENA *("hacerte creer en mi inocencia"*). Vas a esforzarte por ganar, porque hay alguien que desea vengarse de ti, que va a asumir una posición subjetiva en tu contra al momento de analizar la evidencia, y que está facultado para intervenir en la toma de decisiones. Una vez más, esto potencia el dramatismo de la escena y de tu actuación.

LUGAR /CUARTA PARED exterior y privado/a

- Una playa solitaria, o una playa en horas de la noche.
- Un parque en horas de la noche.
- Un estacionamiento solitario.
- Un callejón oscuro.
- Una pileta de natación.
- Un patio trasero.
- Una calle/camino a medianoche.
- Un automóvil.
- Un bosque.

La diferencia entre LUGAR/CUARTA PARED exterior y privado/a y LUGAR/CUARTA PARED interior y privado/a consiste en que, al aire libre, existe mayor posibilidad de ser descubierto, pues no hay límites físicos que lo impidan. En el exterior, la CUARTA PARED es el horizonte; usa lo que verdaderamente forma parte de la CUARTA PARED del LUGAR que has elegido.

Algunas sugerencias:

- Una playa: Tu cuarta pared incluye la costa y el movimiento de las olas.
- Un parque: árboles específicos, bancos, señales.
- Un estacionamiento solitario: los edificios que lo rodean. Si se trata de un estacionamiento subterráneo, las paredes que lo delimitan.
- Un callejón oscuro: los edificios que se levantan a la salida del callejón.
- Un patio trasero: la casa a la que pertenece.
- Una calle/camino a medianoche: los edificios y/o follaje a ambos costados.
- Un automóvil: por lo general, suelen estar en movimiento, por lo cual la CUARTA PARED se modifica todo el tiempo. Asimismo, te encuentras adentro (del auto) pero afuera (en la calle/ruta). Prácticamente todas las películas

y programas televisivos contienen escenas de este tipo, de modo que lee atentamente lo que sigue.

Aplicación del LUGAR y CUARTA PARED en escenas llevadas a cabo en automóviles

Primero, reviste el interior del auto con las características de otro que te sea familiar y que haga eco a la historia narrada en el guión. Por ejemplo, si se trata de un paseo, usa el auto en el que tú y tu familia recorrían bellos lugares cuando tenías cinco años; si hay sexo de por medio, usa el auto en el que tuviste sexo por primera vez; si es acerca de la sensación de libertad y emoción, usa el primer auto nuevo que compraste; si es una escena traumática, usa el auto en el que llevabas a pasear a tu hijo antes de su muerte o de que te lo arrebataran en un juicio por tenencia. Ya te vas dando una idea de cómo funciona, ¿verdad?

Una vez identificado el auto, personaliza el panorama, asegurándote de que los lugares por los que pasas se adapten al libreto. Por ejemplo, tu personaje maneja en una zona oscura, boscosa, y lóbrega. Puedes imaginar un lugar donde ocurrió algo espantoso, o poblado por criaturas que te aterrorizan (arañas, ratas, serpientes, cucarachas, etc.) Esto ayuda a evocar imágenes que parten de "¿Y si se descompone el auto y tengo que enfrentarme a estas alimañas?" Quizás tu personaje se encuentre camino a casa. En tal caso, revestirías las calles que atraviesa con los detalles de tu propia ruta de regreso, incluyendo los vecindarios por los que pasas, o un vecindario de tu niñez que alienta las emociones pedidas por el guión. Si tu personaje cruza una ciudad desconocida, la convertirías en otra donde tuviste muy malas experiencias. Ello te hará sentir extranjero e incómodo, y acuciará tu necesidad de adaptarte.

No olvides comprobar que tu elección de vehículo y área circundante coincida con tu anterior trabajo interno lineal.

LUGAR/CUARTA PARED exterior y público/a

- Una playa atestada.
- Un parque poblado, durante el día.
- Un estacionamiento, durante el día, con mucha gente y autos.
- Un callejón a mediodía, cerca de una calle muy transitada.
- Una pileta, llena de gente nadando y tomando sol.
- Un patio trasero, con otras personas, o con la posibilidad de que salga gente de la casa en cualquier momento.

- Una calle atestada.
- La acera de una calle por la que pasan autos a gran velocidad.

Naturalmente, estos lugares se prestan a que el personaje quede expuesto. No sólo debes revestirlos con un LUGAR y CUARTA PARED que sean réplicas emocionales tomadas de tu propia vida sino que, al igual que hiciste en el caso del sitio interior y público, tienes que recurrir a una SUSTITUCIÓN en reemplazo de alguno de los actores/extras a tu alrededor; una SUSTITUCIÓN que te afecte. Supongamos que la escena tiene lugar en un parque donde tu personaje compra heroína a un traficante de aspecto sospechoso. Elige un LUGAR/CUARTA PARED en el que hiciste algo ilegal o inmoral. Luego escoge uno de los personajes inocuos —puede ser la mujer que pasea a un perro de aguas— y SUSTITÚYELA por tu padre/madre, un amigo/a criticón, un maestro, un policía, tu hijo: cualquiera que convierta la compra en una prueba de nervios.

El LUGAR y la CUARTA PARED también infunden historia a tu trabajo. No sólo aportan realismo al hecho descrito en el guión sino también al lugar, ayudándote a entrar en clima.

A continuación, una selección de ejemplos que ilustran cómo mis discípulos y yo utilizamos el LUGAR y la CUARTA PARED en provecho de su actuación.

Cine y televisión

- Cuando Rick González encarnó el personaje de Cruz en la película *Coach Carter*, compartiendo cartel con Samuel Jackson, utilizó la calle de Brooklyn en la que se había criado para replicar el LUGAR/CUARTA PARED (exterior y público/a) del gueto de Richmond, California.
- Travis Fimmel usó el campo que su familia posee en Australia como LUGAR/CUARTA PARED (exterior y público/a) para ambientar la playa hawaiana que requería el personaje de Taj, el surfista vagabundo en el piloto televisivo de *Rocky Point*, producido por WB.
- John Adams recurrió a la iglesia donde su padre predicaba siendo John un adolescente como LUGAR/CUARTA PARED (interior y público/a) para enmarcar el funeral en la serie *The*

Dead Zone. En esta escena, Bruce (J. Adams) da el último adiós a su padre muerto. (El padre del actor vive, por lo cual la iglesia y la SUSTITUCIÓN del padre muerto en la ficción por su padre real fueron experiencias muy conmovedoras para John).

- Rene Russo apeló a un cuarto de baño de la casa donde vivió cuando niña como LUGAR/CUARTA PARED (interior y público/a) para el baño en el que la obligaron a entrar en la película *Get Shorty*.
- Tasha Smith usó un lugar traumático de su infancia como LUGAR/CUARTA PARED (interior y privado/a) para replicar el espacio en el que se inyecta su personaje (una adicta a la heroína) en la miniserie de HBO *The Corner*.
- Hoyt Richards creó privacidad para su escena sexual con las nalgas desnudas en *Black Tie*, la serie de HBO, evocando su dormitorio actual como LUGAR/CUARTA PARED (interior y privado/a).

El LUGAR y la CUARTA PARED son herramientas necesarias para la actuación: no las ignores ni olvides usarlas.

En los muchos años que llevo enseñando, he llegado a la conclusión de que conseguir que un actor use el LUGAR y la CUARTA PARED equivale a sacar muelas. La base lógica de las otras herramientas es más evidente, por la claridad con que contribuyen a que las emociones fluyan... y a los actores les encantan las emociones. Aunque la fuerza del LUGAR y la CUARTA PARED es menos obvia, no deja de resultar esencial para mantener e intensificar las emociones inducidas por las demás herramientas. Lo que es más importante todavía, el LUGAR y la CUARTA PARED disminuyen la sensación de ser observado y juzgado, que es precisamente lo que suele impedir que los actores no se evadan de la escena. En numerosas ocasiones, la timidez, producto de un público en vivo o de una cámara en acción, llega a anular los sentimientos del actor. El LUGAR y la CUARTA PARED sirven el propósito de reforzar tu realidad emocional y la sensación de privacidad y, a su vez, estos dos factores fomentan sentimientos más intensos.

CAPITULO 9

NOVENA HERRAMIENTA

LOS MOVIMIENTOS

Manejo de la utilería para inducir conductas

Los MOVIMIENTOS son la forma física que adoptan nuestras intenciones mediante el manejo de la utilería. Todo lo que hacemos se traduce en un MOVIMIENTO: cepillarse el cabello, lavar la vajilla, prepararse para acostarse, poner la mesa mientras esperamos visitas, cocinar, limpiar...

Los MOVIMIENTOS revelan mucho acerca de la esencia de un personaje. Imaginemos una discusión que se desarrolla en la cocina. Tu personaje se vale de la comida para aliviar la tensión que va en aumento. El simple hecho de tomar un pote de helado del refrigerador, asir una cuchara, cerrar de un portazo la alacena, devorar el helado directamente del pote mientras la otra persona te grita dice mucho al otro actor, y al público también. Piensa en una escena que se juega en el consultorio de un psicoterapeuta donde tú, el/la paciente, te dedicas a fabricar complicados diseños de origami con pañuelos de papel. Sin escuchar las palabras del libreto, sólo observando la conducta creada mediante tu manipulación de los pañuelos de papel (es sabido que la manipulación artística del material requiere de enorme habilidad y concentración dada su consistencia delicada), el público comprende que el personaje es un neurótico obsesivo, incapaz de exteriorizar sus sentimientos.

Las palabras pueden mentir.
La conducta siempre dice la verdad.

Cuando conversamos, a menudo decimos lo que creemos que nuestro interlocutor desea oír. Utilizamos la palabra para ocultar nuestros verdaderos sentimientos: la palabra nos permite mentir, engañar, e inclusive proteger a otros de la verdad. Aún si crees estar diciendo la verdad, te guste o no, tu conducta saca a luz lo más profundo de tu pensamiento; no importa el cuidado que pongas en elegir las palabras: tu conducta te traiciona, y ello porque la mayor parte de nuestras conductas está motivada por el inconsciente, lo cual torna imposible controlarlas. Independientemente del trabajo interior que hayas invertido en tu personaje, si tus sentimientos se apoyan sólo en el diálogo, casi no manifestarás conductas. El manejo de la utilería te ayuda a comportarte con naturalidad, y el trabajo interior justifica el modo en que manejas los elementos.

Los actores son los únicos que piensan que el estar de pie, mirándose intensamente e imitando expresiones emotivas equivale a una representación poderosa y verdadera de la vida. Sin embargo, lo cierto es que cuando las personas se enfrentan a situaciones de dramatismo extremo en la vida real, realizan acciones. Y, por lo general, no pasan desapercibidas.

Cuando es mucho lo que se juega, es mucho lo que se *hace*
Piensa en una ocasión en que te encontrabas a solas, por primera vez, con alguien que te gustaba mucho, en su apartamento. La tensión sexual era elevada. ¿Qué hiciste para calmar tus nervios? Quizás te acercaste a la biblioteca y diste una mirada superficial a los títulos, o te lanzaste ávidamente sobre los dulces ofrecidos en una caramelera sobre la mesita de café. Tu ansiedad puede haberte llevado a tomar un objeto frágil y pasearte con él por la sala. Hasta es probable que hayas roto algo, o visto lo que no debías ver. Controlar los nervios induce conductas impensadas, y las situaciones de este tipo jamás transcurren en la inacción.

Imagina una escena en la que tu personaje está enzarzado en una discusión con un ser querido mientras preparan la ensalada para la cena. Podrías interrumpir lo que estás haciendo y quedarte parada ahí, gritándole al otro, pero es mucho más efectivo y realista continuar con la ensalada. Ello permite que tanto el público como el otro personaje comprendan tus verdaderos sentimientos, pues te verán cortar el pepino —por ejemplo— con la ferocidad que te inspira la persona objeto de tu ira. Podrías, también, desmenuzar sin piedad una planta de lechuga, expresando una muda amenaza que muestre al otro hasta donde estás dispuesta a llegar si tu interlocutor sigue mostrándose crítico y despectivo. En un contexto semejante, una actividad inocua —preparar la ensalada— reverbera con ecos ominosos. Las acciones hacen innecesarios los gritos, y te ayudan a transmitir tu rabia, inclusive si tu tono de voz se mantiene bajo.

Los MOVIMIENTOS le brindan al actor un lugar alternativo en el cual posicionarse, legitimando el hacer. Cuando es mucho lo que se juega, es imposible clavar la mirada en los ojos del otro *todo el tiempo*. Es mucho más fácil 'mentir' mientras te ocupas en batir, juguetear con un cigarrillo, preparar un trago, o arreglar un caño debajo de la pileta de la cocina, todas ellas actividades creíbles que justifican la dirección de tu mirada, pues si te vieras obligado a mirar al otro a los ojos, tus mentiras o tu incomodidad se pondrían de manifiesto.

La próxima vez que te enfrentes a una situación de gran carga emocional, fíjate en tus reacciones corporales. Te sorprenderá la actividad que despliegas cuando algo te irrita o te entusiasma. Jim, uno de mis discípulos, se mostró en desacuerdo, insistiendo en que, cada vez que se veía envuelto en una discusión acalorada, se mantenía de pie, inmóvil, y gritaba. No cejó en su actitud hasta que tuvo una pelea con su padre, de quien hacía mucho que estaba distanciado. Se encontraban en el jardín, frente a la casa de Jim, y el sempiterno mira-lo-que-me-hiciste terminó en un enfrentamiento violento. A medida que la cosa empeoraba, el padre de Jim comenzó a arrancar dientes de león del césped y a destrozarlos con los dedos, de manera totalmente inconsciente. Jim sonrió, dándose cuenta de yo estaba en lo cierto. Desafortunadamente, el padre pensó que la sonrisa le estaba dedicada, y que su hijo se mostraba condescendiente, lo cual lo enfureció más todavía. El césped quedó arruinado, pero Jim aprendió la lección: cuando nos asalta el temor, la angustia, el enojo, o la excitación, recurrimos al MOVIMIENTO.

Las elecciones al respecto especifican el tipo de neurosis y la condición social y económica de tu personaje, además de indicar cómo se siente acerca del otro. La utilería/ actividades debe adaptarse a la vida del personaje: su psiquis, posición económica, ocupación actual, historia, predilecciones sexuales, ubicación geográfica, época, etc.

Los siguientes MOVIMIENTOS se adecuan a un personaje que habita un apartamento modesto y barato y que se ha citado en un restaurante lujoso con alguien que aviva su resentimiento:

- Juguetear agresivamente con la comida, pinchando la lechuga con el tenedor como si se tratara de un puñal, 'hachar' la carne, o llenarse la boca de comida para impedir la explosión de sus pensamientos: "Eres un idiota aburrido", que es lo que en verdad le gustaría decir.
- Limpiar los cubiertos con la servilleta escupiendo sobre ellos y frotándolos enérgicamente.

- Chupar el ají molido que adereza una aceituna y luego fabricar muñequitos modelando las aceitunas descarozadas con los dedos.
- Beber demasiado vino a grandes tragos y llenar la copa una y otra vez a medida que la conversación se torna más penosa e incómoda.

No importa lo que elijas, los MOVIMIENTOS con los que tratas de ocultar tu animosidad proporciona mayor información acerca de tus verdaderos sentimientos y de cómo los manejas.

Los MOVIMIENTOS crean imprevisibilidad
Adentrémonos en un personaje que consideraríamos un mal tipo, visto mientras intenta atemorizar a su víctima potencial en una escena de gángsters. Algunos enfoques estandarizados aconsejarían emprenderla a los gritos y/o zamarrear/inmovilizar al otro actor. Por el contrario, un enfoque basado en el MOVIMIENTO podría consistir en comer galletas —algo aparentemente inocente— y acompañar los bocados con amenazas de torturas atroces. Mascar las galletas intensifica el temor provocado por el 'malo', a través de la sensación de que hiere, mutila, y mata con total naturalidad, como si se tratara de inofensivos hábitos diarios. Este individuo mata con la misma naturalidad con la que consume una oblea. Cuando alguien te grita y te arrincona contra la pared, es de suponer que estás expuesto a la violencia física y, por qué no, a la muerte. Los MOVIMIENTOS dan cabida a otras posibilidades ante las cuales la víctima se siente inerme y confundida, pues ignora qué sucederá después. La ignorancia de lo que el depredador hará en los minutos siguientes provoca verdaderas sensaciones de terror.

Los MOVIMIENTOS son esenciales porque nuestro sentido de la vista reacciona con mayor rapidez que nuestro sentido del oído.

Una imagen vale por mil palabras. Sí, es un cliché, pero fundado en buenos motivos. Si quitamos el sonido de una escena, igualmente sabemos exactamente de qué se trata merced a las conductas que observamos.

Los MOVIMIENTOS deben apoyar tu OBJETIVO DE LA ESCENA
Los movimientos no se limitan a manipular la utilería al azar: debes tener en cuenta tu OBJETIVO DE LA ESCENA. Si es "hacer que me ames", arrojar objetos cortantes al objeto de tu amor difícilmente contribuya a que logres lo que deseas.

La primera escena interpretada por Brad Pitt en clase constituye una excelente ilustración de la necesidad de considerar la esencia y circunstancias de vida de un personaje junto con el OBJETIVO DE LA ESCENA. Brad acababa de llegar a Hollywood y jamás había tomado clases de actuación profesional. (Sí; hubo un tiempo en el que Brad Pitt era un joven lleno de sueños y sin un céntimo. Se inició, como muchos otros, trabajando simultáneamente en tres empleos insignificantes para mantenerse y pagar sus lecciones de actuación). Le pedí que preparara una escena de una obra llamada *Tribute*. Jed, el personaje de Brad, comparte un picnic, en su casa, con una muchacha a quien su padre, un individuo sociable y carismático, contrató a sus espaldas para que lo sedujera. El padre siente que su decisión es justificada: Jed ha vivido su infancia a la sombra del hombre mayor, es extremadamente tímido, y supuestamente virgen. Su OBJETIVO DE LA ESCENA es "conseguir que gustes de mí". Los OBSTÁCULOS que debía vencer incluían la tensión sexual y la falta de conocimientos acerca del 'juego' en cuestión. El libreto no dice que Jed le sirve vino a la muchacha; aún así, Brad trajo a la clase dos copas y una botella de vino (llena de un líquido no alcohólico —*nunca* consumas alcohol mientras trabajas), y comenzó la escena saliendo de la cocina con los adminículos. Aunque el diálogo contenía frases que apuntaban a que los jóvenes acababan de conocerse, la escena connota sexo y seducción. La acción de comer lo preparado para el picnic —según lo indicaba el libreto, pues el manejo de los alimentos y el mismo acto de comer pueden ser muy sexy— sumada al vino y la manipulación de las copas, creó una tensión sexual tácita entre Brad y su compañera. Inconscientemente, los pensamientos lascivos del joven lo llevaban a apoyar las copas sobre su torso y a retorcer los dedos envolviendo seductoramente el largo pie de las copas. El diálogo desarrollaba una vaga conversación acerca de la época en que la muchacha asistía a la escuela secundaria; sin embargo, los MOVIMIENTOS y conducta de Brad ponían en claro que no pensaba precisamente en la escuela. Vimos lo que Jed (Brad) tenía en mente a través de su conducta. La escena quedó envuelta en el realismo y la tensión de una primera experiencia sexual, dado que un veterano se habría comportado con mayor seguridad y maña. Cuando persigues tu OBJETIVO DE LA ESCENA y necesitas que la otra persona reaccione, se crea una conducta inconsciente. La persistencia de Brad no fue premeditada por el actor, sino que su conducta afloró naturalmente, tal cual ocurre en la vida. El *personaje* le impidió a Brad tomar conciencia de que la escena se había vuelto tan real. Cuando le pregunté si sabía que se había llevado las copas al pecho y retorcido la parte que unía la parte superior a la base como quien juguetea con pezones, me miró sorprendido y se sonrojó hasta la raíz de los cabellos. Es decir, no se había dado cuenta de lo que hacía.

En la misma escena, el libreto indica un MOVIMIENTO en el que Jed abre un frasco de encurtidos, se lleva uno a la boca, y la joven le pide compartirlo. Es imperativo que abra el frasco y comience a mordisquear el encurtido, pues de lo contrario la muchacha no tendrá el pie para decir: "¿Me das un bocadito de tu encurtido?". Cuando llegó el momento, Brad no pudo destapar el frasco. En lugar de hacer lo que muchos otros actores —detener la escena, aturrullarse, salirse de la piel del personaje, o alterar el diálogo para adaptarlo al inesperado inconveniente— guardó silencio, dejó de intentarlo, y le extendió el frasco a la joven para que probara ella. Por supuesto, a ella no le costó esfuerzo alguno, lo cual hizo que el público riera ante la obvia torpeza de Jed. Brad se permitió actuar espontáneamente y parecer tonto, creando así un momento y una conexión reales con su compañera de escena.

Brad conoce las ventajas de recurrir a los MOVIMIENTOS, y continúa haciéndolo en su carrera. En la película *Ocean's Eleven* desempeña el papel de Dusty Ryan, un estafador involucrado en un complicado atraco a un casino de Las Vegas. La ciudad es notoria por su comida barata, que actúa como carnada para atraer a los confiados cazadores de gangas a jugar en el casino. Todo juego que involucra un timo implica la necesidad de experimentar sensaciones de poder. Concentrándose en el OBJETIVO PRINCIPAL de Dusty ("adquirir poder en la vida"), Brad imaginó que Dusty derrotaría al sistema y obtendría la comida sin caer en la tentación de perseguir posibles ganancias a través de las máquinas tragaperras y del Veintiuno. Le dijo a Steven Soderbergh, director de la película, que presentía que su personaje quedaría atrapado para siempre en la comida de Las Vegas, disfrutando, por ejemplo, del cóctel de langostinos a noventa y nueve centavos. Soderbergh estuvo de acuerdo y, mediante MOVIMIENTOS, Brad transformó a un hábil estafador en un personaje estrafalario, trastornado, e inigualable.

Los MOVIMIENTOS inspiran conductas
peculiares, singulares, y estrafalarias.

Antes de rodar o poner en escena los libretos, los productores suelen probarlos en talleres de actuación. El guionista Steve Marconi, autor de éxitos tales como *Enemy of the State*, trajo a mi estudio una escena expositiva necesaria para establecer el contexto de *The Informer*, una película que planeaba dirigir. El personaje de Iverson, un agente del FBI sexy y buen mozo, trata de persuadir a Tulsa, una modelo joven, atractiva, y drogadicta, de trabajar encubierta para ayudarlo a descubrir quién asesinó a su mejor amiga. Para lograr su propósito, Iverson tiene que explicar la historia del caso, incluyendo información sobre su verdadera identidad y por qué supone que Tulsa es la persona ideal para la tarea. La escena tiene lugar después de una noche que el agente pasó en casa de la joven, quien se hallaba tan drogada, ebria, y tenía tantos problemas con la policía que él, caballerosamente, la condujo a casa, y la acostó —aún no ha pasado nada entre ellos: él durmió en el sofá. La primera pasada de la escena en clase resultó estática. Básicamente, lo que vimos fueron dos personas conversando, sentadas sobre el sofá. Le dije al Rod Rowland (Iverson), que se quitara los calcetines (el personaje los había llevado puestos durante más de veinticuatro horas) para sentirse más cómodo, y Rod lo hizo mientras relataba los detalles del caso. Pero en cuanto se quedó descalzo, percibió un olor que tampoco pasó desapercibido para Sarah Brown, la actriz que encarnaba el personaje de Tulsa. Los calcetines hedían. Avergonzado, Rod le hizo una broma, sacudiéndolos frente a su cara. Sarah esbozó un gesto de disgusto, y luego rió tímidamente. Luego, mientras continuaba exponiendo el caso, Rod se llevó un pie a la nariz y se percató de que el hedor no provenía sólo de los calcetines. Esta vez, Sara rió con ganas. Estos sencillos MOVIMIENTOS crearon un vínculo entre ambos y entre sus personajes. Ahora compartían una broma privada, y la veracidad y humanidad del momento convirtió una árida escena expositiva en un momento fascinante.

Al final de la película, los dos personajes terminan juntos, de modo que los MOVIMIENTOS descritos cumplieron el propósito de preanunciar, de manera original, la relación íntima que habría de construirse. Fueron tan eficaces que Marconi no sólo las agregó al libreto, sino que lo revisó, añadiendo otras a la misma escena. Por ejemplo, hizo que Iverson encontrara un trozo de queso mohoso bajo el sofá. Esto también daba mal olor al lugar, y tenía que ser botado. Marconi ideó que Tulsa fumara un cigarrillo de marihuana durante toda la escena. A través de estos MOVIMIENTOS, el director logró comunicar la esencia de los personajes por medio de su conducta.

A través de los MOVIMIENTOS, el público se enteró de lo siguiente:

- Tulsa es descuidada
- Da más importancia a las drogas que a la higiene.
- Tiene coraje, pues no teme ejecutar un acto ilegal en las narices de un agente federal.

Asimismo, el público se entera de que:

- Iverson ha venido haciendo este trabajo desde hace mucho tiempo (se muestra despreocupado).
- Gusta de Tulsa, en tanto se siente cómodo con ella y no la interroga sobre su consumo de drogas.
- Necesita urgentemente un desodorante.

Los MOVIMIENTOS brindan al personaje un lugar seguro.
Ya sea que mintamos, o sintamos atracción física, o simplemente olfateemos el peligro, tendemos a buscar un lugar donde dirigirnos en el que podamos hacer algo que nos resulte familiar. Los MOVIMIENTOS nos ofrecen este refugio. ¿Recuerdan al padre de mi alumno Jim, el que destrozó el césped? El MOVIMIENTO que eligió lo mantuvo a salvo mientras su hijo le reprochaba haber sido un mal padre. Y acá nadie actuaba: fue un hecho de la vida real.

Evidentemente, si los MOVIMIENTOS contribuyen a nuestra sensación de seguridad en el mundo real, tienen el mismo valor, si no más, en la ficción. Cuando Barry Pepper interpretó el personaje del tirador —el soldado raso Daniel Jackson en la película *Saving Private Ryan*— su personaje, en plena guerra (aterradora inclusive para el veterano más avezado), necesitaba de algo que le diera una sensación de bienestar. Como Barry es un hombre religioso, se nos ocurrió utilizar una cruz que llevaba siempre al cuello. En los momentos más duros de la guerra, la palpaba y la miraba, extrayendo de ella paz y fortaleza. Este MOVIMIENTO no estaba escrito en el guión, pero terminó por darle al público una idea acabada del personaje: cuando lo asalta el temor, se refugia en Dios y en la religión.

Los MOVIMIENTOS ponen de manifiesto el humor del libreto.
A menudo pido que mis discípulos trabajen sobre una misma escena innumerables veces, de modo que puedan apreciar cómo el uso de las herramientas y el trabajo interno emanado de su vida personal hacen emerger sus conductas peculiares, transformando la escena en una experiencia clara y distinta tanto para el actor como para el público. Por ejemplo, pedí a Matthew Perry y a David Spade que prepararan la misma escena de *Broadcast News* que analizamos en el MOMENTO ANTERIOR (séptima herramienta). Recordemos que se trata de la escena en la que Aaron Altman (interpretado por Robert Brooks) se encuentra en casa, lamentándose por su fracaso como presentador televisivo. Consciente de haber arruinado el sueño de su vida, por un instante Aaron experimenta la fascinación de la visita de Jane Craig, la joven de quien está enamorado (Holly Hunter). Cree que ha venido a consolarlo por el día terrible que le ha tocado en suerte, cuando en realidad Jane eligió ese momento para anunciarle que está enamorada de Tom, un presentador exitoso.

La primera vez que Matthew Perry pasó la escena, lo hizo sin utilería, pero como posee una gracia nata, la escena resultó graciosa, hasta cierto punto. Le dije que tenía muchas más posibilidades de comicidad. Hablamos de la esencia del personaje, un elemento fundamental para la elección de MOVIMIENTOS. El personaje de Aaron apela al humor como defensa y como arma para ganar su objetivo. Trabajando con Garry Shandler, Rod Schneider, y Jim Carrey, por nombrar algunos, descubrí que las personas genuinamente graciosas suelen coleccionar juguetes. Entonces se me ocurrió preguntarle a Matthew si su casa se parecía a un mini-Toys "R" Us*. Sorprendido, respondió que sí. Luego le pedí que trajera una amplia selección de su colección de juguetes para usar en MOVIMIENTOS en la repetición de la escena. No le pareció gran idea. "¿Qué aspirante a presentador televisivo posee juguetes?", preguntó. Y me desafió con esta respuesta: "Voy a traer tantos y usar tantos que me vas a odiar". Yo estoy siempre lista para entrar en debate, de modo que lo alenté a hacerlo. La semana siguiente, Matthew apareció con una enorme maleta llena del tipo de juguetes que sólo él podía coleccionar, y jugó entusiastamente con ellos del principio al fin de la escena. La actividad lúdica y la selección de juguetes nos permitió, en nuestro rol de público, comprender mejor la angustia que embargaba

---

* Destacado fabricante de juguetes y otros objetos para niños [N. de la T.]

a Aaron, su amor por Jane, y qué clase de persona era. Vimos su humanidad, su frustración, sus inseguridades, y la historia de sus fracasos con las mujeres. Los MOVIMIENTOS lo dotaron de una tridimensionalidad que lo hacía más accesible —una persona con quien podíamos relacionarnos. Los espectadores se sienten mucho más inclinados a reír si se conectan con el modo en que un personaje maneja una situación sumamente incómoda, pues se dicen: "Yo pasé por eso; hice eso". Esperando probar que yo me equivocaba de medio a medio, Matthew utilizó los MOVIMIENTOS al máximo. Y, sin embargo, cuantos más ponía en juego, más risas cosechaba. A decir verdad, tuvo que interrumpir su parlamento varias veces a causa del volumen de las carcajadas. Matthew aprendió una lección valiosa, y la escena fue la de un descubrimiento. Poco después comenzaron a lloverle contratos, incluyendo su alabada actuación en la serie *Friends*, que le valió un Emmy.

Es posible modificar los MOVIMIENTOS
Quizás el guionista especifica los MOVIMIENTOS en el libreto, pero por lo general sólo incluye sugerencias. Si el MOVIMIENTO no se basa en lo escrito, queda a criterio del actor usar su imaginación, sin dejar de tener en cuenta la esencia del personaje que representa, la época, y el OBJETIVO DE LA ESCENA. No utilices MOVIMIENTOS sólo cuando están marcados en el libreto. Cuantos más uses, más conductas surgirán.

Personaliza tus MOVIMIENTOS infundiéndoles información acerca de tus SUSTITUCIONES y OBJETOS INTERNOS

Debes personalizar tus MOVIMIENTOS de modo que adquieran un significado especial para ti. Si te encuentras en la casa de un futuro amante y levantas una fotografía de una superficie, tienes que recurrir a tu SUSTITUCIÓN y revestir lo que muestra la foto con las características de una persona que aporte emoción a la escena y a tus sentimientos. Veamos la escena de una primera cita en la obra *Chapter Two*, de Neil Simon. El personaje de George levanta una foto del ex esposo de Jenny. La esposa de George, con quien estuvo casado diez años, ha muerto hace poco, y ésta es su primera cita después de la pérdida. Hace tanto tiempo que no se enfrenta a una situación similar, además de estar todavía en un período de duelo, que su conducta es francamente torpe. Durante el diálogo, le pregunta a Jenny quién es el hombre de la fotografía. Ella le responde que es su ex esposo. Si tu desempeñaras el papel de George, podrías dotar a la fotografía con los rasgos de alguien que, en tu vida personal, se presenta como un rival, tu némesis, o que podría estropear tu futura relación con la SUSTITUCIÓN que escogiste para Jenny.

Representas a un alcohólico cuyo MOVIMIENTO es —aunque parezca una broma— beber. Si efectivamente eres propenso a beber, revestirás el líquido que tengas delante con las características de tu trago favorito. De lo contrario, lo convertirás en el vicio que practicas —ya hemos dicho que la mayoría de las personas tiene por lo menos uno.

Alguna escena puede requerir que tu personaje escuche un CD en el estéreo. Imaginas que suena aquella canción especial que compartías con tu SUSTITUCIÓN para la escena. También puedes imbuir al CD de la música que te recuerda emociones pasadas en consonancia con los sentimientos presentes de tu personaje según lo indica el libreto.

La serie de televisión *Charmed* muestra elementos sobrenaturales en la vida de tres mujeres, lo cual significa que los MOVIMIENTOS a menudo carecen de sentido para aquellos de nosotros que no somos hechiceros o brujos. Durante varias de las escenas que componen un episodio, el personaje de Chris, encarnado por Drew Fuller, sostiene un anillo, lo toca, murmura unas palabras, y se lo entrega a su único amor, quien luego se lo devuelve. El anillo no sólo significa amor: es un objeto mágico. Originariamente, provino del futuro, y ahora habita el pasado, el cual, dicho sea de paso, equivale al presente. Sí, suena confuso, pero no tiene por qué serlo. Revistiendo el anillo con algún acontecimiento real de su vida amorosa, Drew podría infundirle enorme importancia. Mientras tratábamos de resolver qué usar, noté un brazalete de cuero sobre su muñeca. Cuando le pregunté acerca de él, me dijo que su novia y él usaban brazaletes idénticos como símbolo del amor que se profesaban, y que jamás se los quitaban. En realidad, si uno de los dos se desprende del brazalete, significa que la relación ha terminado. ¡Eureka! La solución perfecta. Le dije a Drew que invistiera el anillo (su MOVIMIENTO durante gran parte del episodio) con los significados del brazalete. Ello disparó las emociones necesarias para hacer que el anillo representara el amor y su pérdida, ambos derivados del MOVIMIENTO indicado en el libreto.

Al identificar los MOVIMIENTOS de tu personaje, considera sus rasgos neuróticos, desenvolvimiento profesional, y modus operandi

Los MOVIMIENTOS demuestran visualmente los rasgos neuróticos del personaje

La mayoría de los personajes se distinguen por alguna fobia o tipo de neurosis. De no ser así, corresponde al actor idear algún rasgo sobresaliente. En *Scarface*, el personaje de Tony Montana (Al Pacino) habría perdido vuelo sin su extremada paranoia. *Othello* no sería *Othello* desprovisto de sus celos enfermizos. Si Lady Macbeth no fuera guiada por el fanatismo de su ambición, no pasaría de ser una esposa regañona. Joe Pesci necesitaba de su complejo de Napoleón para justificar su personaje de Nicky Santoro en *Casino*. En *The Hours*, el personaje de Virginia Woolf habría podido igualarse con cualquier escritora taciturna de no ser por sus tendencias suicidas. Brick, el alcohólico con problemas sin resolver en la relación con el padre, sería un latoso en *Cat on a Hot Tin Roof*. Y despojado de la obsesión por su madre, Edipo sería un malcriado entre tantos. Los MOVIMIENTOS contribuyen al entendimiento profundo y visual de los modos y razones en que se presentan los rasgos neuróticos o psicóticos de un personaje.

En *Uptown Girls*, Marley Shelton encarnaba a Ingrid, un personaje que padecía una severa neurosis obsesiva. Cuando la ayudé a prepararse, decidimos no limitarnos al diálogo ni al vestuario para transmitir su estado, sino que todo lo que hiciera estaría basado en un sistema. Se aplicaría la manteca de cacao en los labios en la misma dirección, de derecha a izquierda; se sentaría siempre del mismo modo, y su bolso estaría repleto de pequeños objetos que le servirían como protección contra un mundo hostil. Llevaba consigo toallas de mano impregnadas de lavanda, tijeras cortaúñas, guantes para leer el periódico, gel purificante para las manos, pastillas para refrescar el aliento, toallas faciales de papel, un mini-abanico para alejar el humo en las escenas jugadas en clubes nocturnos, y refrescantes de ambiente. Acordamos que usaría las toallas y pañuelos de papel para limpiar las superficies de los asientos, mesas de café, y vasos. Le dije que se concentrara en las obsesiones, que aprovechara todas las oportunidades para distribuir, organizar, y perfeccionar su entorno. En la película, Molly Gunn, un personaje que se encuentra en la ruina y es la mejor amiga de Ingrid, organiza una venta de garage a fin de reunir algún dinero. En la piel de Ingrid, Marley se asegura de que todo esté perfectamente apilado y apropiadamente tasado. Inclusive va de un lado a otro con una plancha de mano por si algo se arruga a último momento. Todas las escenas rebosaban de tal exceso de actividad obsesiva que Marley comenzó a imitar a Ingrid en su vida personal. Incorporó los MOVIMIENTOS de tal modo que, ante la desazón de su esposo, extendió sus conductas obsesivas fuera del plató: se *transformó* en el personaje.

Los personajes que padecen graves problemas de abuso de sustancias caen bajo el mismo tipo de neurosis. A continuación, algunos ejemplos de cómo mis discípulos y yo realizamos la adicción particular del personaje mediante el uso de MOVIMIENTOS.

Gula

Robin McDonald interpretó en clase una escena de la obra *Pizza Man*. Desempeñaba el papel de Alice, una mujer que comía en exceso y que perdió peso para complacer a su novio, un hombre casado. En la escena en cuestión, Alice regresa a casa luego de descubrir que su novio se ha reconciliado con su esposa: maravillosa excusa para dedicarse a comer. Rápidamente se da cuenta de que la amiga con quien comparte el apartamento, una alcohólica, ha gastado todo el dinero de ambas en bebida. La mayoría de los adictos al consumo de sustancias poseen 'extras' ocultos en escondites secretos en caso de emergencia. A los propósitos de esta escena, Robin puso un Kit Kat en un florero, Twinkies detrás de las cortinas, papas fritas debajo del sofá, y charqui debajo de los almohadones. Semejante montaje proporcionó a Robin la motivación para moverse por la habitación y retirar subrepticiamente cada cosa, tratando de comerla sin que su amiga se diera cuenta. Casi ningún adicto exhibe su adicción: se entregan a ella en secreto. Las palabras de Alicia quedaban subrayadas por las conductas creadas por su mascar a hurtadillas.

Alcoholismo

En *Monster's Ball*, Leticia es una negadora. ¿Y quién no, después de sufrir la ejecución de un esposo, la muerte de un hijo en un accidente automovilístico, y la pérdida del empleo? Halle y yo decidimos que Leticia disfrazaría su adicción bebiendo sólo de pequeñas botellas de whisky, como las que se reparten en los aviones. De este modo podía beber diez botellas al hilo, al mismo tiempo que racionalizaba su comportamiento pensando: "No tengo problemas con el alcohol. Es decir, ¿cuánto bebo *realmente* si las botellas son tan pequeñas?" Así sentía que ingería mucho menos alcohol. Cuando le ofreció a Hank un trago, con toda delicadeza, Leticia sintió que lo agasajaba con estilo, desenroscando la diminuta tapa de metal y alcanzándole la botellita, sin revelar su problema. En la película, ambos personajes se sientan el uno junto al otro, hablando del hijo muerto y bebiendo de las mini-botellas, lo cual proporciona un excelente elemento visual que asimismo indica la condición social, financiera, y emocional del personaje.

Drogadicción
Parte integral del consumo y abuso de drogas consiste en alcanzar un estado de exaltación o perder noción de la realidad. Por ejemplo, en la ceremonia de la marihuana, el fumador toma la hierba de la bolsita, la huele, pasa la lengua por el papel, echa la hierba, enrolla el papel, y luego pega los bordes con saliva de modo que el cigarrillo se mantenga sólido y compacto. Los cocainómanos cortan y aspiran la droga con sus elementos favoritos sobre la superficie que más les gusta. Estos MOVIMIENTOS crean expectativas de placer y forman parte indisoluble de la experiencia.

Eriq LaSalle dirigió e interpretó la miniserie *Rebound*, de HBO, que trata de un drogadicto impenitente y jugador de basketball que reconstruye su vida para convertirse en entrenador deportivo y actuar como mentor de jóvenes que se sienten atraídos por el magnetismo destructivo de la heroína. Eriq personificó a Diego el drogadicto, pero el actor nunca había consumido drogas de ningún tipo. No tenía idea de los efectos producidos por la heroína, e ignoraba los rituales que acompañan el consumo. Hablamos de las connotaciones sexuales de introducir una aguja en una vena y volcar en ella una sustancia 'placentera'. Calentar el líquido en la cuchara y aspirarlo con la jeringa para que llegue a la aguja se parece a los juegos preliminares del acto sexual; cuando el deseo sexual se exacerba, se convierte en una necesidad imperiosa, del mismo modo que la heroína para el adicto. Cuando comprendió el MOVIMIENTO, Eriq sintió la dura realidad del cómo, el por qué, y la desesperación del personaje.

Adicción sexual
Los adictos al sexo lo practican como un modo de experimentar el poder. El sexo es una impulso primario tan poderoso que a menudo conduce a actos impensables. La sexualidad como arma suele ayudar a ganar lo que se desea, y el adicto conoce bien el poder que el sexo ejerce sobre las personas. Deborah Kara Unger lo compren-

dió cuando representó, en clase, una escena de *The Taming of the Shrew*, de Shakespeare. En el personaje de Kate, Deborah necesitaba encontrar el modo de subyugar a Petruchio, su digno adversario y futuro esposo. Considerando la época en que se desarrolla la obra, Deborah sabía que la sexualidad de Kate constituía su don más valioso. Se le ocurrió cortar una naranja y luego estrujar la pulpa, de modo que el jugo cayera en su boca y se escurriera sensualmente por sus labios, barbilla, cuello, y pecho (usaba un corpiño muy escotado). Luego se enjugó los labios con el dorso de la mano y frotó jugo y pulpa sobre sus senos. El actor, cuyo nombre no recuerdo —a decir verdad, estaba tan deslumbrada por el MOVIMIENTO que no recuerdo mucho más— se transformó en arcilla en manos de la joven, y Deborah ganó la escena.

Independientemente de la sustancia de que se trate, el adicto toma grandes riesgos: roba bancos, mata, se enreda con más de un partenaire sexual a la vez, y no le importa perder amigos, familia, ni empleos con tal de satisfacer su adicción. Si representas a un adicto, tus MOVIMIENTOS deben reflejar estas conductas extremas.

Los MOVIMIENTOS revelan el modus operandi de tu personaje.

El *modus operandi* de las neurosis y las psicosis difieren de otros, pues no ejercemos el control sobre los desequilibrios mentales y químicos. Suelen constituirse en OBSTÁCULOS adicionales que debemos vencer para lograr el OBJETIVO DE LA ESCENA. Un *modus operandi* consiste en un conjunto de conductas que utilizamos para *ayudar* a que nuestro objetivo se cumpla.

Todos poseemos un *modus operandi*. Ante la duda, recurrimos a conductas que, en el pasado, nos condujeron al éxito: sexo, violencia, humor, inteligencia, destreza física, autoridad, o poder. Veamos ahora algunos ejemplos de posibles MOVIMIENTOS aplicados al modus operandi, pero no te limites a ellos: usa tu creatividad.

Modus operandi en la violencia
Películas y obras teatrales que muestran personajes de este tipo: *In the Boom Boom Room, Goodfellas, American Psycho, Streamers, Reservoir Dogs, A Clockwork Orange, Danny and the Deep Blue Sea, Edmund Secretary, Cape Fear*.
- Juguetear con una pistola o cuchillo, limpiar dichas armas, cortajear con una navaja sevillana, golpear una bolsa de arena,

arrojar o romper algo, estrujar arcilla para moldear un objeto, masticar ruidosamente, utilizar un cuchillo desmesurado para cortar los ingredientes de una ensalada y clavarlos con fuerza en los vegetales, construir algo con una sierra o martillo, fumar marihuana, aspirar cocaína, usar tijeras filosas para limpiarse y cortarse las uñas, etc.

Modus operandi en el humor
Películas y obras teatrales que muestran personajes de este tipo: *Annie Hall, Gingerbread Lady, Lost in Translation, Animal House, Chapter Two, Bringing Up Baby, Life is Beautiful, Frankie and Johnny, When Harry Met Sally, A Thousand Clowns.*

- Manipular juguetes cómicos como muñecas inflables, figuritas, raquetas de paddle, soldaditos de plomo, muñecas parlantes, etc.; probarse ropas y sombreros estrambóticos, sorber los fideos, tratar de comer maníes tirándolos al aire y recogiéndoles con la boca, improvisar marionetas con zanahorias, juguetear con pertenencias ajenas, inclusive prendas íntimas, hacer gárgaras con el vino antes de tragarlo, beber cualquier cosa que se preste a ser escupida, ponerse ropa interior en la cabeza, etc.

Modus operandi en la inteligencia
Películas y obras teatrales que muestran personajes de este tipo: *Geniuses, The Real Thing, Speed-the-Plow, Uncommon Women and Others, My Dinner with Andre, Brideshead Revsited, Reversal of Fortune, Dead Poets Society, True West, Equus.*

- Usar un ordenador, leer material académico, resolver el crucigrama del *Sunday Times*, escribir, tomar fotografías, llevar un bloc y anotar ideas, comer alimentos exóticos, beber cognac o vinos finos, arreglar o instalar objetos que presentan dificultades técnicas, dibujar o pintar, cocinar platos complicados, juguetear con un lápiz o lapicera, etc.

Modus operandi en el sexo
Películas y obras teatrales que muestran personajes de este tipo: *The Misfits, The Last Seduction, Sexual Perversity in Chicago, American Gigolo, Body Heat, Last Tango in Paris, The Unbearable Lightness of Being, Summer and Smoke, Sex, Lies, and Videotape, Fool for Love, Desire Under the Elms.*

- *Mujeres:* Comer un durazno jugoso, echarse crema batida directamente en la boca, beber dejando que el líquido se

deslice por la barbilla y el pecho, agacharse para elegir un CD, bailar y mecerse al son de la música mientras se juguetea con la cubierta del CD, comer algo con reminiscencias fálicas, encremarse los brazos y el pecho, secarse sensualmente la transpiración del pecho con un pañuelo de papel, acomodarse las medias, beber alcohol y juguetear con el hielo del vaso, el pie de la copa, etc.
- *Hombres:* engullir una cerveza, romper nueces con las manos, arreglar algo con un destornillador y expresión seductora, comer un mango o kiwi lascivamente, valerse de cualquier excusa para legitimar el acercamiento a la persona deseada (por ejemplo, quitar una pelusa de su sweater), inventar una excusa para quitarse la camisa, secarse la transpiración del pecho, etc.

Modus operandi en el poder y/o la autoridad

Películas y obras teatrales que muestran personajes de este tipo: *Wall Street, Nixon, Angels in America, Working Girl, Hamlet, The Great Santini, A Few Good Men, Speed-the-Plow, Sweet Bird of Youth, Hedda Gabler, Mary of Scotland, Faustus.*
- Librar un cheque, usar una videograbadora, registrar información en un teléfono celular o en una PalmPilot, tomar notas en un bloc de modo que parezca que se refieren a algo negativo sobre el otro presente, vestirse o desvestirse con total prolijidad, revisar un fajo de dinero y contarlo, fumar un cigarro, lustrarse los zapatos con pedantería, beber cognac fino, comer alimentos exóticos y caros, como ostras, codornices, etc.

Modus operandi en la destreza física

Películas y obras teatrales que muestran personajes de este tipo: *The Wager, Raging Bull, Bull Durham, The Hustler, The Color of Money, Rocky, The Great White Hope.*
- Practicar basketball, fútbol, golf, etc.; ejercitarse en público con mancuernas u otros adminículos portátiles destinados a reforzar la musculatura, vestirse o desvestirse de modo de destacar el físico, adoptar el hábito de lanzar una pelota al aire y recogerla, lubricar un guante de béisbol, levantar objetos pesados y utilizarlos como mancuernas, beber Gatorade, golpear una bolsa de arena con movimientos boxísticos, preparar y beber licuados proteicos, practicar un deporte, etc.

Los MOVIMIENTOS definen la carrera del personaje
Propongo algunos ejemplos de ocupaciones típicas que se representan constantemente en películas, teatro, y televisión, junto con las acciones asociadas a ellas. Utiliza tu imaginación para seleccionar MOVIMIENTOS propios de diferentes actividades, sin olvidar las neurosis y modus operandi del personaje.

- **Agente de policía:** Limpiar o desenfundar y enfundar la pistola, juguetear con las esposas y con la frecuencia radial emitida por el Departamento de Policía, usar un grabador, tomar notas en un bloc, fumar, beber, derramar el café, comer comida rápida, usar maquillaje, usar toallas de papel (en el caso de policías obsesivos obligados a tocar objetos sucios en el curso de una investigación), etc.
- **Médico:** Redactar prescripciones, repartir muestras de medicamentos, ponerse o sacarse guantes quirúrgicos, esterilizar el instrumental, lavarse las manos, juguetear con el instrumental, abotonarse el guardapolvo, revisar los historiales de los pacientes, mirar radiografías, buscar información en libros de medicina o en el ordenador, etc.
- **Psiquiatra:** Tomar notas en un bloc, ofrecer la caja de pañuelos de papel, hacer y beber té o café, jugar con hilos de cuentas para calmar la tensión nerviosa, escribir el historial del paciente, o leerlo, o revisar notas de sesiones previas, tejer, resolver palabras cruzadas, etc.
- **Enfermero/a:** Hacer anotaciones o leer las fichas de los pacientes, preparar el instrumental médico, ver que la camilla esté en condiciones, acomodar las pertenencias del paciente, comer comida rápida o lo que el paciente dejó, esterilizar el instrumental, prepararse para la llegada de un paciente o limpiar cuando se marcha, tomar la presión sanguínea y temperatura, regular las vías intravenosas, preparar inyecciones, vaciar las chatas, tender camas, etc.
- **Operador/a de ordenadores:** Usar el ordenador, comer comida rápida, fumar, arreglar el ordenador con un destornillador, limpiarse los anteojos, preparar y/o beber café, té, o jugos, bajar música a un iPod, juguetear con una PalmPilot, escuchar música con un equipo estereofónico, comer palomitas de maíz calentadas en un microondas, etc.
- **Pintor/a:** Dibujar o pintar, limpiar los pinceles, disponer los

objetos/modelos a ser pintados, beber o drogarse, preparar alimentos coloridos y originales, organizar el espacio en el atelier, tomar fotografías, mascar grajeas de 'goma', etc.
- **Ama de llaves:** Barrer, lustrar la platería, mesas, etc.; quitar el polvo, devolver la forma a las almohadas, pasar la esponja por superficies sucias, utilizar artículos de limpieza, lavar y/o secar la vajilla, cocinar, comer, lavar ropa, husmear entre las pertenencias de los empleadores, etc.
- **Barman/Camarero/a:** Repasar las copas con un paño, limpiar la barra y/o mesas, organizar el bar, contar el dinero de las propinas, ordenar la caja, beber, preparar las adiciones, ver que los recipientes de maníes, mostaza, y ketchup estén siempre llenos, conservar el stock de limones, naranjas, etc., y/o cortarlos en rodajas, etc.
- **Prostituta/Desnudista:** Ponerse o quitarse prendas provocativas, maquillarse, preparar tragos y/o beberlos, fumar marihuana, cortar y aspirar cocaína, tomar pastillas, conservar limpias ciertas partes del cuerpo (cuello, brazos, piernas, etc.), encremarse el cuerpo, comer cosas con formas fálicas (pirulís, golosinas en barra, etc.), comer helado con cuchara y lamer la cuchara, alisarse las medias, pintarse las uñas o quitar el barniz, arreglarse el cabello, etc.
- **Político:** Revisar el maletín, leer la cobertura de prensa, destacar cuestiones de su interés en periódicos y revistas con un marcador, usar colonia o loción para después del afeitado, tomar notas, mirarse en el espejo, grabarse a sí mismo, chupar pastillas de menta, usar adminículos para ejercitar las manos, usar loción o gel en el cabello, etc.
- **Recepcionista/Secretaria/Asistente:** Archivar, acomodar papeles, llevar un almuerzo ligero desde casa, preparar y/o beber café, usar el ordenador, tomar notas, limarse las uñas o barnizarlas, maquillarse, ponerse crema en las manos, masajearse las manos o los pies, afilar lápices, usar líquido corrector, abrochar papeles, cepillarse el cabello, programar el teléfono, usar una calculadora o máquina de sumar, revisar archivos, usar tijeras o cortapapeles, buscar lo necesario en los cajones del escritorio, etc.
- **Ama de casa/Madre:** Recortar cupones de descuento, doblar la ropa limpia, limpiar, recoger los juguetes, tender las camas, guardar las provisiones, confeccionar listas, arreglarse el cabello, aplicarse productos anti-arrugas, cocinar, hojear

revistas dedicadas a la familia, quitar el polvo, tomar pastillas, resolver crucigramas, etc.
- **Obrero de construcción:** Comer comida rápida o sandwiches, beber cerveza, bebidas sin alcohol, o agua, revisar u acomodar las herramientas, mascar chicle, ajustarse las gafas protectoras, lijarse las callosidades de los dedos, usar radiocasete portátil, limpiar las herramientas, etc.
- **Actor:** Usar laca o gel en el cabello, mirarse en un espejo de mano, ingerir alimentos de bajas calorías, usar accesorios llamativos, maquillarse, leer libretos, juguetear con elementos de utilería o premios de trabajos pasados, beber agua de marca, probar nuevas expresiones faciales o gestos corporales, etc.
- **Técnico de laboratorio:** Usar, reparar, limpiar, o guardar los instrumentos de su oficio, hacer un sándwich usando pinzas, por ejemplo, comer con movimientos precisos, hacer experimentos, etc.

Eric Szmanda desempeña el papel del técnico Greg Sanders en la exitosa serie televisiva *CSI*. La clave para jugar el papel reside en realizar el mayor número posible de MOVIMIENTOS. En realidad, Eric consiguió el papel representando ciertos MOVIMIENTOS algo macabros durante su audición. El laboratorio de los forenses está repleto de objetos esperables —hisopos, hilo de suturar, escalpelos— y otros de aspecto dantesco, los instrumentos que se utilizan para someter a los cadáveres a exámenes horripilantes. La audición de Eric se basaba en una escena en la que debía informar al médico forense lo que hizo para determinar la causa de la muerte del occiso, utilizando un diálogo plagado de terminología médica. Le indiqué a Eric que ilustrara físicamente todo lo que decía. Por ejemplo, en uno de sus monólogos, Greg tiene que explicar lo que descubrió mediante un examen anal realizado con un hisopo. En el papel de Greg, Eric actuó lo que su personaje había hecho con el correspondiente hisopo y luego, inconscientemente, se lo llevó a la nariz y lo olió. En definitiva, reflejó un personaje que lo diferenció de todos los demás actores que competían por el papel, y también facilitó la labor del guionista. Esto es esencial, pues por lo general productor y guionista son una misma persona, y sobre ellos recaen las decisiones de seleccionar a los actores. Eric fue una fuente de inspiración tan grande para los responsables de la serie que su personaje, pensado como esporádico, adquirió otras dimensiones. Gracias a sus

MOVIMIENTOS estrafalarios y convincentes, el personaje ascendió a la categoría de co-protagonista, junto con varios otros.

MOVIMIENTOS en exteriores
Además de tener en cuenta las neurosis, modus operandi, y ocupación de tu personaje, debes tener en cuenta dónde te encuentras. En exteriores, no suele haber mucha oportunidad de realizar MOVIMIENTOS por falta de utilería, pero existen otros recursos. Por ejemplo:

- **En un automóvil:** Revisar el contenido del bolso, juguetear con la radio, tamborilear sobre el volante, subir o bajar una ventanilla, comer caramelos o comida rápida, beber café o una bebida sin alcohol, derramar la bebida o la comida, limpiar lo que se derramó, maquillarse, etc.
- **En un parque o parada de autobuses:** Beber café de un recipiente descartable, una bebida sin alcohol, comer caramelos o comida rápida, jugar con las briznas de pasto o con una ramita de árbol, escuchar música de un radiocasete portátil, observar a la gente, juguetear con los botones o cierre relámpago de un sweater o chaqueta, usar un escarbadientes, arrojar migajas a los pájaros, beber de una petaca, leer, escribir, revisar el contenido del bolso o de la billetera, tomar fotografías, mirar fotografías, dibujar, etc.
- **En la playa:** Ponerse bronceador, hacer un castillo de arena, beber cerveza, sacar comida de un refrigerador portátil, comer, bailar al son de un estéreo portátil, ponerse pantalla solar, hojear una revista, observar a la gente a través de binoculares, leer, tomar fotografías, dibujar, comer comida rápida, sacudirse la arena del cuerpo, etc.
- **Al caminar y conversar:** Usar un escarbadientes, juguetear con las monedas en el bolsillo o con una banda elástica, ponerse guantes o una bufanda, beber café o agua de marca, juguetear con los botones o cierre relámpago de un sweater o chaqueta, comer caramelos o comida rápida, patear piedritas, arrojarlas, etc.

MOVIMIENTOS en interiores
Aquí las acciones dependen del espacio en sí y de la utilería y mobiliario disponible. No temas utilizar lo que el lugar te ofrece. Por ejemplo:

- **En una oficina:** Hacer copias fotostáticas, hacer café, trabajar en el ordenador, beber agua del refrigerador, usar una calculadora, ir al archivador y ordenar los documentos, etc.
- **En un restaurante:** Tocar y/o tomar los cubiertos y servilletas, comer pan con manteca o lo que te sirvan mientras esperas tu orden (dips, etc.), beber agua o vino, manipular las copas, los sobrecitos de azúcar, los condimentos (saleros, pimenteros, etc.)
- **En un cuarto de hotel/motel:** Hojear la Biblia (si la hay), empacar o desempacar, hojear una guía del lugar, comer o beber lo que te apetezca del mini bar, robar las toallas, juguetear con los artículos de tocador que encuentres en el baño o con las cortinas, etc.
- **En un garage propio:** Juguetear con las herramientas, con el auto estacionado, quitar el polvo de los objetos que guardas allí, curiosear en las cajas que encuentres, etc.

Un buen utilero pone a disposición del actor los elementos necesarios para los MOVIMIENTOS, pero no dependas de ello. Te corresponde a ti ocuparte de procurar realizar las acciones pertinentes y evitar verte como una aburridísima marioneta. Puedes traer tu propia utilería, o hablar con el jefe de utilería o el director para que te la proporcione. No temas ofenderlos si lo haces: siempre que el pedido contribuya a mejorar la narración de la historia, te lo agradecerán. Tus buenas ideas darán lustre al director y/o escenógrafo, porque realzarán la producción, y eso es bueno para todos.

Creo que ya te has formado una idea cabal de cómo funcionan los MOVIMIENTOS de un personaje, en conjunción con su OBJETIVO DE LA ESCENA, neurosis, ocupación, modus operandi y lugar donde se encuentra. No hay buenas o malas elecciones; déjate guiar por tu personalidad e imaginación.

MOVIMIENTOS: Aplicación práctica
Escribí la escena que leerás a continuación para ilustrar la aplicación de los MOVIMIENTOS. Mis sugerencias aparecen a la izquierda del diálogo, para evitar que se confundan con los COMPASES y ACCIONES, que siempre anotamos a la derecha. Cuando escribas tus propias acciones, no significa que debas realizarlas exactamente en el punto en que las incluiste; son ideas generales de lo que te propones hacer durante la escena. No te apegues a tus elecciones al pie de la letra: deja que emerjan orgánicamente, sin olvidar que

puedes cambiarlas según otras posibilidades que te brinde el plató. Y si descubres que no pones en práctica todo lo que has anotado, también es válido; es mejor que sobre material y no que descubras que se te agotaron los recursos. No hay un MOVIMIENTO por línea o COMPÁS, porque la realización toma tiempo. Aquí va el diálogo.

LA CONFRONTACIÓN

[Interior; apartamento de un ambiente; noche. John está sentado en el sofá. Se lo ve solo, desesperado, y achispado. Se oye el ruido de una llave en la cerradura. Tina, su esposa, abre la puerta y entra]

TINA
¿No deberías estar trabajando?

JOHN
Me despidieron.

TINA
[desconfiada]
No entiendo. Cuando despiden a alguien, lo normal es que le den preaviso.

JOHN
Supongo que mi jefe no leyó el manual de despidos. Recuérdame que le regale uno.

TINA
Fue tu culpa, ¿cierto?

JOHN
¿Por qué lo dices?

TINA
Bueno, quizás porque has perdido seis empleos en tres meses.

JOHN
No pienses tan mal de mí... no es fácil hacerse odiar por tanta gente en tan poco tiempo.

TINA
[harta]
¿Siempre por lo mismo?

JOHN
Síp.

TINA
Por beber en horas de trabajo. ¿Cuándo vas a aceptar que tienes un problema con la bebida?

JOHN
[destilando sarcasmo]
Mi único problema es que se nos acabó el whisky. Querida, ¿irías a comprarme una botella?

TINA
Claro, ahora mismo voy. Oh, no. Sabes, acabo de recordar que no tengo dinero, porque un cierto señor que conozco no logra conservar ningún empleo. Y hasta donde yo sé, es la única forma de ganar un sueldo.

JOHN
Puro cuento. No lo creas.

TINA
[la frustración la hace gritar]
¡Ya basta! ¡No lo soporto más!

JOHN
¿No te basta con mi conversación ingeniosa?

TINA
No.

JOHN
Me parecía que no. ¿Y si le agrego un juego de repasadores?

[Tina sale, dando un portazo]

JOHN
[gritando frente a la puerta]
¿Y si te traigo una tortuga? Son lindas mascotas...
[Nada]
Le puedo enseñar a ponerse patas arriba...
[Haciendo un último intento]
Hagamos un trato. ¡Dejaré que le elijas nombre!
[Tina no regresa]

MOVIMIENTOS posibles desde el punto de vista de Tina
Recordando que el OBJETIVO DE LA ESCENA de Tina es "lograr que cambies para que podamos seguir juntos", sugiero los siguientes MOVIMIENTOS:

LA CONFRONTACIÓN

[Interior; apartamento de un ambiente; noche. John está sentado en el sofá. Se lo ve solo, desesperado, y achispado. Se oye el ruido de una llave en la cerradura. Tina, su esposa, abre la puerta y entra]
trayendo una bolsa de provisiones

TINA
¿No deberías estar trabajando?
guardando las provisiones en las alacenas

JOHN
Me despidieron.

TINA
[desconfiada]
No entiendo. Cuando despiden a alguien, lo normal es que le den preaviso.

JOHN
Supongo que mi jefe no leyó el manual de despidos. Recuérdame que le regale uno.

TINA
Fue tu culpa, ¿cierto?
"por accidente", deja caer un frasco, para hacerle notar su frustración

JOHN
¿Por qué lo dices?

TINA
Bueno, quizás porque perdiste seis empleos en tres meses.
recoge los trozos de vidrio, limpia el piso, y arroja todo a la basura. (esto llevará tiempo)

JOHN
No pienses tan mal de mí... no es fácil hacerse odiar por tanta gente en tan poco tiempo.

TINA
[harta]
¿Siempre por lo mismo?

JOHN
Síp.

TINA
Por beber en horas de trabajo. ¿Cuándo vas a aceptar que tienes un problema con la bebida?

JOHN
[destilando sarcasmo]
Mi único problema es que se nos acabó el whisky. Querida, ¿irías a comprarme una botella?

TINA
Claro, ahora mismo voy. Oh, no. Sabes, acabo de recordar que no tengo dinero, porque un cierto señor que conozco no logra conservar ningún empleo. Y hasta donde yo sé, es la única forma de ganar un sueldo.

JOHN
Puro cuento. No lo creas.

TINA
[la frustración la hace gritar]
¡Ya basta! ¡No lo soporto más!
toma un bolso de mano, lo llena con ropas y efectos personales, abriendo y cerrando cajones apresuradamente y arrancando la ropa de las perchas.
(Esto le hará darse cuenta de que Tina no está jugando)

JOHN
¿No te basta con mi conversación ingeniosa?

TINA
No.

JOHN
Me parecía que no. ¿Y si le agrego un juego de repasadores?

[Tina sale, dando un portazo]

JOHN
[gritando frente a la puerta]
¿Y si te traigo una tortuga? Son lindas mascotas...
[Nada]
Le puedo enseñar a ponerse patas arriba...
[Haciendo un último intento]
Hagamos un trato. ¡Dejaré que le elijas nombre!
[Tina no regresa]

MOVIMIENTOS posibles desde el punto de vista de John
Al momento de hacer tus elecciones, considera que el OBJETIVO DE LA ESCENA de John es "que me ames a pesar de mis problemas".

LA CONFRONTACIÓN

[Interior; apartamento de un ambiente; noche. John está sentado en el sofá. Se lo ve solo, desesperado, y achispado. Se oye el ruido de una llave en la cerradura. Tina, su esposa, abre la puerta y entra]
antes de que Tina entre, John tira botellas de licor sin marbete, y tal vez un cartón de vino

TINA
¿No deberías estar trabajando?

JOHN
Me despidieron.
toma un banano y comienza a pelarla despreocupadamente, tratando de ocultar lo que en verdad ha estado haciendo

TINA
[desconfiada]
No entiendo. Cuando despiden a alguien, lo normal es que le den preaviso.

JOHN
Supongo que mi jefe no leyó el manual de despidos. Recuérdame que le regale uno.
come el banano

TINA
Fue tu culpa, ¿cierto?

JOHN
¿Por qué lo dices?

TINA
Bueno, quizás porque perdiste seis empleos en tres meses.

JOHN
No pienses tan mal de mí... no es fácil hacerse odiar por tanta gente en tan poco tiempo.
toma el periódico y arranca la sección 'clasificados'

TINA
[harta]
¿Siempre por lo mismo?

JOHN
Síp.

TINA
Por beber en horas de trabajo. ¿Cuándo vas a aceptar que tienes un problema con la bebida?
toma un lapicero y marca posibles ofertas de trabajo

JOHN
[destilando sarcasmo]
Mi único problema es que se nos acabó el whisky. Querida, ¿irías a comprarme una botella?

TINA
Claro, ahora mismo voy. Oh, no. Sabes, acabo de recordar que no tengo dinero, porque un cierto señor que conozco no logra conservar ningún empleo. Y hasta donde yo sé, es la única forma de ganar un sueldo.

JOHN
Puro cuento. No lo creas.

TINA
[la frustración la hace gritar]
¡Ya basta! ¡No lo soporto más!

JOHN
¿No te basta con mi conversación ingeniosa?

TINA
No.

JOHN
Me parecía que no. ¿Y si le agrego un juego de repasadores?

[Tina sale, dando un portazo]
arroja el lapicero contra la puerta, la abre, y la llama

JOHN
[gritando]
¿Y si te traigo una tortuga? Son lindas mascotas...
[Nada]
Le puedo enseñar a ponerse patas arriba...

[Haciendo un último intento]
Hagamos un trato. ¡Dejaré que le elijas nombre!
igual que Tina, cierra la puerta con violencia

[Tina no regresa]

Los MOVIMIENTOS de John transmiten:

- LUGAR y mala situación económica, a través del monoambiente, el hecho de que bebe licor sin marca, y/o vino envasado en cartón.
- Su alcoholismo, que incluye la necesidad típica de ocultar el problema.
- Sus mecanismos de defensa recurriendo al humor.
- Problemas de larga data en la relación con su pareja.
- Problemas de larga data en relación al trabajo.

Los MOVIMIENTOS de Tina transmiten:

- La mala situación económica de la pareja, pues no ha traído provisiones de marca.
- Su preocupación.
- Sus frustaciones de larga data, evidenciadas en la rotura de objetos y en la violencia con que recoge sus pertenencias al marcharse.
- Sus mecanismos de defensa recurriendo al humor, lo cual constituye un vínculo entre ambos a través de un mismo modus operandi.
- El hecho de sentirse, hasta cierto punto, protagonista.

No hay que perder de vista que, aunque la escena anterior dura, como máximo, unos tres minutos, se puede hacer y transmitir mucho en poco tiempo implementando los MOVIMIENTOS apropiados. De este modo se intensifica el círculo de la escena, al tiempo que se fortalece el recorrido del personaje (y del actor) iniciado por el OBJETIVO DE LA ESCENA. Por otra parte, la importancia de los MOVIMIENTOS radica en la imposibilidad de generar conductas quedándose parado y recitando el parlamento.

CAPÍTULO 10
DÉCIMA HERRAMIENTA
EL MONÓLOGO INTERIOR

El diálogo que se desarrolla en tu mente sin que lo verbalices

Mientras que los OBJETOS INTERIORES comprenden imágenes mentales conectadas a las palabras del libreto, el MONÓLOGO INTERIOR se compone de *discurso*, de palabras y oraciones que se forman en la mente. Si bien se trata de herramientas diferenciadas, se encuentran estrechamente vinculadas entre sí, en tanto su operación conjunta crea una historia interior cronológica y exhaustiva. Por ejemplo, en la película *The Wizard of Oz*, Dorothy dice con frecuencia que desea volver a casa. El OBJETO INTERIOR se manifiesta en la visualización de la casa a la que la actriz quisiera regresar, y el MONÓLOGO INTERIOR es lo que dice para sus adentros acerca del deseo y del regreso. Entonces, la actriz que desempeña el papel de Dorothy imagina visualmente la casa que se ha planteado, al tiempo que su MONÓLOGO INTERIOR discurre así: "Nunca voy a llegar casa con ayuda de perdedores como ustedes. Tú, Espantapájaros, ni siquiera tienes cerebro, y tú, León Cobarde, bueno... creo que tu nombre lo dice todo. Y tu amigo, el Hombre de Lata, es la cáscara de un hombre, sin corazón. No me podría ir peor". Estos son sus verdaderos pensamientos, aunque según el diálogo que figura en el libreto dice que las extrañas criaturas son sus amigos. No basta trabajar con OBJETOS INTERNOS: hay que combinarlos con lenguaje, de modo que los procesos mentales del personaje funcionen igual que el de las personas reales.

El libreto provee al actor con las palabras que debe exteriorizar, pero es el actor mismo quien crea su monólogo interior. En términos generales, un MONÓLOGO INTERIOR presenta rasgos paranoides, puesto que se compone de todo aquello que no decimos para no ser tildado de vulgar, mezquino, inseguro, errado, loco, estúpido, o prejuicioso.

El MONÓLOGO INTERIOR incluye:

- Pensamientos e ideas sobre lo que se dirá a continuación.
- Pensamientos retroactivos sobre lo que se ha dicho o hecho, y ahora parece fútil, inadecuado, atrevido, demasiado cauteloso, estúpido, amenazante, débil, a juicio del sujeto mismo.
- Interpretaciones acerca de las palabras y actos de los otros: ¿esconden algo? ¿les gusto? ¿me odian? ¿están tratando de librarse de mí? ¿creen que soy estúpido/a? ¿feo/a? y todo aquello que te hace cuestionarte los sentimientos y percepciones ajenos respecto de ti.
- Recuerdos de tu historia pasada en relación al otro, o alguna historia pasada de características similares.
- Interpretaciones paranoides de lo que el otro trata de decir, en el mismo momento en que el otro habla.
- Cualquier cosa que desaprobarías si la dijeras en voz alta. El diálogo mental goza de la libertad de ser políticamente incorrecto, inadecuado, malévolo, prepotente, soez, crítico, e ignorante, ya que, al fin y al cabo, sólo el pensante conoce su contenido.

El uso del pronombre "tú" permite la interacción a partir del MONÓLOGO INTERIOR

El MONÓLOGO INTERIOR siempre se establece en relación a la otra persona: no estás hablando contigo mismo, sino estableciendo una comunicación muda con alguien, dando lugar a la interacción fuera del discurso. Escribe tu MONÓLOGO INTERIOR de modo que se cumplan ambas condiciones. A tal efecto, utiliza el pronombre "tú" al dirigir tus pensamientos al otro personaje. Por ejemplo, *no* pienses:

- "¿Por qué me mira *ella* así? Debe creer que estoy loca..."

El uso de *ella* induce a la introspección, lanzando al actor a actuar en el vacío.

Debes pensar:

- "¿Por qué me miras *tú* así? Debes creer que estoy loca..."*

---

* Esto es totalmente válido para idiomas que, como el inglés, requieren el uso obligatorio de un sujeto explícito. En español tendemos a elidir el sujeto, porque nos lo marca la forma del verbo. [N. de la T.]

El MONÓLOGO INTERIOR interactivo también ayuda a crear conductas. Piensa en los movimientos y gestos que harías instintivamente si pensaras: "No estoy muy bien preparada para este trabajo. En realidad, *usted* cometería un error si me empleara", mientras lo que dices en voz alta es: "Tengo la certeza de ser la mejor para este trabajo, y su empresa se beneficiará si me da el empleo".

Del mismo modo en que utilizamos la palabra hablada para generar una reacción en los actores que te acompañan, el MONÓLOGO INTERIOR produce idéntico resultado.

El MONÓLOGO INTERIOR te ayuda a relacionarte con los demás aunque permanezcas en silencio. El público también se beneficia con esta herramienta, pues el contraste entre lo que piensas y lo que dices lo compromete a conectarse y reaccionar, en tanto es raro que alguien diga *verdaderamente* lo que piensa, pues a menudo nuestros pensamientos obstaculizan el logro de las metas que nos hemos propuesto. Ocultamos lo que quisiéramos decir en pro de la respuesta que anhelamos. Si deseas hacer el amor con alguien, no te irá muy bien si lo expresas crudamente. En cambio, le dices a la otra persona que la encuentras atractiva, sales a comer con ella, te muestras comprensivo y encantador, finges prestar atención a su parloteo, y pasas mucho tiempo hablando de cosas que no te interesan en lo más mínimo. Cuando en la película As Good As It Gets Melvin Udall (Jack Nicholson) visita a Carol Connelly (Helen Hunt) en el restaurante donde trabaja como camarera, hablan del asma del hijo de Carol. Mientras ella se explaya sobre el grave estado de salud del niño, queda muy claro que Jack, en el papel de Melvin, se ha embarcado en un MONÓLOGO INTERIOR totalmente alejado del tema. Cuando observamos la forma en que Jack la escucha, su conducta nos señala que se halla absorto en algo sumamente atrevido. Por supuesto, Melvin no puede abordar nada que roce siquiera el terreno amoroso —ello mostraría arrogancia y falta de sensibilidad— pero puede *pensarlo*, y en verdad lo hace. Dicho MONÓLOGO INTERIOR no sólo establece el hecho de que Melvin es un ser humano con ciertas debilidades, sino que genera cierta química entre ambos personajes.

También quizás hayas pasado por otro caso bastante común de MONÓLOGO INTERIOR: cuando le preguntas a alguien si te ves más gorda. Tu MONÓLOGO INTERIOR intenta que tu interlocutor afirme exactamente lo contrario, mientras piensas: "Por favor, dí que esto más delgada... He invertido tanto tiempo y dinero en alimentos congelados, pre-cocidos, insuficientes, y con gusto a cartón..."

Debes escribir tu MONÓLOGO INTERIOR sin cambiar un ápice lo que estás pensando.

En otras palabras, si eres un estudiante de Rhodes, tus pensamientos son simples, toscos, primitivos, y básicos. A veces nuestro diálogo interior es tan simplista que suena a la incoherencia de un proceso mental infantil; por el contrario, cuando hablamos en voz alta, se producen intelectualizaciones y racionalizaciones. Lo que decimos y lo que pensamos difieren en grado sumo, y con frecuencia se contradicen entre sí. El MONÓLOGO INTERIOR consiste en el libreto adjunto a la omnipresencia de la película (OBJETOS INTERNOS) que no cesa de desarrollarse en nuestro fuero interno. Mediante esta herramienta, el actor puede captar la vida interior y las verdades de su personaje, lo cual lo enriquece con detalles que, de otro modo, pasarían desapercibidos.

El MONÓLOGO INTERIOR es aquello que no puedes verbalizar porque jugaría en contra del logro de tu OBJETIVO DE LA ESCENA.

Imagina una escena en la que tu personaje acude a un restaurante con una cita, una persona extremadamente atractiva, inteligente, y mundana: todo lo que tu personaje no es. Si permites que tu cita se dé cuenta de tu inseguridad y estupidez, lo más probable es que tu primer encuentro coincida con el último.

Diálogo modelo:

TU PERSONAJE
Este restaurante es fantástico. Hasta la música es genial.

TU CITA
Sí, es Mozart. Me resulta estimulante y relajante al mismo tiempo.
[Tararea algunos compases]
¿Cuál es tu compositor favorito?

TU PERSONAJE
Me muero de hambre. ¡Cuánto tarda el camarero!

Volvamos sobre la misma escena agregando tu MONÓLOGO INTERIOR, invadido por tu ignorancia, temores, y ansiedades. Escríbelo entre comillas, con lápiz, debajo de la porción del diálogo correspondiente según el libreto.

Recuerda que el OBJETIVO DE LA ESCENA, los OBSTÁCULOS, las SUSTITUCIONES, el MOMENTO ANTERIOR, el LUGAR y la CUARTA PARED se inscriben en el borde superior de la escena; que los OBJETOS INTERNOS van debajo de las palabras que los convocan; que los COMPASES y ACCIONES se anotan a la derecha de los corchetes; que las ACCIONES se escriben a la izquierda, y que el MONÓLOGO INTERIOR aparece entrecomillado, en la parte inferior, y cubre toda la página, exactamente en los lugares en que lo pensarías a lo largo del libreto.

Escena de la cita con modelo de MONÓLOGO INTERIOR

M.I.: "Tengo que hablar contigo. Estoy aquí, sentado como un idiota, y no quiero arruinar las cosas... Eres taan bonita... ¿Qué haces con alguien como yo? Basta, tonto; piensa en positivo dí algo inteligente..."

TU PERSONAJE
Este restaurante es fantástico. Hasta la música es genial.
M.I.: "Vaya, eso sí que fue brillante. Soy un idiota redomado. Si existieran cárceles para estúpidos, a mí me darían cadena perpetua..."

TU CITA
Sí, es Mozart. Me resulta estimulante y relajante al mismo tiempo.
M.I.: "¡Oh, no! Mis conocimientos sobre Mozart se reducen a que era alemán... ¿o austríaco? ¿suizo? ¿Por qué tienes que ser tan sexy y yo tan estúpido? Por amor a Dios, no me vayas a preguntar acerca de música clásica, por favor..."

[Tararea algunos compases]
¿Cuál es tu compositor favorito?
M.I.: "¡Pero qué estoy diciendo! No tengo idea de esto. Cambiemos de tema, rápido..."

TU PERSONAJE
Me muero de hambre. ¡Cuánto tarda el camarero!
M.I.: "Eso estuvo bien. Probablemente estés pensando que soy hábil y exitoso... bueno, un perdedor asqueroso, eso es lo que soy... Ay, Dios mío, me voy a quedar solo para siempre..."

Y sigue.

Como ves, el MONÓLOGO INTERIOR infunde puntos vulnerables de los seres humanos a tu representación, acercándolos más al público, que se conecta mejor con una persona insegura y aprensiva que con alguien intrépido y seguro de sí.

El MONÓLOGO INTERIOR hace que te esfuerces más por lograr tu OBJETIVO DE LA ESCENA.

Esto es así porque a menudo existe una brecha tan amplia entre lo que piensas y lo que dices que te ves obligado a hablar efusivamente para convencer a tu interlocutor de la verdad de tus palabras. Habrás visto, en reuniones sociales, a dos personas que se detestan mutuamente. Son esas dos que, al encontrarse, emiten grititos de placer ante la 'alegría' del encuentro: "¡Cuánto tiempo sin vernos! ¡Luces sensacional! Combinemos para almorzar juntas un día de estos". Lo que realmente piensan es: "El tiempo que pasemos sin vernos nunca será suficiente. Cada vez que te veo, me vienen a la mente todas las maldades que me has hecho. ¡Eres repulsiva! Si concretamos el almuerzo, sin duda voy a vomitarte en la cara". Palabra más, palabra menos, la ecuación se plantea en estos términos: Cuanto mayor regocijo se ponga en los saludos, mayor odio corre por dentro.

El MONÓLOGO INTERIOR señala tus verdaderos pensamientos; lo que no puedes decir sin consecuencias desagradables.

Imagina una escena en la que tu personaje (un periodista) es denigrado por su jefe, el director del periódico.
Este es el diálogo:

DIRECTOR
Tu artículo es un desastre. Hasta un niño de diez años lo habría hecho mejor.

TU PERSONAJE
Gracias, señor. Pondré empeño en mejorarlo.

DIRECTOR
Muy bien. Si necesitas ayuda, puedes pedírsela a Edna, mi asistente.

TU PERSONAJE
Edna es muy competente. Es una gran idea, de veras.

EDITOR
Ya, vete y ponte a trabajar.

Tu MONÓLOGO INTERIOR sería algo así:

DIRECTOR
Tu artículo es un desastre. Hasta un niño de diez años lo habría hecho mejor.
M.I.: "*¡Pedazo de burro! ¿Qué sabes tú de escribir? Pasas más tiempo con la botella que con las páginas...*"

TU PERSONAJE
Gracias, señor. Pondré empeño en mejorarlo.
M.I.: "*Sí, gracias... por las noches que pasé sin dormir. Gracias por hacer que me odie a mí mismo. Y gracias por hacer que me quiera matar...*"

DIRECTOR
Muy bien. Si necesitas ayuda, puedes pedírsela a Edna, mi asistente.
M.I.: "*La puta de Edna. Seguro, va a ser de gran ayuda...*"

TU PERSONAJE
Edna es muy competente. Es una gran idea, de veras.
M.I.: "*Vaya si es competente. Se le nota en los raspones que tiene en las rodillas a fuerza de tanto arrastrarse...*"

EDITOR
Ya, vete y ponte a trabajar.
M.I.:"Ojalá te mueras de una muerte lenta y dolorosa..."

Es evidente que si tu personaje dice lo que piensa, pierde su empleo.

Nuestro MONÓLOGO INTERIOR da color a las conversaciones banales y aburridas

Los pensamientos ordinarios, ilícitos, y fuera de lugar condimentan las conversaciones de este tipo. Cuando estás con alguien del sexo opuesto —o del sexo que te atrae— siempre se presenta la oportunidad de pensar en el otro en términos sexuales. Nuestra inclinación por este aspecto nos lleva a preguntarnos cómo será besar a esa persona, cómo es en la cama, etc. Inclusive si no hay química entre el otro actor y tú, puedes crearla. La sexualidad es un instinto primario con el que todos podemos conectarnos, dotando de excitación a una escena aburrida sostenida por un diálogo soso.

Cuando yo me dedicaba a la actuación, tenía un colega y amigo que hacía un papel secundario en *Archie Bunker's Place*, un derivado de *All in the Family*. Hablándole a la atractiva camarera que le tomaba el pedido, debía decir: "Tráigame un bistec, por favor". Mi amigo, que no tuvo en cuenta el proverbio "No existen los papeles insignificantes, pero sí los actores insignificantes", dijo su línea según el valor que le asignó, medido en cinco palabras. Carroll O'Connor, la estrella del programa, se le acercó y le susurró al oído:

—Oye, ¿crees que la actriz que hace de camarera es bonita?"
—¡Claro que sí! —respondió mi amigo.
—¿Te gustaría acostarte con ella? —preguntó O'Connor.
—¡Seguro! —dijo mi amigo, con la testosterona a punto de explotar.
—Entonces, cuando digas tu línea "Tráigame un bistec, por favor"...
—¿Sí?

Y O'Connor remató:

—*¡Piensa en lo que hablamos!*

El MONÓLOGO INTERIOR proporciona información que no figura en el diálogo, ayudándote a ganarte el derecho de avanzar hacia los próximos puntos del libreto, que no fueron explicitados todavía porque revelarían la trama prematuramente.

Una de las primeras escenas de la película *Your Friends and Neighbors*, de Neil LaBute, muestra una cena ofrecida por Mary y Barry, dos personajes que acaban de mudarse al campo porque se han hartado de vivir en la ciudad. En la escena, Mary alaba las ventajas de la vida campestre, diciendo cuán contenta está de haberse mudado, cuánto han mejorado su calidad de vida y su relación con Barry. Y lo dice a pesar de sentirse totalmente desdichada, aislada de sus amistades y de su antiguo trabajo. Además, ha descubierto que pasar más tiempo con Barry —uno de los principales motivos de la mudanza— es *demasiado tiempo*.

A la larga, su descontento la lleva a tener una aventura con el apuesto Cary (Jason Patric). Buscando inspiración para el MONÓLOGO INTERIOR del personaje de Mary en esta escena, le dije a Amy Brenneman (Mary), que su atracción por Cary y su deseo de estar con él debía comenzar mucho antes de la concreción, para brindarle soporte en el momento en que el romance cristalizara. Decidimos que la magnífica decisión que había tomado trasladándose al campo fuera acompañada de un MONÓLOGO INTERIOR de este estilo: "Odio estar aquí. No, 'odio' es poco. Detesto estar aquí. Barry se ha vuelto tan aburrido como el campo mismo". En esta instancia de sus pensamientos, Mary (Amy) interrumpe el flujo, mira a Cary (Jason), y piensa: "Tú sí que eres atractivo. Cómo me gustaría... (puedes completar la idea con lo que Amy consideraba lujurioso y pornográfico)". Si bien el diálogo de Mary no se relacionaba en modo alguno con la posibilidad de una aventura con Cary, su MONÓLOGO INTERIOR expresaba claramente sus intenciones, que eran captadas por Cary y por los espectadores. El uso del MONÓLOGO INTERIOR en el juego de esta escena cumplió dos propósitos: primero, Mary (Amy) le comunica a Cary, de modo inconsciente y subliminal, que lo desea, lo cual lo autoriza, también inconscientemente, a cortejarla, cosa que no habría hecho bajo otras circunstancias porque Mary está casada y, por lo tanto, resulta inasequible. Por lo general, nadie intenta avances amorosos sin que medie cierta seguridad de que no será rechazado. Segundo, al establecer el inicio de una atracción entre ambos personajes, el MONÓLOGO INTERIOR presagia hechos futuros, despertando las expectativas del público. Este ejemplo demuestra que:

El MONÓLOGO INTERIOR te ofrece algo que decir en ausencia del diálogo.

En el teatro, pero más especialmente en el cine, hay escenas sin diálogo, y otras en las que el otro personaje recita un largo monólogo mientras tú escuchas. El MONÓLOGO INTERIOR te induce a una escucha activa, en lugar de dejarte parada como si fueras una caja de resonancia. Por ejemplo, en *Unfaithful*, Diane Lane se enfrentó al desafío de representar, en el tren de regreso a casa, los sentimientos de su personaje, Connie Summer, acerca de su primera infidelidad, un encuentro amoroso con Paul, su joven amante. En silencio, debía transmitir que la experiencia la había hecho sentir eufórica, culpable, enojada, triste, deseosa de repetirla, y sola. ¿Cómo hacerlo sin hablar? Con la ayuda de los OBJETOS INTERNOS y del MONÓLOGO INTERIOR, el público ve estos sentimientos contradictorios en el cuerpo y rostro de Diane. Nos pone en su piel, desde donde experimentamos lo que ocurrió, junto con las emociones y pensamientos consecuentes.

El MONÓLOGO INTERIOR da sentido y entidad a momentos del libreto que parecen insulsos o insignificantes.

Al analizar un libreto, no hay que descartar ninguna situación temporal ni partes del diálogo. Cuando la apuesta es alta, hasta un suspiro tiene importancia. No desechamos nada, pues cuando el actor minimiza, el público también lo hace.

En muchos libretos aparece un personaje que canta con un grupo de gente. ¿Qué importancia podría atribuírsele a este acto? Se trata de unas personas que entonan el "Cumpleaños feliz" o, con algunas copas de más, cantan canciones características de programas televisivos o películas reunidos alrededor del piano en una fiesta. Corresponde al actor encontrar un sentido personal y digno de atención tanto a la escena como a la letra de la canción. En una película de ABC llamada *Their Eyes Were Watching God*, cuya producción ejecutiva estuvo a cargo de Oprah Winfrey y Quincy Jones, hay una escena en la que todo un pueblo canta. La película narra la historia de Janie (Halle Berry), una joven de principios del siglo XIX, que ha pasado gran parte de su corta vida sometida, controlada, y criticada. Conoce a Joe Starks, quien le ofrece una vida nueva, una gran vida, plena de posibilidades de experimentar y descubrir. Joe la lleva a Eatonville, la primera ciudad de los Estados Unidos gobernada, en palabras de Joe, por "gente de color que se unió para construir su propia ciudad". Al llegar, encuentran que hace falta la determinación y experiencia de Joe para crear una verdadera ciudad. Joe se convierte en alcalde y Janie en la Primera Dama. El primer farol para iluminar la calle llega en un camión de Sears y Roeback. Con el fin de subrayar el buen augurio que ello significa, se organiza una ceremonia para el encendido de la lámpara, destacando que ahora Eatonville es "el primer municipio incorporado de color de toda Norteamérica", según lo expresa Joe en su discurso oficial. Cuando Amos pide que la esposa del Alcalde Starks (Janie) les dirija unas palabras, Joe se apresura a hacerlo callar, diciendo: "La esposa del Alcalde no sabe nada de discursos. No me casé con ella por su oratoria". Janie queda devastada. Joe le había prometido el mundo pero, en cambio, se comporta de la misma manera que los que la acompañaban en su vida anterior, pisoteando su ánimo y haciéndola sentirse estúpida, impotente, e insignificante. No se le permite hablar. Joe finaliza su arenga e insta al pueblo a cantar. En contraste con la expresión de Janie, los rostros de las otras personas exhiben gestos de esperanza. Joe había sido la esperanza de Janie, la promesa de un futuro diferente. Claramente, aquello era una mentira.

Mientras Halle y yo analizábamos la escena, no nos habría sido difícil infundirle la verdad de una mujer embargada por el dolor y la desilusión de una vida frustrada. Sin embargo, poner en evidencia solamente la realidad de la herida y la traición implicaba que el personaje, derrotado, había abandonado la lucha. No se gana nada con esta actitud; más bien produce desesperanza en el personaje, en el actor, y en el público. El actor jamás debe optar por rendirse y servir de víctima a los traumas de la existencia. Cuando dejas de intentar modificar la situación, por insostenible que sea, has llegado al término de tu viaje. Para lograr un ámbito positivo, en lugar de entregar a Halle a la derrota, comenzamos por incorporar cuestiones personales de su vida que requerían de esperanza y de cambios, y que al momento de la filmación parecían destinadas al fracaso. Luego compusimos un MONÓLOGO INTERIOR que creara expectativas positivas. Con los ojos cerrados, cantó:

"Mi pequeña lucecita, la voy a hacer brillar.
Mi pequeña lucecita, la voy a hacer brillar
Mi pequeña lucecita, la voy a hacer brillar, la voy a hacer brillar, la voy a hacer brillar..."

Y, al mismo tiempo, agregamos la noción de esperanza en un MONÓLOGO INTERIOR de este estilo:

> **M.I.:** *Lo odio; me mintió como todos los otros, pero no me voy a resignar a odiarme a mí misma. ¡No voy a ser una víctima! Se acabó. Voy a encontrar la manera, tiene que haber una manera, hay esperanza para mí, hay luz para mí. No me rindo. No puedo: si me rindo, me muero. Esta luz es mía. Nunca más voy a dejar que me la quiten. Voy a hacer brillar mi esperanza y mis sueños. No me rindo. No sé cómo ni cuando van a cambiar las cosas pero voy a mostrar mi luz, y la voy a hacer brillar,¡ la voy a hacer brillar, la voy a hacer brillar!*

El monólogo interior permitió que Halle y su personaje tomaran fuerza para continuar librando las batallas que, inevitablemente, debía enfrentar por su doble condición de mujer y de mujer de color. En una escena escrita para describir la caída de Janie, el MONÓLOGO INTERIOR infundió sentido, esperanza, y posibilidad.

El MONÓLOGO INTERIOR se presta a traslucir aspectos desagradables y desfachatados del guión

Ello ocurre particularmente cuando se juegan escenas hiperrealistas tales como las peleas tremendas entre mujeres vistas en los culebrones. Es muy difícil representarlas porque, afortunadamente, en la vida real no es frecuente que las mujeres se vayan a las manos, arrancándose mutuamente los cabellos y tratando de sacarle los ojos a la contrincante, a menos que algún milagro las transporte a *The Jerry Springer Show*. Sin embargo, en la ficción escénica, especialmente en el horario diurno, sucede todo el tiempo. Sharon Case, la ganadora del Emmy que personifica a Sharon Newman en *The Young and the Restless*, ha tenido que convertirse en una profesional de estas peleas. Su personaje se trenzó con la suegra, la cuñada, y su ex mejor amiga, que adquirió el estatuto de ex a causa de una aventura con el esposo de Sharon en la ficción. El diálogo de estas escenas es subido, o tan subido como lo permite el horario en que se exhiben. Cuando Sharon acudió a mí para trabajarlas, le sugerí el uso del MONÓLOGO INTERIOR para justificar la necesidad (OBJETIVO DE LA ESCENA) de la pelea. Entre las dos creamos un MONÓLOGO INTERIOR desfachatado, atrevido, y descarado. Usamos improperios fuertes e información personal relativa a la SUSTITUCIÓN que eligió —el tipo de material que debilita al adversario más poderoso, por su contenido sugerente a la vez que vulgar y revelador. Este MONÓLOGO INTERIOR permitió a Sharon sentir la necesidad de embarcarse en la pelea violenta que, sin estos ingredientes, habría resultado artificial.

Quizás te preguntes qué pensó Sharon en su monólogo. Lamentablemente, no puedo decírtelo. Pero justamente aquí reside el propósito del MONÓLOGO INTERIOR. Debe ser privado, personal, y humillante, de modo de crear una impresión de secreto que intensifique la experiencia a los ojos del espectador, llevándolo a sentirse parte de pensamientos y emociones que van más allá de las palabras.

Al personalizar tu MONÓLOGO INTERIOR, asegúrate de que se condiga con tu OBJETIVO DE LA ESCENA, SUSTITUCIÓN, OBJETOS personalizados y OBJETOS INTERNOS.

A causa de la naturaleza intrínseca del MONÓLOGO INTERIOR y de mi propio trabajo, pues la ética de quien se dedica a formar actores observa las mismas reglas de confidencialidad que rigen la relación analista/paciente, no me es lícito discutir el MONÓLOGO INTERIOR de otras personas. El actor que acude a mí debe tener plena confianza en que jamás revelaré sus secretos, porque sólo así se sentirá cómodo al compartir conmigo información privada ignorada por su propia familia y/terapeuta. Utilizo esos secretos como fuente de inspiración, de dimensión, y de matices al servicio del trabajo del actor, donde los secretos resultan esenciales para la elaboración de una actuación dinámica. En tanto no puedo revelarlos, recurro aquí a una experiencia de mi propia vida, usando al canalla de mi ex pareja (en caso de que te preguntes si me refiero a *ti*, probablemente estés en lo cierto) para demostrar el proceso de personalización de un MONÓLOGO INTERIOR. En la obra *A Boy's Life*, hay una escena en la cual el personaje de Lisa encuentra, en su cama, los calzones de otra mujer, en el preciso momento en que se dispone a hacer el amor con Don, su novio. Don, por cierto, la ha estado engañando, y siente que debe ocultar su falta porque, a pesar de todo, ama a Lisa. Lisa también lo ama, pero si lo perdona sin más ni más, Don puede llegar a creer que el engaño no es gran cosa, de modo que, antes de aceptarlo nuevamente, Lisa decide ponerlo a prueba.

- **OBJETIVO PRINCIPAL:** "ser amada"
- **OBJETIVO DE LA ESCENA:** "hacer que hagas o digas algo para arreglar la situación de modo que podamos seguir juntos"
- **OBSTÁCULOS DEL GUIÓN:**
    1. Es probable que Don la engañe otra vez.
    2. La falta de remordimiento de Don.
    3. El encanto y sentido del humor de Don significan que está acostumbrado a que se le perdone su mala conducta.
    4. La historia de Lisa con 'los chicos malos'.
    5. Si Lisa se torna demasiado agresiva, podría perder a Don.

- **SUSTITUCIÓN:** Mi ex, un hombre que rápidamente me engañó, no con una, sino con varias bellezas núbiles, y con un homosexual de nombre Alan.
- **OBSTÁCULOS personalizados:**
    1. Mi ex parecía ser un adicto al sexo, lo que complicaba la posibilidad de que modificara su conducta.
    2. No sentía remordimientos cuando era descubierto, a menos que yo amenazara con dejarlo.
    3. No cesaba de pedir perdón, pero me era infiel constantemente.
    4. Mi capacidad de confiar, dadas las veces que me mintieron en el pasado.
    5. Mi historia con hombres deshonestos.
    6. Su historia de engañar a novias anteriores.
    7. ¿¡Y cuál era su verdadera elección sexual!?
- **MOMENTO ANTERIOR:** Dábamos una fiesta en casa, y lo encontré en el dormitorio con Connie, en el acto mismo de romper uno de los Mandamientos. Parada ahí, sin creer o que veían mis ojos, y preguntándome si mi presencia (o arrojarles agua fría) los detendría, él dijo: "¡Vete! ¿No te das cuenta de que estoy ocupado?" (Esto no es una invención; en realidad fueron sus palabras —sin duda un recuerdo que me acompañará por el resto de mi vida)
- **LUGAR/CUARTA PARED:** el dormitorio que compartíamos, y la imagen de su crimen.

Veremos a continuación un fragmento de *A Boy's Life*, en el que se han considerado mi **OBJETIVO PRINCIPAL, OBJETIVO DE LA ESCENA,** mi **SUSTITUCIÓN** para Don, mis **OBSTÁCULOS** personales, mi **MOMENTO ANTERIOR, LUGAR/CUARTA PARED,** y **OBJETOS INTERNOS,** los cuales se infieren de mi **MONÓLOGO INTERIOR.**

En la escena, Lisa levanta con cuidado la ropa interior, sintiéndose insultada, y confronta a Don, quien tiene la mirada fija en los calzones que lo sindican culpable.

A BOY'S LIFE

"¿De quién son estos calzones malolientes y vulgares? ¿De la puta de Jillanne? ¿De la escandalosa Connie? ¿O de Alan, que no entiendo que parte juega en esto? ¿Eh?

LISA
¿Eso es todo lo que tienes que decir?
"Me denigras todo el tiempo; me llamas estúpida. Bueno, ¿quién ha quedado como un idiota ahora, imbécil?

DON
¿Qué más quieres que diga?
"Te crees el gran escritor, pero no tienes nada que decir... todas esas palabras grandilocuentes que usas —incorrectamente, por otra parte— no se te ocurren ahora..."

LISA
¿Qué tal una disculpa?
"¡Cabeza de chorlito! ¿Alguna vez se te ha ocurrido pedir perdón sinceramente? Quizás, señor escritor, no sabes el significado ni el origen de la palabra. Dios, soy una idiota por perdonarte siempre..."

Ahora, analizando la escena desde el punto de vista de ambos personajes, vuelve sobre la escena y prueba con tu propio MONÓLOGO INTERIOR, con base en las herramientas anteriores. Fíjate qué conductas emergen. Mira cómo el MONÓLOGO INTERIOR proporciona una nueva dimensión a la conducta, permitiendo que hables y pienses al mismo tiempo, o sea, lo que hacen las personas en la realidad.

MONÓLOGO INTERIOR: APLICACIÓN PRÁCTICA

Vamos a trabajar una escena de *Macbeth*, de William Shakespeare, Acto II, Escena II, a fin de explorar la aplicación práctica del MONÓLOGO INTERIOR. Antes del comienzo de esta escena, la desmedida ambición de Lady Macbeth la indujo a manipular a Macbeth, su pusilánime esposo, convenciéndolo de asesinar al rey para reinar en su lugar y, lo que más importa, para ostentar ella el título de reina.

En el fondo, la escena se reduce a una pelea entre marido y mujer.

MACBETH
(Acto II, Escena II)

MACBETH
[mirándose las manos]
¡Qué triste espectáculo!

LADY MACBETH
¡Qué tontería decirlo!

MACBETH
Uno rió entre sueños, y otro gritó "¡Asesino!" Así se despertaron el uno al otro. Me detuve a escucharlos, pero dijeron sus plegarias y volvieron a dormirse.

LADY MACBETH
Hay dos en la misma habitación.

MACBETH
Uno exclamó "¡Que Dios nos bendiga!", y el otro respondió
"Amén",
Como si hubieran visto mis manos de verdugo.
Atento a su miedo, no pude responder "Amén"
Cuando dijeron "¡Que Dios nos bendiga!"

LADY MACBETH
No le des tanta importancia.

MACBETH
Y sin embargo, ¿por qué no pude pronunciar el "Amén?
Era yo quien más necesitaba las bendiciones, y el "Amén"
No salió de mi garganta.

LADY MACBETH
No hay que pensar así en esas cosas, o nos volveremos locos.

MACBETH
Creí oír una voz que gritaba "¡No durmáis ya!
Macbeth es el asesino del sueño" —el inocente sueño,
El sueño que teje la madeja del cuidado,
La muerte de la vida cada día, el remanso de las labores duras,
Bálsamo del pensamiento herido, segundo plato de la gran naturaleza,
Primer alimento en el festín de la vida...

LADY MACBETH
¿A qué te refieres?

MACBETH
Y la voz siguió gritando, de una punta a otra del castillo, "¡No durmáis ya!"
"Glamis ha asesinado al sueño, por tanto, Cawdor no volverá a dormir:
Macbeth no volverá a dormir".

LADY MACBETH
¿Quién así gritaba? Vamos, digno señor;
despliegas tu noble fuerza para caer
en pensamientos enfermizos. Busca un poco de agua,
y lava el sangriento testimonio de tus manos.
¿Por qué trajiste acá las dagas?
Allá deben quedar; llévatelas, y mancha con su sangre a los dormidos.

MACBETH
No volveré allí.
Tanto me aterra pensar en lo que hice
Que no me atrevo a posar mis ojos en mi crimen otra vez.

LADY MACBETH
¡Ay, voluntad débil!
Dame las dagas; sólo los ojos de los niños
Temen al retrato del diablo. Si todavía sangra,
Las limpiaré en los rostros de los centinelas,
Pues debe parecer
Que ellos le han matado.
[sale]

Las opciones que ofrezco a continuación para construir el MONÓLOGO INTERIOR son sólo sugerencias basadas en el libreto. Cuando creas un MONÓLOGO INTERIOR, debes personalizarlo, incorporando la información y las elecciones que has hecho mediante las otras herramientas. Al leer mi MONÓLOGO INTERIOR sobre *Macbeth*, trata de imaginar lo que escribirías en el tuyo.

Recuerda que el MONÓLOGO INTERIOR debe escribirse a mano y entre comillas entre parlamentos, ubicando los pensamientos exactamente donde vendrían a tu mente en el momento en que hablas o escuchas. El MONÓLOGO INTERIOR siempre comienza antes que el diálogo.

MONÓLOGO INTERIOR desde el punto de vista de Macbeth
- OBJETIVO DE LA ESCENA de Macbeth: "lograr que me absuelvas de mi culpa"

MACBETH
(Acto II, Escena II)
"¿Valió la pena? Tengo las manos llenas de sangre. He matado a un ser humano, y ya nunca volveré a ser el mismo... soy un malvado despreciable; me espera el Infierno..."

MACBETH
[mirándose las manos]
¡Qué triste espectáculo!
"... Había sangre por todas partes. Yo no quería hacerlo, y tú me obligaste... ¿Por qué te habré escuchado?

LADY MACBETH
¡Qué tontería decirlo!
"¿Cómo puedes decir semejante cosa? ¡Fue horroroso! Pero, claro, tú puedes decir lo que te venga porque no estuviste presente. ¿Qué voy a hacer ahora? Creo que alguien me ha visto. Creo haber oído voces, o tal vez me esté volviendo loco..."

MACBETH
Uno rió entre sueños, y otro gritó "¡Asesino!" Así se despertaron el uno al otro. Me detuve a escucharlos, pero dijeron sus plegarias y volvieron a dormirse.
"... ¿Te das cuenta de lo terrible que fue? Tú piensas que siempre tienes razón. Quizás esta vez te equivocaste..."

LADY MACBETH
Hay dos en la misma habitación.
"... Oye, tú, ¿no me has oído? Dije que es posible que me hayan descubierto. Pero no, tú nunca me escuchas. No te importa. No me amas. Crees que soy débil y estúpido, pero, repito, tal vez hubo un testigo. ¡Un momento! Tal vez querías que me atraparan, maldita conspiradora..."

MACBETH
Uno exclamó "¡Que Dios nos bendiga!", y el otro respondió "Amén",
Como si hubieran visto mis manos de verdugo.
Atento a su miedo, no pude responder "Amén"
Cuando dijeron "¡Que Dios nos bendiga!"
"... Me siento tan culpable, y tú te quedas parada ahí, con tu aire de superioridad. ¿Qué te pasa, mujer? ¿Quién eres? ¿Por qué me habré casado contigo?..."

LADY MACBETH
No le des tanta importancia.
"Qué fácil. Si eres tan lista, responde a esto..."

MACBETH
Y sin embargo, ¿por qué no pude pronunciar el "Amén?
Era yo quien más necesitaba las bendiciones, y el "Amén"
No salió de mi garganta.
"¿Por qué no pude, eh? ¿Vas a darme otra de tus respuestas despiadadas? ¿Cuándo te volviste tan fría, eh?

LADY MACBETH
No hay que pensar así en esas cosas, o nos volveremos locos.
"Y dale. Criticándome otra vez. Yo me estoy volviendo loco, pero a ti no te importa. Escucha, fiera, ¡DE VERDAD CREO QUE ESTOY PERDIENDO LA RAZÓN!

MACBETH
Creí oír una voz que gritaba "¡No durmáis ya!
Macbeth es el asesino del sueño" —el inocente sueño,
El sueño que teje la madeja del cuidado,
La muerte de la vida cada día, el remanso de las labores duras,
Bálsamo del pensamiento herido, segundo plato de la gran naturaleza,
Primer alimento en el festín de la vida...
"... Palabras locas de una mente loca: la mía. ¿Necesitas más pruebas de que me estoy volviendo loco?..."

LADY MACBETH
¿A qué te refieres?
"....¿A qué te refieres con '¿a qué me refiero'? ¡¡¡Creo haberte dicho claramente que ESTOY PERDIENDO LA RAZÓN!! Nunca me escuchas, ¿verdad? Nunca se te ocurre que tengo algo importante que decir. Muy bien. Problemas de nuevo. ¡Pero esta vez, escúchame! ¡¡¡Te lo diré muy clarito!!!

MACBETH
Y la voz siguió gritando, de una punta a otra del castillo, "¡No durmáis ya!"
"Glamis ha asesinado al sueño, por tanto, Cawdor no volverá a dormir:
Macbeth no volverá a dormir".
"... ¿Comprendes ahora? Hasta un retardado lo entendería, pero tú no quieres entender. Siempre se trata de ti... tú, tú, tú, tú. Eres tan egocéntrica..."

LADY MACBETH
¿Quién así gritaba? Vamos, digno señor;
despliegas tu noble fuerza para caer
en pensamientos enfermizos.
"... Otra vez criticándome. No puedes respirar sin hacerme sentir un estúpido.
Busca un poco de agua,
y lava el sangriento testimonio de tus manos.

¿Por qué trajiste acá las dagas?
Allá deben quedar; llévatelas, y mancha con su sangre a los dormidos.

"No, maldita seas; no pienso hacer una sola cosa más. Arriesgué la vida por ti, ¿y así me pagas? Yo pensaba que matar al rey era una locura, pero si crees que voy a hacer más, estás más loca que yo... Oh Dios, de sólo pensar en toda esa sangre siento que voy a vomitar..."

MACBETH
No volveré allí.
Tanto me aterra pensar en lo que hice
Que no me atrevo a posar mis ojos en mi crimen otra vez.
"Crees tener poder sobre mí, pero no voy a hacerlo. ¡Ni que arda en el Infierno!"

LADY MACBETH
¡Ay, voluntad débil!
"¡Vamos, vuelve a llamarme tonto!"
Dame las dagas; sólo los ojos de los niños
Temen al retrato del diablo. Si todavía sangra,
Las limpiaré en los rostros de los centinelas,
Pues debe parecer
Que ellos le han matado.

"Eso es, hazlo <u>tú</u>. Crees que todo lo haces mejor que yo. Bueno, ¡veamos cómo te las arreglas <u>tú</u> con toda esa SANGRE!

MONÓLOGO INTERIOR desde el punto de vista de Lady Macbeth.
- OBJETIVO DE LA ESCENA de Lady Macbeth: *"Hacer que me des el poder"*.

MACBETH
(Acto II, Escena II)
"... Finalmente, lo mataste. La última vez te acobardaste. ¿Y por qué? ¡Porque eres un PERDEDOR! No puedo creer que me casé contigo..."

MACBETH
[mirándose las manos]
¡Qué triste espectáculo!

"No, no es cierto. ¿No lo entiendes? Ahora serás rey. Y, lo que es más importante, yo seré reina..."

LADY MACBETH
¡Qué tontería decirlo!
"A ver si la terminas con tus ridiculeces paranoicas y haces planes para explotar nuestro nuevo poder..."

MACBETH
Uno rió entre sueños, y otro gritó "¡Asesino!" Así se despertaron el uno al otro. Me detuve a escucharlos, pero dijeron sus plegarias y volvieron a dormirse.
"¿Y? ¿En qué cambia eso las cosas? Ahora el rey eres tú. Puedes hacer lo que se te antoje..."

LADY MACBETH
Hay dos en la misma habitación.
"... Ya empezamos de nuevo. La respuesta es fácil, pero eres demasiado tonto para resolverlo... Oh, será grandioso convertirme en reina..."

MACBETH
Uno exclamó "¡Que Dios nos bendiga!", y el otro respondió "Amén",
Como si hubieran visto mis manos de verdugo.
Atento a su miedo, no pude responder "Amén"
Cuando dijeron "¡Que Dios nos bendiga!"
"... Ya deja de pensar en eso... Pensar nunca fue tu punto fuerte..."

LADY MACBETH
No le des tanta importancia.
"... Haz lo que yo: piensa en el dinero, en el poder... ¿No te das cuenta de lo maravilloso que será reinar sobre todo un país? Pero eres un pusilánime. ¿Qué fue lo que vi en ti?"

MACBETH
Y sin embargo, ¿por qué no pude pronunciar el "Amén?
Era yo quien más necesitaba las bendiciones, y el "Amén"
No salió de mi garganta.
"... La culpa es un dolor de huevos... Dios mío, te pareces a tu pobre madre..."

LADY MACBETH
No hay que pensar así en esas cosas, o nos volveremos locos.
"...¿Ves qué fácil es? Escúchame y te sentirás mejor"

MACBETH
Creí oír una voz que gritaba "¡No durmáis ya!
Macbeth es el asesino del sueño" —el inocente sueño
"Lloriquea, nomás. Dios, qué lamentable imitación de un hombre eres. No me sorprende que no te hayas portado como un hombre en la cama desde hace tiempo... Prefiero no acordarme de cuánto hace que no..."

El sueño que teje la madeja del cuidado,
La muerte de la vida cada día, el remanso de las labores duras,
Bálsamo del pensamiento herido, segundo plato de la gran naturaleza,
Primer alimento en el festín de la vida,...
"Bla, bla, ... Termínala, hombre..."

LADY MACBETH
¿A qué te refieres?
"... Lo hiciste tú. Tú lo mataste; no puedes volver atrás. Mejor sería que le sacaras provecho... Pero siempre ves el lado negro de las cosas... Eres deprimente..."

MACBETH
Y la voz siguió gritando, de una punta a otra del castillo, "¡No durmáis ya!"
"Ya empezamos de nuevo... prueba con una idea nueva, a la altura de las circunstancias..."

"Glamis ha asesinado al sueño, por tanto, Cawdor no volverá a dormir:
Macbeth no volverá a dormir".
"... Todo este despotricar delirante me aterroriza. No te estás volviendo loco; estarás bien, cálmate. Si no puedes dormir, te daré una de mis pastillas..."

LADY MACBETH
¿Quién así gritaba? Vamos, digno señor;
despliegas tu noble fuerza para caer
en pensamientos enfermizos.
"¿Es que me tengo que ocupar de todo?"

Busca un poco de agua,
y lava el sangriento testimonio de tus manos.
¿Por qué trajiste acá las dagas?
"¿Cómo se te ha ocurrido traerte las dagas con que lo mataste? ¿Cómo puedes ser —disculpa la expresión— tan 'mortalmente' estúpido...?"

Allá deben quedar; llévatelas, y mancha con su sangre a los dormidos.
"¿Por qué tengo que ser el cerebro en este matrimonio? Creía que era el hombre quien cuidaba de la mujer... Cuando te conocí, eras fuerte, guapo, y valiente. ¿Qué pasó después? Te has convertido en un maricón sin sesos... Qué bueno que seas rey, porque de lo contrario ya me estaría yendo..."

MACBETH
No volveré allí.
Tanto me aterra pensar en lo que hice
Que no me atrevo a posar mis ojos en mi crimen otra vez.
"¿Con que ahora me enfrentas? ¡Pues sí que me da un miedo...!"

LADY MACBETH
¡Ay, voluntad débil!
"...Bueno, eso no funcionó. Como siempre, si quiero que algo se haga bien, tengo que hacerlo yo misma... Dios, no vales nada..."

Dame las dagas; sólo los ojos de los niños
Temen al retrato del diablo. Si todavía sangra,
Las limpiaré en los rostros de los centinelas,
Pues debe parecer
Que ellos le han matado.
"¡Qué llorón eres! Sólo mancha la cara de los otros con un poco de la sangre del rey y voilà: ellos parecen culpables y nosotros quedamos fuera de toda sospecha. Sabes, bien podías haberlo hecho por ti mismo, pero eres un tonto del culo, te falta carácter..."

Como quedó demostrado en el MONÓLOGO INTERIOR precedente, la escena podría corresponder a cualquier matrimonio que lucha por el poder en la pareja después de mucho tiempo de casados. Inclusive contando con el lenguaje poético de Shakespeare, el MONÓLOGO INTERIOR nos brinda una realidad humana básica. No importa en qué ámbito o época histórica se desarrolle el libreto: en el fondo, las personas son seres humanos y nuestros sentimientos y pensamientos más íntimos y más verdaderos, como los que se dan dentro del matrimonio, se extienden a través de los tiempos. El MONÓLOGO INTERIOR hace que el diálogo de toda época signifique algo con lo que el actor puede conectarse, y lo mismo se aplica al público moderno.

No interrumpas tu MONÓLOGO INTERIOR hasta que hayas salido permanentemente de escena o el director indique el corte.

Que tengas que salir del escenario, o por una puerta, o que se hayan dicho las últimas líneas del diálogo correspondiente no significa que la escena terminó. EL MONÓLOGO INTERIOR es una herramienta esencial.

Aunque no hables, tus pensamientos no se interrumpen.

Los grandes actores siempre tienen un fuerte e ininterrumpido MONÓLOGO INTERIOR en el interior de la cabeza. Mira cualquier escena protagonizada por un actor legendario y fíjate cuánto tiempo la cámara se detiene en él/ella. ¿Por qué los técnicos de edición vuelven a ellos aún cuando no hablan y es otro actor el que declama un parlamento apasionado? Por lo general, se debe a que el actor/actriz que se mantiene en silencio utiliza su MONÓLOGO INTERIOR, exteriorizado en el rostro, en la mirada, en la postura, en las manos. A menudo, el actor que recurre al MONÓLOGO INTERIOR despliega mayor pasión que el que habla solamente. Así, pues, el MONÓLOGO interior es una de las herramientas más poderosas a disposición d e un actor.

CAPÍTULO 11

UNDÉCIMA HERRAMIENTA:

LAS CIRCUNSTANCIAS ANTERIORES

La historia del personaje, que determinó sus circunstancias presentes.

Nuestras circunstancias presentes derivan de la acumulación de hechos pasados, de nuestra reacción a esos hechos, y de las reacciones de los demás hacia nosotros. Esto también se aplica a los personajes de la ficción. Cuando representas a un treintañero, debes dotar al personaje de los detalles que ocuparon treinta años de su existencia. Todos los libretos incluyen CIRCUNSTANCIAS ANTERIORES con la descripción de la identidad, de las costumbres, y de lo que el personaje siente que debe hacer para asegurar su supervivencia física y emocional. Tienes que estar al tanto de quién es ahora, investigando la información provista en el libreto y formulando hipótesis con base en el diálogo y en las actividades pasadas y presentes del personaje; así sabrás el por qué de su naturaleza específica. El próximo paso consiste en reflexionar sobre el modo en que la historia determinó la conducta y la estructura psíquica actual. Finalmente, debes personalizar las conexiones entre la historia del personaje y la tuya.

Recapitulemos la fórmula para:

APLICAR LAS CIRCUNSTANCIAS ANTERIORES

1. Indagas en las CIRCUNSTANCIAS ANTERIORES del personaje leyendo sus líneas y fijándote qué dicen de él los otros personajes (delante de tu personaje o cuando está fuera de escena.
2. Reflexionas sobre el comportamiento físico de tu personaje, estudiando las actividades —pasadas y presentes— que ha elegido para asegurar su supervivencia.
3. Exploras las razones que subyacen a sus elecciones sociales y laborales. La respuesta se encuentra en las CIRCUNSTANCIAS ANTERIORES, sumadas a la

información escrita en el libreto y a tus hipótesis derivadas de dicha información.
4. Personalización: buscas las conexiones entre las CIRCUNSTANCIAS ANTERIORES del personaje y tu vida personal.

Veamos cómo aplicar lo dicho anteriormente a un asesino. Primero, lees las partes del diálogo que corresponden al personaje y también lo que los otros dicen de él, a modo de comprensión superficial de su conducta. Pones atención a la manera de hablar, al tipo de lenguaje, al modo en que se relaciona con los demás, a los rasgos de comportamiento, y a la percepción que los demás tienen de él. Luego deduces por qué mata, cómo lo hace, y con qué criterio elige sus víctimas. Después estudias las suma de las CIRCUNSTANCIAS ANTERIORES y decides el tipo de carácter que resultaría de ellas. Por lo general, el asesino mata debido a su necesidad de dejar establecido que el poder es suyo: nada más contundente para demostrarlo que tomar una vida. A menudo, quien llega a tales extremos ha sido privado de su porción de poder mediante métodos violentos y atroces que incluyen el maltrato físico y psíquico; no es raro que la persona que lo despojó sea un miembro de su familia nuclear. El acto de matar da al asesino la convicción de que recupera el poder perdido. Inconscientemente, suele investir a sus víctimas con las características del victimario original: mientras comete el asesinato, siente que vence a quien le arrebató el poder, y así logra un efecto ilusorio de *sanación* sobre el pasado. Entonces, visto de esta manera, el asesinato sale de la órbita unidimensional de lo malvado y humaniza el acto.

Si tuvieras que representar a un asesino, debes conectar su deseo de poder absoluto con tu propia vida. Tal vez te preguntes con asombro qué puntos en común puede haber entre un asesino y tú, puesto que tu vida no se ha visto afectada por ningún trauma monstruoso, ni abrigas el deseo de establecer semejante grado de poder. Lo cierto es que, en algún momento de la vida, todos hemos pensado en matar a alguien. Para la gran mayoría, se trata de una fantasía fugaz que resuelve alguna relación intolerablemente dolorosa; sin embargo, el impulso de matar asoma. Debes decidir por ti mismo qué indujo la fantasía y en qué momento ocurrió, para estimular el discurso, los sentimientos, y las acciones del personaje. Esto te permite visualizar las CIRCUNSTANCIAS ANTERIORES y luego descubrir cómo se homologan con tus propias CIRCUNSTANCIAS ANTERIORES.

Con Tatum O'Neal trabajé un material poco claro en un ejercicio de aprendizaje. El libreto giraba alrededor de un personaje que arrolló a un hombre con total intencionalidad y sin remordimiento alguno. La asesina justifica su acción diciendo que el hombre la abandonó con deliberada crueldad. A pesar de su vida notoriamente pública y de su tumultuosa crianza e historia personal, más pública si cabe, Tatum negaba rotundamente ser potencialmente capaz de semejante barbaridad, ni siquiera en sus fantasías más siniestras. Aunque declaraba haber perdonado y olvidado los insultos y abusos sufridos, insistí, hasta que admitió que le quedaban muchos sentimientos de su vida pasada —el enojo, en particular— que no habían sido tramitados. La ayudé a evocar las situaciones y a experimentar la ira y la profundidad de las heridas. Mientras repasaba su historia, surgió la figura de un canalla en particular. Escuchándola, su voz y sus gestos indicaban que el episodio bien podía provocar sus instintos asesinos. Cuando describió los detalles horrorosos de aquella experiencia, llegó a comprender por qué su personaje experimentaba placer al lanzar su automóvil sobre el hombre. El enojo y el deseo instintivo de devolver el 'golpe' le producía la ilusión de que recuperaría su poder matando al hombre; que así lograría la catarsis. Sus sentimientos originales de amor y perdón dieron paso a la necesidad de una revancha violenta para alcanzar un cierre en el campo emocional. El recuerdo de los hechos que involucraban la crueldad de aquel canalla y su inclusión en las CIRCUNSTANCIAS ANTERIORES ayudó a que Tatum se conectara de manera realista y justificada con la necesidad concreta de matar que experimentaba el personaje.

Volvamos a *The Silence of the Lambs*, esta vez desde el punto de vista de la personalización de las CIRCUNSTANCIAS ANTERIORES del personaje de Clarisse Starling (Jodie Foster). El libreto nos dice que Clarisse es una agente del FBI criada en una 'retrógada' granja ovina. Su diálogo con el personaje de Hannibal Lecter nos informa que la familia tendía al maltrato psíquico y que nunca se ocuparon mucho de la niña. De la conducta de Clarisse y de las conversaciones que sostiene con Hannibal podemos inferir que ingresó al FBI en un intento de "silenciar los balidos dolientes de los corderos" que resonaban en su mente y en su corazón. También podemos asumir que, para Clarisse, salvar la vida de la hija del senador, que ha sido víctima de un secuestro, significa aliviar su propio dolor y desasosiego emocional. Para representar este papel, tendrías que encontrar correspondencias entre su historia y la tuya (CIRCUNSTANCIAS

ANTERIORES), para así apropiarte de las necesidades y problemas de Clarisse. Resulta bastante improbable que hayas sido agente del FBI, hija de un criador de ovejas, o escapado con un cordero balando en tus brazos. Sin embargo, seguramente sufres de algún 'dolor y desasosiego emocional' proveniente de otra fuente.

Por ejemplo:
- En consonancia con unirse al FBI, puedes haber elegido la profesión de actor en un intento de resolver tus conflictos con una madrastra malvada ('los balidos dolientes de los corderos').
- vas en pos del éxito para 'derrotar' a quien te intimidaba en la infancia, haciéndote sentir disminuida e insignificante. Ahora buscas que el mismo tipo de persona que te rodea en el presente se lleve su merecido.
- tienes/tuviste un novio violento cuyas actitudes y comentarios desmoralizadores y aterrorizadores hacen que te odies a ti misma, a la vez que te falta valor para alejarlo de tu vida.

La creación de analogías entre la historia escrita del personaje y la tuya te ayudarán a meterte en la piel del personaje.

¿Qué sucedería si tuvieras que personificar a alguien cuyas CIRCUNSTANCIAS ANTERIORES están determinadas por haber crecido en un orfanato, y tú no eres huérfana? Necesitarías encontrar, en tu historia, algo que replique los sentimientos de orfandad. Podrías recrear, por ejemplo, algún momento crítico de tu vida en el que te sentiste sola y abandonada, como un huérfano, porque tu padre o madre (o ambos) no te apoyó emocionalmente.

Estos comentarios demuestran que no es necesario pasar por la dura realidad del personaje que representas para infundirle realismo. Las tendencias homicidas y la orfandad son características singulares, mientras que las sensaciones de impotencia y abandono son compartidas, puesto que probablemente todos las hayamos experimentado en alguna época de la vida. Puedes recurrir a toda tu experiencia pasada y al cúmulo de sentimientos concomitantes para construir una historia personal que se corresponda con la de tu personaje. Si trabajas de este modo, lo representarás en cuerpo y alma.

Michael T. Weiss, estrella de la serie *The Pretender*, encarnaba el personaje de Larry en la película *Iowa*. Larry es un oficial de libertad condicional y un violador en un pueblito de Iowa. En la película, golpea a las mujeres, las viola, y les dice que disfrutaron la experiencia, y que "no vengan por más, porque estoy ocupado".

En efecto, una de las mujeres disfrutó tanto que, después de que Larry le rompió la nariz, varios dientes, y le propinó una soberana paliza, la víctima le ruega que no se detenga y que no la abandone. Para ganarse el amor de Larry, esta mujer llega al punto de planear el asesinato de su propio hijo para que el violador cobre el seguro de vida. Es lícito suponer que Larry no se considera un depredador, sino un rudo Romeo, pues de lo contrario debería admitir que lo que hace está mal. Nadie, ni siquiera el criminal más despiadado, está dispuesto a admitir sus fallas estructurales. Michael y yo dedujimos que Larry se había criado en un ambiente violento, que el padre golpeaba a la madre, y que, como modelo a imitar, le dejó en herencia su trato brutal de las mujeres que, viniendo del padre, se tornaba en una conducta aceptable. Otra posibilidad era que la infancia de Larry hubiera quedado marcado por castigos corporales infligidos por su madre (sin la presencia de un padre protector), y que su necesidad presente de lesionar a las mujeres durante el acto sexual encontrara su explicación en factores psicológicos.

Hablamos de CIRCUNSTANCIAS ANTERIORES de Michael que pudieran relacionarse con el personaje de Larry. Encontramos una antigua relación con una mujer que lo trataba sádicamente, a punto tal que Larry pensaba que merecía sufrir en carne propia algo de lo que ella infligía a su víctima. Utilizando este episodio para justificar las CIRCUNSTANCIAS ANTERIORES sobre las que se basaba la conducta del personaje, Michael comenzó a evocar ciertos incidentes en los que la mujer se mostró particularmente brutal. Al principio, Michael no estaba feliz con la idea de desempeñar un papel tan desagradable como el de Larry. Sin embargo, al pensar que se trataba de un hombre que juzga su violencia como un modo machista de hacer el amor antes que como un malvado que se complace en provocar dolor, el personaje se convirtió —y cito a Michael: "en un papel la mar de entretenido".

> *El uso de las CIRCUNSTANCIAS ANTERIORES proporciona abundantes razones venidas desde el pasado para forzarte a lograr tu OBJETIVO PRINCIPAL.*

Este es un modo de 'curar' el sufrimiento pasado, ofreciendo la oportunidad de que se produzca la catarsis. Nadie está libre de incidentes dolorosos (CIRCUNSTANCIAS ANTERIORES): la diferencia entre una persona cualquiera y un actor radica en cómo se tramitan estas experiencias. Dicho sencillamente, el camino de la vida se bifurca. A la izquierda se ubican quienes echan mano de viejos traumas y los utilizan para destruir. Este ramal está lleno de viandantes, porque es el que ofrece menos obstáculos. Por otro lado, se encuentran los pocos que deciden retomar sus viejos traumas y construir a partir de ellos, a lo largo de un sendero plagado de obstáculos peligrosos y criaturas dantescas. El trayecto se complica pero, a la larga, los resultados son mucho más satisfactorios. Las personalidades "constructivas", optan por la confrontación antes que por una elección que creen los mantendrá a resguardo. En lugar de aceptar los horrores de la vida y llenarse de autocompasión, utilizan el dolor y los conflictos para impulsar sus deseos de vencer. Estos son los verdaderos artistas y triunfadores.

El uso de tus CIRCUNSTANCIAS ANTERIORES dolorosas para fortificar tu necesidad de lograr tu OBJETIVO PRINCIPAL según lo indica el libreto te embarca en un viaje dinámico y catártico, al tiempo que despierta las expectativas del público, dado que si tú llegas a la meta a pesar de tus conflictos pasados, quizás ellos también lo logren.

El problema reside en que muchos de nosotros enterramos los sucesos penosos a causa del sufrimiento que nos causa el recordarlos; es parte de nuestro instinto de supervivencia. A nadie le gusta sentirse desdichado, y la negación actúa como un bálsamo. Muchos de nuestros recuerdos más espantosos permanecen ocultos en el inconsciente, pero son precisamente esos recuerdos los que impulsan la necesidad imperiosa de alcanzar nuestros objetivos. ¿Si han sido sepultados, cómo llegar a ellos? Yo diseñé una herramienta actoral que llamo "Diario emocional" y que parece poseer la capacidad de arrastrar los traumas al nivel consciente.

En clase, me encontraba comentando una escena de la película *The Banger Sisters*. Mi discípulo Ben desempeñaba el papel de Harry Plummer (representado por Geoffrey Rush en la película), un obsesivo que se había mantenido célibe durante los diez últimos años, acosado por los temores, y con tendencias suicidas. La primera pasada dejó a las claras que Ben no había trabajado sus CIRCUNSTANCIAS ANTERIORES. No se conectaba con la necesidad suicida del personaje, no había investigado las cuestiones relativas al padre del personaje, ni tampoco las razones que lo motivaban a temer a las mujeres y a la vida. Le pregunté a Ben si había experimentado algún episodio traumático con el que justificar la conducta de Harry. La respuesta fue negativa, y entonces lo envié a otra habitación a elaborar un Diario emocional

CÓMO ELABORAR UN DIARIO EMOCIONAL

1. Identifica tu OBJETIVO DE LA ESCENA.
2. Elige tu SUSTITUCIÓN.
3. Con un lapicero (porque se desliza con mayor facilidad que un lápiz) y papel rayado, inicia el Diario con tu OBJETIVO DE LA ESCENA. Mediante la frase que lo expresa, dirígete a tu SUSTITUCIÓN, y luego continúa tu OBJETIVO DE LA ESCENA con la palabra 'porque'. Ejemplo:
   OBJETIVO DE LA ESCENA: *"Conseguir que me ames"*
   SUSTITUCIÓN: tu padre.
   Comienza tu Diario emocional así: "Papá, necesito que me ames porque..."
4. Una vez que has empezado a escribir, no te detengas a pensar; deja que fluya. Escribe sin preocuparte de lo que dices, pues cuando te detienes a pensar acabas en el área consciente y cerebral de la mente. No le des importancia a la gramática, a la ortografía ni al lenguaje; así accederás al inconsciente, donde se ubican todos los traumas y los sentimientos. (El Diario emocional no es un listado, sino una divagación al estilo de un Diario).
5. No escribas menos de dos o tres páginas. La información más reveladora suele aparecer tardíamente, a medida que te vas adentrando en la escritura y ahondas en tu inconsciente. Mientras escribes, va a darte cuenta de que afloran hechos elocuentes que considerabas olvidados, y sentimientos y pensamientos prohibidos que no creías tener.
6. El final del diario debe contener una resolución relacionada con la muerte. "Si no logro mi OBJETIVO DE LA ESCENA, me suicido", o ".... mato a mi SUSTITUCIÓN", o "... me quedaré solo para siempre", o "... perderé a mi familia", o "... nunca cumpliré mis sueños", etc. Estos finales extremos avivan tu pasión por lograr tu OBJETIVO DE LA ESCENA porque se juega una vida (la tuya o la de alguien que amas).

Debes escribir cosas tan privadas, íntimas, y reveladoras que te causarían enorme mortificación si fueran vistas por otros ojos. La escritura del Diario tiene que hacer aflorar el llanto junto con la necesidad de destruir las páginas que delatan tus pensamientos autoincriminatorios. Si no es así, recomienza desde el principio. En algún momento sucederá.

La escritura irreflexiva es una de las formas que toma la escritura automática y que fortalece tu intención y tu pasión dirigidas al OBJETIVO DE LA ESCENA. Cada vez que abordes un Diario emocional surgirá algo diferente —los resultados nunca se repiten.

El Diario emocional que Ben escribió para representar a Harry Plummer comenzaba así: *"Necesito que tú* (nombre de su SUSTITUCIÓN) *me des una razón para vivir porque..."* Que el OBJETIVO DE LA ESCENA se relacionaba con un motivo para vivir implicaba el deseo de muerte. El Diario de Ben sacó a luz hechos que lo hacían sentir desesperado e insignificante, lo cual derivó en la idea de que la única solución era la muerte, a menos que alguien importante en su vida (la SUSTITUCIÓN) le diera esperanzas para seguir intentando. Cuando Ben regresó, luego de escribir su Diario emocional (por lo general toma entre cinco y diez minutos hacerlo, lo cual le da un valor particular para el trabajo fílmico), volvió a representar la escena. En esta ocasión, se podía palpar la desesperación de Harry e intuir su historia.

Trata de elaborar un Diario emocional comenzando con el OBJETIVO DE LA ESCENA expresado como *"conseguir que me ames* (incluye aquí tu SUSTITUCIÓN: madre, padre, pareja, hijo/s, hermano/a —cualquiera cuyo amor anheles) *porque..."*, y continúa hasta arribar a la decisión de morir, matar, o metáforas sustitutivas.

¿Qué esperas? Hazlo AHORA.

No sabías que albergabas esos sentimientos, ¿verdad? En mi experiencia, el Diario emocional funciona, y constituye una herramienta decisiva para que mis discípulos logren actuaciones profundas y meritorias en teatro, cine, y televisión. Sirve tanto para la comedia como para la tragedia y puede escribirse inmediatamente antes de la representación, realzando la necesidad y las emociones. Además, facilita la información personal que nutre eficazmente a las CIRCUNSTANCIAS ANTERIORES.

Nunca hagas caso omiso de quién eres cuando estás metiéndote en la piel del personaje

Los actores más celebrados por su talento son aquellos que jamás pierden de vista su identidad personal cuando representan un papel. Robert DeNiro, Jack Nicholson, Meryl Streep, Cate Blanchett y Al Pacino han representado un gran número de personajes, pero siempre es posible entrever vestigios de su propia personalidad a través de sus trabajos, y ello ocurre porque los han investido con sus propias CIRCUNSTANCIAS ANTERIORES. Saben positivamente que hoy somos quienes somos en función de nuestra historia. Por otra parte, tú sólo te tienes a ti mismo. No eres DeNiro ni ningún otro, lo cual es bueno, en tanto te convierte en un ser único y diferente y, en consecuencia, especial.

Cuando Jim Carrey acudió a mí por primera vez, se encontraba estancado. Había filmado tres películas que resultaron fracasos rotundos, y una serie titulada *The Duck Factory* que no corrió mejor suerte. Jim fue considerado responsable de los desastres, y se enfrentaba a grandes dificultades para que le permitieran audicionar. Se percató de que, si algo se rompe, hay que esforzarse mínimamente por repararlo, especialmente si se trata de tu medio de subsistencia. Con ese panorama, vino a tratar de modificar lo que en ese momento se le presentaba como un futuro sombrío.

Fiel a su estilo, llegaba a mi puerta con espíritu animoso, diciendo y haciendo cosas que nos hacían reír a carcajadas. Sin embargo, cuando comenzamos a trabajar sobre un libreto, se apagaba, al punto de resultar aburrido. Le pregunté por qué no ponía su comportamiento natural en el trabajo, y respondió que temía ser criticado por sobreactuar. A lo largo de los años, aprendí que éste es el mayor temor de muchos actores. Por eso reprimen sus impulsos naturales y evitan arriesgarse pero, como ya te habrás dado cuenta a esta altura, el gran actor es el que acepta el riesgo. Le dije lo mismo que digo a todos mis discípulos: "¿Qué es lo peor que puede pasar si sobreactúas? ¿Vas a ser arrestado por la policía de la sobreactuación y arrojado en la cárcel de los que sobreactúan? Pues no existe tal policía, de modo que no corres peligro alguno si aprietas el acelerador a fondo." Le aseguré que siempre que pusiera sinceridad en su trabajo, tuviera objetivos sólidos, y la determinación de alcanzarlos, no había lugar para la exageración; en realidad, tenía que arriesgarse a exagerar. Cuando los seres humanos nos enfrentamos a necesidades perentorias, supervivencia incluida, tendemos a hacer cosas raras. Piensa en las necedades que soltaste y en la forma absurda en que te comportaste durante aquella cita con alguien que te gustaba tanto, o en la entrevista laboral donde te mostraste demasiado atrevido, tal vez distorsionando la verdad en exceso. En su actuación, Jim tenía que comunicar el personaje del mismo modo en que se comportaba en su vida diaria. Le dije que no se contuviera, y le expliqué que, cuando la apuesta es alta, siempre mostramos una versión agrandada de nosotros, de modo que, para reflejar conductas realistas, tenía que ser él mismo.

Descubrimos que, apelando a su hija Jane como SUSTITUCIÓN para expresar su OBJETIVO DE LA ESCENA, se movilizaba su afán de triunfar. Su amor por ella lo conectaba con el trabajo y lo inspiraba a esforzarse por vencer los conflictos planteados en el libreto, puesto que lo hacía por y para ella. Relacionando su persona y su vida con su trabajo, la conducta alocada típica de Jim Carrey encajaba en un contexto y daba sentido a su modalidad actoral. Una vez resuelto esto, cada vez que Jim representaba una escena, yo lo acicateaba: "¡Puedes hacer más que eso!". Él preguntaba: "¿De veras?", y yo le respondía: "Sí; puedes hacerlo, porque como persona, eres *más*". Ya sabemos como terminó la historia.

> *El pasado construye el presente y el futuro, lo cual te convierte en un ser humano tridimensional.*

Las CIRCUNSTANCIAS ANTERIORES ponen fin a la simulación y ayudan al actor a *transformarse* en el personaje desde sus vivencias internas, aportando las razones que explican quién es realmente el personaje y qué motiva su conducta.

CAPÍTULO 12

DUODÉCIMA HERRAMIENTA

SOLTAR EL FRENO

¡Confía en el trabajo realizado con las once herramientas anteriores, y suelta el freno!

Una vez que has analizado el guión utilizando las once herramientas anteriores, habrás establecido una base sólida y detallada para vivir tu papel. Ahora debes reunir todo tu trabajo previo, confiar en que lo dominas, y seguir adelante. Tienes que concentrarte sólo en el OBJETIVO DE LA ESCENA, que es lo que te hará avanzar junto con la historia.

Para que surjan conductas espontáneas y originales, debes sentirte libre, sin tratar de retener el detalle de todas las ideas derivadas del análisis que hiciste del guión. No tienes que depender de tu cabeza, sino confiar en que toda la preparación anterior emergerá de manera natural, dado que cuando hayas aplicado las once herramientas a un libreto, habrás edificado una sólida estructura 'muscular' que va a activar y a responder a impulsos humanos verdaderos. El gatillo que dispara el total de las herramientas es SOLTAR EL FRENO. Y esto es vital, porque si no lo haces, intentarás repetir lo que hiciste durante los ensayos y tu actuación se quedará en el plano intelectual.

Para reproducir la vida real, tienes que sentir que cualquier cosa es posible.

No podrás SOLTAR EL FRENO con éxito a menos que confíes en que toda tu ejercitación anterior no se disolverá en el aire en ese mismo instante. Sí, comprendo que piensas que es difícil creer que si no te concentras permanentemente en tus elecciones todo va a desaparecer. Pero si las elecciones que has hecho están bien fundadas y tu apuesta es alta, no sólo no perderás nada, sino que, al soltar el freno, tus sentimientos y necesidades se *intensificarán*, pues no dependerán de tu cabeza, y tu racionalidad no interferirá en el flujo de tu hacer. Por el contrario, si tus elecciones carecen de la fuerza suficiente, ello se pondrá en evidencia rápidamente, porque este tipo de elección no surge espontáneamente al SOLTAR EL FRENO. Y esto no es malo, porque te señala qué debes reconsiderar y elaborar, lo cual se traduce en una nueva oportunidad de encontrar algo más eficaz. Inclusive durante la representación, puedes reemplazar tus elecciones por otras mejores en la próxima toma, o en la función teatral de la noche siguiente.

¿Cómo SOLTAR EL FRENO?
No pienses en el trabajo (exceptuando el OBJETIVO DE LA ESCENA). No trates de recordar tus elecciones. Ten confianza; permite que la información que aprehendiste durante tu análisis del libreto y los ensayos impregne tus sentimientos y necesidades y los induzca a revelarse. Esto también dejará espacio para que escuches realmente al otro actor o actores con quienes compartes la escena, porque no tendrás la mente ocupada en pensar en tu trabajo previo. Un público al que se le muestran los mecanismos que ponen la actuación en marcha no se emociona. En la vida real, nuestra identidad —el modo en que hablamos y nos conducimos— aparece como de una sola pieza. Soltar el freno permite que el actor pase naturalmente de acción a reacción en una recreación que fluye con la misma naturalidad que la vida misma. Merced a las capas de cimientos que aseguraste con todo detalle, las respuestas novedosas aparecerán espontáneamente. Por consiguiente, a menos que hagas todo tu trabajo, será poco lo que suceda al SOLTAR EL FRENO. Entonces...

¡No seas perezoso!

No puedes SOLTAR EL FRENO si no has construido una base sólida formada con las once herramientas anteriores. Debes hacer tu trabajo; de lo contrario,

*Si no hay **nada** construido, **nada** obtendrás al*
SOLTAR EL FRENO

El trabajo que plasmes al SOLTAR EL FRENO es exactamente equivalente al trabajo que hayas realizado antes. Es decir, si has trabajado poco, lograrás poco; si has trabajado intensamente, mostrarás intensidad. Cuanto más trabajes, más contundentes serán los resultados al SOLTAR EL FRENO. Lo cual nos lleva a ...

La ética en el trabajo y el tiempo dedicado al ensayo
En cada ensayo vas a encontrar mayor cantidad de detalles y matices acerca de la persona en la que intentas convertirte. Cada ensayo te brinda más información sobre las elecciones que has hecho, sobre las que funcionan y las que no. Recuerda que no hay buenas ni malas elecciones, sino elecciones que se prestan mejor a la situación que otras. Cualquier elección es buena porque, independientemente de otros factores, siempre va a ampliar lo que sabes del personaje. La falta de elección conduce a la vacuidad, de modo que trata de encontrar algo; quizás sea útil. Y si no resulta muy eficaz, te llevará a pensar en otras cosas que terminarán conduciéndote a la elección ideal. Lo que te guía hacia las elecciones mejor fundadas es dedicar mucho tiempo al ensayo, que es el ámbito adecuado para poner a prueba nuevas ideas y elecciones según las diversas herramientas, y que se constituye en un espacio donde encontrar las sutilezas, texturas, y estratos de una escena. Cuanto más practiques, más se desarrollarán tus habilidades actorales.

El proceso del ensayo

1. Lee el libreto por lo menos una vez.
2. Haz un análisis grueso del libreto antes de encontrarte con quien te acompañará en la escena. (Escribe en lápiz para poder borrar, puesto que experimentarás con muchas elecciones diferentes).
3. Reúnete con tu compañero/a de escena y pasen la escena repetidas veces, decidiendo qué elecciones les sirven y cuáles es necesario cambiar.
4. En casa, con base en la experiencia del ensayo, reconfigura las elecciones que has hecho e identifica nuevas posibilidades para el próximo ensayo.
5. Vuelve a ensayar con tu compañero de escena. Deténganse cuando sientan que las elecciones no funcionan bien y repasen el fragmento correspondiente del libreto hasta encontrar algo eficaz.
6. Después del ensayo, ve a casa y busca alternativas para las elecciones que no funcionaron en el ensayo anterior y lleva nuevas opciones al próximo.
7. Repite el proceso hasta que sientas que has llegado lo más lejos posible o hasta que llegue el momento de la representación.

Y respondiendo a una pregunta que mis discípulos repiten todo el tiempo:

¡El tiempo dedicado a los ensayos nunca es demasiado!

Esto lo saben bien los grandes actores. Cuando trabajé con Charlize Theron preparando su papel en la película *The Devil's Advocate*, descubrí que Al Pacino se compromete profundamente con el proceso del ensayo. En una escena de sólo tres páginas, se detuvo y recomenzó en cada uno de los compases, modificando elecciones que no funcionaban bien, y refinando las otras. Sólo avanzaba hacia el compás siguiente cuando se sentía satisfecho. Este proceso, aplicado a una escenita de tres páginas, duró varios días.

Tus ensayos deben componerse de numerosos momentos de detención y volver a comenzar, de modo que te asegures de:

- Ser fiel a tu OBJETIVO PRINCIPAL.
- Perseguir tu OBJETVO DE LA ESCENA.
- Identificar los OBSTÁCULOS.
- Recordar que la elección más convincente es la SUSTITUCIÓN.
- Recordar que los OBJETOS INTERNOS conllevan carga emocional.
- Recordar que los COMPASES Y ACCIONES son los más efectivos.
- Usar un MOMENTO ANTERIOR que cree máxima perentoriedad.
- Usar un LUGAR/CUARTA PARED plena y justificada.
- Hacer MOVIMIENTOS apropiados para dotar de realismo a tu OBJETVO DE LA ESCENA.
- Dejar fluir libremente el MONÓLOGO INTERIOR.
- Permitir que las CIRCUNSTANCIAS ANTERIORES confirmen tus actos.
- Recordar que cada ensayo te proporcione base suficiente para SOLTAR EL FRENO durante la representación.

Cuanto más estudies y practiques, más probabilidades tendrás de triunfar. En mis muchos años de enseñanza, descubrí que los numerosos actores prominentes a cuya reputación contribuí compartían un denominador común que los llevó al éxito profesional.

Y no era la belleza, la apostura, ni el talento. En Hollywood, hay actores con las dos primeras características para dar y regalar. Los talentos en bruto se encuentran en todas las esquinas. Entonces, ¿cuál es el secreto?

La disposición a aprender

Debes saber que siempre hay más. En cierta ocasión, Jon Voight me dijo que un gran actor nunca cesa de entrenarse y aprender.

Arriésgate

El miedo paraliza los procesos creativos. Nunca te des por satisfecho; no confíes en las elecciones 'seguras'. Al analizar un libreto, haz las elecciones más profundas, sombrías, atrevidas, y no temas parecer tonto. Y, lo más importante:

Trabaja duro

Cuánto más fervor ponga un actor (escritor, director, etc.) en su trabajo, más elevadas serán sus posibilidades de triunfar. Charlize Theron estaba dispuesta a aprender, optaba por elecciones riesgosas, y trabajaba más duro que muchas otras personas que conozco. Mientras asistió a clase, ensayaba todo el tiempo, pidiéndome a menudo que le asignara tareas extra y que le permitiera hacer dos escenas al mismo tiempo. Solía pedir escenas que implicaran un desafío, y optaba por las elecciones más atrevidas y peligrosas. Sus compañeros la observaban expectantes, esperando el próximo movimiento original e impredecible. Cuando trabajó en una película que se rodaba en un estudio a ochocientos metros de distancia, venía a tomar su clase a la hora del almuerzo. En los últimos días de rodaje, me pedía que le consiguiera un compañero de escena para empezar a preparar trabajo anticipando el regreso a clase. Y para asegurarse, llamaba a algún compañero y le preguntaba si la acompañaría en la preparación de una escena durante sus dos o tres semanas de inactividad, por si yo no encontraba la persona. Tal era su dedicación al aprendizaje del oficio. Ni sus compañeros ni yo nos sorprendimos al verla alcanzar el pináculo del arte recompensado por los premios. Trabajó duro, y prosperó. Por supuesto, es bellísima. Pero el premio Oscar que obtuvo por su papel de la indecorosa y nada atractiva Aileen Wuornos en *Monster* constituye un reconocimiento a su dedicación al trabajo, no a su belleza. Que esta historia te inspire; el caso de Charlize es uno entre tantos. Podría hablarte hasta el cansancio de actores que llegaron a mí sin ninguna experiencia, y que llegaron a la fama y a los premios mediante su buena disposición, sus elecciones intrépidas y su dedicación al trabajo.

Ahora que tienes las herramientas, sólo depende de ti. Cuanto más tiempo y esfuerzo inviertas en ejercitarte, mejor actor serás. No puedes esperar ganar la medalla de oro en las Olimpiadas si no practicas, practicas, y practicas. Te verás recompensado si...

Estás dispuesto a aprender, te arriesgas, y trabajas duro.

SEGUNDA PARTE

OTRAS HERRAMIENTAS Y EJERCICIOS DE ACTUACIÓN

Las herramientas descritas en esta segunda parte no deben confundirse con el Método de 12 pasos. Es importante practicar primero las doce herramientas básicas y considerar las restantes como la 'cereza del pastel', a ser utilizadas sólo cuando hayas dominado las técnicas fundamentales.

Ciertas escenas requieren de estados emocionales específicos; por ejemplo: excitación (a causa del alcohol o las drogas), temor, la sensación previa a la muerte, el sufrimiento provocado por la muerte de un ser querido, el embarazo, la paternidad y/o maternidad, la discapacidad física, la química sexual, y la psiquis peculiar de un asesino serial, entre otros.

Estos estados nos afectan psicológica y emocionalmente

Estos estado afectan las reacciones químicas de nuestro organismo. Por ejemplo, si somos presa del temor, surge nuestro instinto de huir o quedarnos y luchar, y nuestro cuerpo reacciona en consecuencia. Nuestras pupilas se dilatan, los latidos del corazón se aceleran, y la adrenalina fluye. Hablamos, entonces, de reacciones físicas involuntarias. Es imposible contraer las pupilas voluntariamente, pero podemos advenir a dichos estados, provocándolos y logrando la respuesta muscular involuntaria adecuada.

He desarrollado un sistema de fórmulas para ayudar a los actores a acceder a los estados instintivos, inclusive si jamás los han experimentado. En tanto estas reacciones son científicamente predecibles, es posible evaluarlas, calcularlas, y analizarlas a la manera de una ecuación matemática.

Descubrí que el mejor modo de internalizar estos estados consiste en comprender primero la razón de que un estado particular resulte útil a la condición humana. Las páginas siguientes proporcionan una explicación de los motivos por los cuales nuestro cuerpo responde a estos estados desde una base psicológica. A continuación, me propongo explicar cómo provocar respuestas biológicas y fisiológicas. Dicho brevemente, te mostraré cómo poner en práctica la fórmula de modo que puedas sentirla operando en ti.

CAPÍTULO 13

ABUSO DE SUSTANCIAS

> La creación de las sensaciones orgánicas derivadas del consumo de drogas o alcohol.

Al representar un personaje que abusa de sustancias, lo primero que debes tener en cuenta es de qué sustancia se trata y por qué consume esa sustancia en particular. Ello te ayudará a comprender las sensaciones que emergen a consecuencia del consumo, así como la razón psicológica que explica por qué es esa sustancia y no otra la que el personaje necesita para su supervivencia emocional. Diferentes sustancias proporcionan curas específicas para diversos sufrimientos psíquicos:

- El **alcohol** literalmente ahoga la desdicha, la pena, el sufrimiento, el remordimiento, y la culpa, ofreciendo al bebedor lo que éste percibe como 'fortaleza líquida'. Autoriza al alcohólico a hacer y decir lo que cruza por su mente y corazón sin cuidarse de las consecuencias. Para quienes han sufrido una vida de sometimiento y de maltrato físico, la bebida significa bienestar, la posibilidad de estar 'bien' y la capacidad de enfrentarse a cualquier adversario. En la mente del alcohólico, abundan los enemigos.
- Los **opiáceos** (heroína, opio, morfina, codeína, Vicodin, Percocet, etc.) mitigan el dolor, dando al consumidor la ilusión de que todo está bien, e imbuyéndole una sensación de euforia que le permite enfrentar sus traumas —viejos y presentes— con menor dificultad. La popularidad de los opiáceos reside en que adormecen los dolores físicos y emocionales más profundos, al tiempo que alientan la euforia.
- La **cocaína y los cristales de metedrina** producen sensaciones de fuerza y poder. Suelen ser consumidos por quienes, por diversas circunstancias, se sienten impotentes en la vida. Es común que el consumidor de estas drogas provenga de una familia poderosa y se sienta acosado por la idea de que nunca va a realizar su potencial. Puede también ser una persona

cuya actividad profesional refiera al poder como base del éxito (el mundo del espectáculo, la abogacía, la medicina, la política, etc.), nada fácil de conseguir en estos campos. Por estas razones, ambas drogas ofrecen una salida para que el consumidor se sienta poderoso sin pasar por el esfuerzo necesario. La llaman "poder en polvo".

- La combinación de **cocaína y heroína** (inyectable, también llamada espídbol) proporciona la sensación de poder junto con el alivio del dolor. Constituye la elección de quienes se sienten impotentes en la vida y presas del sufrimiento emocional.
- La **marihuana** provoca una sensación de libertad y levedad. Quienes la consumen suelen sentir que no les está permitido dejarse llevar, comportarse tontamente, y divertirse y, cuando no están bajo la influencia de la droga, tienden a inhibirse. Las razones del abuso de la marihuana van desde padres militantes, hipercríticos y pares que humillan al consumidor hasta modos de crianza que imponen estrictas prohibiciones con base en la religión. La marihuana levanta la represión y los controles resultantes de la inhibición constante.
- El **LSD, el peyote, la mezcalina, y otras drogas psicodélicas** aportan la ilusión de superioridad intelectual (abundan los casos de 'revelaciones') en conjunción con el aumento de la capacidad creativa. Los consumidores frecuentes son aquellos que se sienten reprimidos en sus procesos creativos o intelectuales, quizás porque sus padres han sido controladores severos, hipercríticos, o han experimentado en sí mismos la represión creativa o intelectual a causa de sus elecciones de vida.

Ahora que comprendes por qué tu personaje consume tal o cual sustancia en particular, personaliza los motivos que le inducirían a ti a consumir, recurriendo a tus propias circunstancias de vida. Identifica el catalizador que te haría recurrir a la misma sustancia que el personaje. Por ejemplo:

- Si representas a un adicto a la cocaína y los episodios de la escena se tornan inmanejables, o alguien te ha hecho un comentario castrador, aspirarías cocaína para sobreponerte y volver a sentirte fuerte.
- Si el otro personaje te recuerda una época en la que murió un

ser querido, o en que tu familia sufrió un revés que pudo haber sido tu culpa, tu personaje se inyectaría heroína o tomaría pastillas de opio para erradicar la catarata de emociones que lo arrasa.

Los adictos beben o consumen drogas cuando sienten que lo *necesitan*, o sea, cuando necesitan experimentar o no experimentar determinadas emociones.

Inclusive si representas a un adicto rehabilitado, en caso de que se te ofrezca la sustancia que consumías debes reaccionar como si todavía tuviera poder sobre ti. Cualquier adicto en proceso de recuperación sabe que, aunque esté 'limpio', eso no destruye el deseo y la atracción que la sustancia ejerce sobre él, y que así será toda la vida. Independientemente de que representes un adicto activo o en proceso de recuperación, si juegas una escena en la que la droga de tu personaje se encuentra al alcance de la mano, usa la atracción que ejerce sobre ti en tu MONÓLOGO INTERIOR.

Fórmulas de conducta
Una vez que hayas comprendido verdaderamente qué usa tu personaje y por qué lo hace (además de tus razones personales), recurre a las siguientes fórmulas de conducta a fin de generar los sentimientos relacionados con la sustancia.

- **Nota No. 1:** Estas fórmulas evitan que tengas que haber experimentado una determinada sustancia para vivenciar sus efectos. Y —esto es lo más importante— NUNCA la uses para ofrecer una actuación más realista. Lo que sigue te permitirá hacerlo sin riesgo y a mucho menor costo.
- **Nota No. 2:** Antes de practicar estados de ebriedad o de drogadicción, debes analizar el libreto; de lo contrario, la escena girará en torno a la sustancia y se habrán perdido los OBJETIVOS del personaje y las complejidades de tu trabajo interior.
- **Nota No. 3:** NO CONDUZCAS VEHÍCULOS NI OPERES MAQUINARIAS DESPUÉS DE PRACTICAR ESTOS EJERCICIOS. No es broma. Los ejercicios realmente alteran tu sistema nervioso y neurológico y pueden perjudicar seriamente tu capacidad de acción y reacción. Estos efectos persisten unos diez o quince minutos.

Embriaguez
El ebrio pierde el control de sus facultades, lo cual pone en marcha mecanismos de supervivencia que lo llevan a fingir sobriedad ante los otros y ante sí mismo. La mente intenta compensar —de manera exagerada— la visión defectuosa, el discurso incoherente, y la mala coordinación motora. En resumen, *el origen de la conducta del ebrio reside en la necesidad de vencer la pérdida de sus facultades y parecer sobrio*.

La parte del cuerpo que se ve más afectada por el alcohol depende de cada individuo. Si el sentido que prima en ti es la vista, y tus ojos no responden adecuadamente, te concentrarás en sobreponerte a tu visión fuera de foco. Si tu fuerte es la palabra, y tu discurso se torna incoherente, intentarás darle cohesión. Si te manejas principalmente con el cuerpo, el no poder controlar tus piernas te inducirá a tratar de sobrecompensar la torpeza de tu andar.

Muchos de mis discípulos ignoran a qué tipo pertenecen; entonces, los someto a los tres ejercicios que se describen a continuación. Aunque uses sólo un elemento corporal, si has hecho la elección correcta, la sensación de embriaguez se expandirá por todo el cuerpo. Luego de probar los tres ejercicios, sabrás cuál es el que mejor se adapta a tu personalidad, pues ése te hará sentir ebrio, no así los demás. En tanto mi experiencia me indica que la mayoría de las personas depende de la vista, pido a mis discípulos con comiencen por ahí. El segundo ejercicio que obra eficazmente es el que afecta la lengua. Finalmente, los que se apoyan en los movimientos son la minoría, y por eso trabajamos las piernas al final.

Fórmula para la embriaguez

Los ojos

1. Sin fijar la vista, nubla tu mirada. No bizquees.
2. Piensa en el verbo 'enfocar' como si fuera un sustantivo y lleva el 'foco' atrás de tus globos oculares. Luego muévelo por todo el globo, pero no fuera de él, pues en tal caso fijarás la vista. Piensa en "el foco" alrededor del globo hasta que llegue a la parte anterior; alrededor de la nebulosa, alrededor del globo, hasta que 'el foco' llegue a la pupila. Hazlo por lo menos tres veces.

3. Ahora camina unos minutos y suelta el freno. Si esta fórmula te sirve, quedará incorporada y te sentirás ebrio sin darte cuenta.

La lengua

1. Sin mover la lengua, imagina que los músculos involucrados se han vuelto inútiles y gelatinosos. No saques la lengua; siéntela dentro de la boca como si fuera una masa de tejido blando.
2. Luego usa los labios y pronuncia las palabras exageradamente para sobrecompensar la inutilidad de tu lengua. Es decir: aísla los músculos labiales, prescinde de la lengua, y trata de hablar.
3. Hazlo durante algunos minutos y luego suelta el freno.

Las piernas

1. De pie, imagina que los músculos de *una* rodilla se han vuelto inútiles, amorfos, y gelatinosos. Te cuesta mucho mantenerte parado porque no cuentas con los músculos de esa rodilla.
2. Luego, utiliza los músculos que rodean a la rodilla para caminar de modo tal de sobrecompensar la liquefacción de los de la rodilla. No te detengas. Los músculos de la rodilla son una pulpa acuosa, y el resto de los músculos de las piernas deben hacer un esfuerzo mayor para sobrecompensar el efecto.
3. Camina así unos minutos, y suelta el freno.

El propósito del ejercicio (del que mejor se adapte a ti) consiste en afectar una parte del cuerpo, evitando que funcione normalmente para que tengas que sobrecompensar la falla. Una vez identificado el ejercicio que más te afecta cuando has dejado de realizarlo, habrás encontrado el impulso que extenderá la sensación de embriaguez al resto del cuerpo. Debes sentirte realmente ebrio y comportarte como tal, porque en realidad *estás* ebrio, sobrecompensando la parte del cuerpo debilitada y moviéndote dentro de los parámetros psicológicos de la conducta resultante.

En cuanto los mecanismos de la ebriedad se pongan en marcha —no debería tomar más que unos minutos— no dejes de soltar el freno. Así darás color a la escena con tu conducta, en lugar de poner la ebriedad en el centro de atención.

- **Nota No. 4:** No hagas los tres ejercicios al mismo tiempo. La especificidad de utilizar un solo rasgo físico contribuye a producir una impresión de ebriedad genuina.
- **Nota No. 5:** Sé que suena redundante, pero merece la pena repetirlo. Analiza el libreto primero y deja la cuestión de la ebriedad para el final, pues la escena no se centra en ella.

Fórmula para los efectos de la marihuana

- Comienza por pensar que tu cerebro ha sido reemplazado por un enorme copo rosado de hilo de azúcar caramelizado. Piensa en el color, en el sabor dulce, y mira cómo aparecen diminutos carámbanos de azúcar al roce del viento.
- Ahora, trata de ver *a través* de todo eso... tu cerebro se ha desvanecido; piensa y mira *a través* de los filamentos rosados, azucarados, esponjosos; una masa batida de algodón caramelizado... tu cerebro se ha desvanecido; ahora es un enorme copo rosado de hilo de azúcar. Piensa y mira *a través* de él, del color rosado, del goteo del azúcar caliente... tu cerebro se ha desvanecido y te sientes tan bien; continúa pensando y mirando *a través*... etc.
- Ahora suelta el freno y comienza la escena.

Los efectos de la heroína

La euforia causada por la heroína te lleva a creer en la desaparición del problema u obstáculo al que te enfrentas. La vida te sonríe cuando la droga provoca su máximo efecto, y te sientes capaz de todo. Probablemente sea ésta la razón por la cual es tan difícil dejar de consumir heroína.

Fórmula para los efectos de la heroína

1. Comienza por pensar que tu cerebro ha sido reemplazado por un enorme copo rosado de hilo de azúcar caramelizado. Piensa en el color, en el sabor dulce, y mira cómo aparecen diminutos carámbanos de azúcar al roce del viento.
   Ahora, trata de ver *a través* de todo eso... tu cerebro se ha desvanecido; piensa y mira *a través* de los filamentos rosados, azucarados, esponjosos; una masa batida de algodón carame-

lizado... tu cerebro se ha desvanecido; ahora es un enorme copo rosado. Piensa y mira *a través* de él, del color rosado, del goteo del azúcar caliente... tu cerebro se ha desvanecido y te sientes tan bien; continúa pensando y mirando *a través*... etc.
2. Luego, provócate una sensación de náusea: piensa en lo último que has comido y siéntelo revolverse una y otra vez en tu estómago.
3. Elije un punto de entrada donde la jeringa hipodérmica penetraría en la piel. La parte interna del codo es un buen lugar, pues se usa para tomar muestras de sangre.
4. Piensa *'calor líquido, paz, amor, poder'*, e imagina que todo eso penetra en tus venas a través del punto de entrada. Siente el *'calor líquido, paz, amor, poder'* deslizándose lentamente por tus venas hacia la parte superior de tus brazos, atravesando tus hombros; siente la exquisita y reconfortante sensación del *'calor líquido, paz, amor, poder'* viajando por las venas hasta el cuello... la barbilla... los labios —detente ahí unos segundos— siente la sensualidad, el hormigueo que recorre tus labios, llenándolos de *'calor líquido, paz, amor, poder'*. Luego siente como asciende por tu rostro, nariz, ojos, y se cuela por tus párpados; deja que perdure con la calidez placentera que te proporciona mientras inunda tus globos oculares. Luego lleva el *'calor líquido, paz, amor, poder'* hacia la parte inferior de tu cuerpo, deteniéndote en el pecho y en los pezones; siente cómo se hinchan con el calor sensual, y desciende hasta el estómago, baja hasta tus genitales y deja que el *'calor líquido, paz, amor, poder'* se apodere de la zona, y luego llévalo por las venas de tus piernas, pies, y dedos.
5. Trata de abrir los ojos subiendo lentamente los párpados (esto crea el movimiento ocular típico del drogadicto)
6. Suelta el freno.

La heroína y el síndrome de abstinencia
Antes de que aparezca el síndrome, debes haber experimentado el éxtasis. El síndrome se insinúa cuando los efectos de la droga comienzan a disiparse y la náusea te invade. Para volver a sentirte bien, necesitas otra dosis. Recomienza con el ejercicio y sigue hasta el final.

Fórmula para el síndrome de abstinencia de la heroína

1. Practica el ejercicio para disfrutar de los efectos de la heroína (Ver recuadro anterior).
2. Ahora imagina pequeñas cucarachas, frías como el hielo... enjambres de cucarachas saltando sobre tu nuca y el dorso de tus manos, y ascendiendo por tus brazos. Miles de antenas agudas y heladas, y de patas que se arrastran por estas partes de tu cuerpo.
3. Suma esta sensación a la náusea que has creado y convéncete de que en verdad vas a vomitar. Siente los bocados semidigeridos de tu última comida revolviéndose en espirales violentas, atacando las paredes de tu estómago. Siente el regusto amargo que te sube por la garganta y se deposita en tu lengua como una materia putrefacta.
4. Suelta el freno.

Los efectos de la cocaína o cristales de metedrina

La cocaína produce la sensación de que cada pensamiento es una revelación, expansiva, desenfrenada, e incontenible y, por añadidura, este pensamiento debe expresarse en voz alta. Las revelaciones positivas pueden ser extraordinarias, pero la intensidad con que se presentan las negativas llevan a niveles paranoicos profundos. El adicto a la cocaína no conoce los términos medios: el descubrimiento es monumental; la ira, volcánica; el odio hacia su propia persona, inmenso; la sensación de poder, hercúlea. Cuando consumes cocaína, se produce un extenso MONÓLOGO INTERIOR. Cada movimiento del otro, cada palabra que pronuncia, se presta a diversas interpretaciones. Al fin y al cabo, esa es la raíz misma de la paranoia, factor integral de la experiencia ofrecida por estas drogas.

Fórmula para los efectos de la cocaína y cristales de metedrina

1. Comienza por pensar que tu cerebro ha sido reemplazado por un enorme copo rosado de hilo de azúcar caramelizado. Piensa en el color, en el sabor dulce, y mira cómo aparecen diminutos carámbanos de azúcar al roce del viento.

    Ahora, trata de ver *a través* de todo eso... tu cerebro se ha desvanecido; piensa y mira *a través* de los filamentos rosados,

azucarados, esponjosos; una masa batida de algodón caramelizado... tu cerebro se ha desvanecido; ahora es un enorme copo rosado de hilo de azúcar. Piensa y mira *a través* de él, del color rosado, del goteo del azúcar caliente... tu cerebro se ha desvanecido y te sientes tan bien; continúa pensando y mirando *a través*... etc.
2. Luego, imagina miles de arañitas recorriendo tu nuca y el dorso de tus manos, siente las patas pincharte la piel como si fueran agujas diminutas, bailando y retozando.
3. Convéncete de que todo lo que manifiestas verbalmente es una revelación.
4. Suelta el freno.

Efectos de la combinación entre heroína y cocaína (también llamada 'espídbol')

Alguien que consume ambas drogas juntas necesita adquirir una sensación de poder junto con un calmante para su sufrimiento emocional. Para representar esta conducta, primero debes seguir las instrucciones indicadas para el consumo de heroína, y luego las que refieren al uso de heroína. Así replicarás el modo en que la combinación de ambas afectan tu cuerpo.

LSD, peyote, mezcalina, y otras drogas psicodélicas

En atención a que los consumidores de estas drogas se sienten reprimidos en su creatividad y su intelecto, debes encontrar una necesidad personal actual para tu propia actividad creativa. Mira la parte de tu vida donde reina la monotonía. Acudir a estas drogas es lo que pondrá fin a la sensación de encontrarte atrapado entre lo convencional y lo aburrido, coloreando, iluminando e inspirando revelaciones emocionantes.

Fórmula para los efectos de las drogas psicodélicas

1. Comienza por pensar que tu cerebro ha sido reemplazado por un enorme copo rosado de hilo de azúcar caramelizado. Piensa en el color, en el sabor dulce, y mira cómo aparecen diminutos carámbanos de azúcar al roce del viento.

   Ahora, trata de ver *a través* de todo eso... tu cerebro se ha desvanecido; piensa y mira *a través* de los filamentos rosados, azucarados, esponjosos; una masa batida de algodón caramelizado... tu cerebro se ha desvanecido; ahora es un enorme

copo rosado de hilo de azúcar. Piensa y mira *a través* de él, del color rosado, del goteo del azúcar caliente... tu cerebro se ha desvanecido y te sientes tan bien; continúa pensando y mirando *a través*... etc.
2. Mira la palma de tu mano. Fíjate en detalle en las arrugas y tonalidades variadas. Explora el rosa, azul, y verde de las venas, la pigmentación amarillenta, amarronada, y rojiza de la piel, las zonas violáceas donde las líneas se hacen más profundas. Maravíllate ante la complejidad y los detalles de algo tan simple como la mano.
3. Ahora levanta la cabeza y repara en las infinitas características de algún objeto cercano. Mira las texturas, los diferentes colores, la calidad de la superficie, y asómbrate ante su increíble variedad y sus efectos impactantes. Por ejemplo, una tostadora. Fíjate en la chapa negra y plateada que ha perdido el lustre; mira cómo algunas partes brillan mientras otras permanecen opacas. Examina el interior y observa las hendiduras y los cables eléctricos, deléitate pensando que esos cables cambian de fríos a calientes, de grises a rojos en cuestión de segundos. Mientras contemplas la tostadora, asómbrate de que este asombroso artilugio realmente puede trocar lo blanco en tostado, en negro, a veces, en tan poco tiempo. "¿Cómo sabe hacerlo?"
4. Suelta el freno. Comienza la escena y, mientras la representas, continúa identificando los objetos que te rodean y examinándolos con el mismo cuidado y fascinación. Hazlo también con los rostros de los otros actores mientras hablas con ellos.

El ritual del adicto
Los adictos acompañan las sensaciones producidas por la droga embarcándose en rituales equivalentes al juego amoroso que precede al acto sexual. Veamos algunos ejemplos:

- **Cocaína:** Llamar al proveedor. Desparramar el polvo sobre una superficie brillante. Degustarla. Cortar el polvo en líneas con una tarjeta de crédito o una navaja. Aspirarla con un artefacto ad hoc: un billete de dólar, una cuchara, etc.
- **Heroína:** Tomar la medida deseada. Colocarla en una cuchara. Calentarla con el encendedor favorito. Poner un trocito de algodón en la droga. Llenar la jeringa. Ajustarse el miembro a inyectar con una banda elástica. Buscar una vena adecuada.

Dar un golpecito a la vena para que se hinche. Inyectar la droga.
- **Alcohol:** Elegir el tipo de bebida: cerveza, vino, vodka, gin, whisky, etc. La mayoría de los alcohólicos se atienen a una sola bebida. Ir a un lugar especial: un bar, el estudio, el armario del vestíbulo, o dondequiera que el bebedor guarde o esconda las botellas. Preparar el trago de un modo especial o comprobar cuánta bebida queda. Especular cuántos más tragos podrá tomar. Si el lugar es un bar, ordenar que el trago se prepare de acuerdo con instrucciones precisas. Los complementos deben ser siempre los mismos; por ejemplo, tres cubos de hielo, dos aceitunas, un chorro de agua, un encurtido grande de cebolla, un cuarto de lima, jugo de naranja sin azúcar, una sombrillita rosada de adorno. El vaso debe llenarse hasta alcanzar un nivel determinado. Beber.
- **Marihuana:** Abrir la bolsita de plástico. Meter la nariz adentro y oler y aspirar el aroma a leña y especias, adelantándose al momento crucial. Sacarla de la bolsa. Darle vueltas entre los dedos. Elegir la pipa o papel favorito. Liar el porro o cargar la pipa. Aplicar la boca a la boquilla de la pipa o a la parte superior del pitillo. Encender con el encendedor favorito. Inhalar.
- **Pastillas:** Ir al escondite. Destapar el tubo o frasco y contar cuántas quedan. Decidir en cuántas otras ocasiones se usará este tubo. Llevarse la pastilla a la boca. Tragar.

La creación de una personalidad adictiva
Al margen de la necesidad emocional de drogarse y del placer del ritual, el adicto encuentra seguridad en la manipulación de la droga misma, y ello porque está absolutamente convencido de que la sustancia que tiene en sus manos le da fuerza y poder cuando más los necesita. Las personas no son confiables, los hechos son impredecibles, pero siempre se puede contar con la droga que les proporciona la sensación de bienestar que necesitan con tanta desesperación.

Fórmula para crear una personalidad adictiva

1. Toma la botella de alcohol (tubo de píldoras, bolsita de marihuana, recipiente de comida, cualquier cosa a la que seas adicto) y presiónala contra tu rostro con los ojos cerrados.
2. Siente que el recipiente despide efluvios de *paz, poder, calidez, bienestar, y amor* que se transmiten a tu corazón y tu alma.

3. Toma un SUSTITUTO de la sustancia (té o agua, si se trata de alcohol) y viértelo en tu boca, reteniéndolo en la lengua mientras te invaden *la paz, el poder, la calidez, el bienestar, y el amor*. Luego, traga.
   - Si es comida, mastica lentamente, y siente *la paz, el poder, la calidez, el bienestar, y el amor* mientras saboreas el atracón que se está dando tu personaje. Traga.
   - Si son pastillas (SUSTITUTOS: caramelos, vitaminas, pastillas de menta, etc.), muévelas de un lado al otro dentro de la boca, y siente *la paz, el poder, la calidez, el bienestar, y el amor*. Traga.
   - Si es cocaína (SUSTITUTO: leche en polvo, etc.), aspírala y siente *la paz, el poder, la calidez, el bienestar, y el amor* mientras el sustituto se desliza por tu garganta.
   - Si es marihuana (SUSTITUTO: tabaco, hierbas, etc.), da una pitada, y siente *la paz, el poder, la calidez, el bienestar, y el amor* envueltos en el humo que llena tu boca y tus pulmones.

Después de completar el ejercicio anterior, sentirás, tal como le ocurre al adicto, el deseo de tomar la sustancia cada vez que te asalte la ansiedad o la angustia, o que te enfrentes a situaciones desagradables de cualquier tipo.

Bajo la influencia de la anestesia
Caer bajo el efecto de la anestesia o despertar de ella produce una sensación de confusión. La visión es borrosa y la mente no está clara; te parece que no puedes conservar el equilibrio. Se asemeja bastante al estado provocado por algunas drogas, sólo que de otro tipo. Para experimentarlo con los sentidos, haz lo siguiente:

Fórmula para los efectos de la anestesia

1. Piensa que tu cerebro es una masa de algodón gris.
2. Visualízalo. Es grueso y plomizo.
3. Trata de ver y de *pensar a través* de las hebras pesadas y nudosas del algodón que llega a todas las paredes de tu cráneo. Las fibras pilosas apenas si permiten el paso de la luz. Insiste en tratar de ver y pensar bajo las mismas circunstancias.
4. Provócate una sensación de náusea: piensa en lo último que has comido y siéntelo revolverse una y otra vez, a medio

digerir, en tus intestinos. Siente cómo la náusea sube desde el estómago a la garganta, y percibe el gusto amargo y fétido de la masa semilíquida, aumentando la náusea.
5. Suelta el freno.

CAPÍTULO 14

LA CREACIÓN DE LA QUÍMICA SEXUAL

Un aspecto esencial de la actuación

Observar dos actores supuestamente enamorados el uno del otro en una escena que no trasunta pasión provoca tedio en el público, y lo deja insatisfecho, puesto que el espectador recibe ni más ni menos que lo que se le da. Si hay falta de química entre tu compañero/a de escena y tú, el público no tendrá interés en involucrarse con la historia, en igual medida que a ti no te interesa involucrarte con tu pareja en la ficción. En cambio, si la conexión entre ustedes dos se palpa en el aire, el público hará fuerza para que la relación entre ambos llegue a feliz término, convirtiendo la representación en una experiencia interactiva y emocionante. El factor químico a menudo determina el éxito o el fracaso de una película, obra teatral, o serie televisiva.

La creación de la química entre actores jamás debe quedar librada al azar. Hay que elaborarla, y ello se consigue estudiando cómo se produce en la vida real, y reproduciéndola luego en la escena.

La química surge a partir de una conexión profunda entre dos personas. Muchos asumen, simplísticamente, que la atracción sexual lo es todo. Sin embargo, el sexo despojado de lazos emocionales no resulta muy gratificante, y tampoco hace feliz al observador. En principio, la química incluye afinidad sexual y emocional; es importante tener en cuenta que va mucho más allá de la mera atracción sexual si ha de seducir a un público.

La conexión emocional, eso que hace que las personas se enamoran o que establezcan vínculos de amistad, no proviene del gusto compartido por un color o un deporte. Alcanza su mayor intensidad cuando emana de la *comunidad en el sufrimiento*; es decir, cuando ambas personas han atravesado experiencias dolorosas similares a las cuales reaccionaron mediante actitudes viscerales parecidas. Si examinas tu historia personal en el terreno de las relaciones amorosas y de amistad, verás que los traumas y las respuestas que despertaron se asemejan. Por ejemplo:

- Ambos experimentaron la muerte de un ser querido a edad temprana.
- Ambos experimentaron maltrato físico y/o emocional por parte de padres o hermanos.
- Ambos fueron abandonados por algún miembro de la familia nuclear.
- Ambos se volvieron adictos a consecuencia de duras experiencias pasadas.
- Ambos fueron engañados por ex parejas.
- Ambos quedaron marcados por el divorcio litigioso de sus padres.
- Ambos sufrieron enfermedades graves, o fueron testigos de cómo estas enfermedades minaron la salud de seres muy queridos.
- Ambos padecen las mismas inseguridades, basadas en experiencias infantiles similares (por no ser suficientemente guapos, inteligentes, fuertes, etc.)
- Ambos sufren de alguna discapacidad física.
- Uno o ambos de sus progenitores son alcohólicos.
- Ambos tienen un padre y/o madre sobreprotector y muy pendiente de la vida de los hijos.
- Ambos adoptaron el mismo modus operandi para sobreponerse a la adversidad.

El descubrimiento del sufrimiento en común que los une extiende un vínculo hacia el frágil y quebradizo mundo interior del otro actor, y ambos conocen la parte del alma que el otro se esfuerza por ocultar y proteger. Esta conexión (la habilidad de comprender, cuidar, y relacionarse con el otro a través de una fuente de sufrimiento similar a la propia) los acerca más de lo que imaginan. En realidad, aquí residen los principios del amor. Puedes construir una química auténtica en tanto una empatía profunda te lleva a identificarte con el otro, logrando intuirse mutuamente, lo cual no sucede con mucha frecuencia.

Fórmula para crear vínculos emocionales
Piensa en el trauma o inseguridad que mejor te define y encuentra en la mirada del otro actor el dolor, tristeza, o ira resultante de una experiencia similar a la tuya. Puedes hacerlo en cualquier parte en que se encuentren juntos: la sala de maquillaje, las lecturas del

libreto, los momentos de espera previos al rodaje, puesto que lo/la observas disimuladamente.

La complejidad de la química emocional adquiere características más complejas e interesantes al combinarse con la química sexual. El agregado de una connotación sexual a la ecuación resulta esencial para que dos personas se conecten a través de la química. Por lo general, existe una sexualidad intrínseca que atraviesa toda relación amorosa. Naturalmente, ello sucede en las relaciones de pareja, pero también afecta la amistad y los vínculos familiares. Freud, padre de la psicología, sostiene la sexualidad innata entre madre e hijo, padre e hija, y entre hermanos. Habitualmente, lo sexual cae bajo la represión y permanece en el inconsciente, lo cual no significa que deje de existir. En tu calidad de actor, debes recuperar estos sentimientos inconscientes y devolverlos a la consciencia, apelando a lo que sea necesario para recrear a un ser humano de carne y hueso. Si descartas los vínculos primarios establecidos por la sexualidad, en realidad descartas una necesidad humana básica, que no debe ser juzgada, sino explotada a fin de explotar tu personaje y las relaciones importantes en las que se involucra.

Al crear la sexualidad, prescinde de la SUSTITUCIÓN y concéntrate en el otro actor.

La sexualidad requiere de intimidad física; la SUSTITUCIÓN sólo sirve para generar la historia emocional.

Fórmula para crear una conexión sexual
Comienza por fantasear acerca del otro actor. Colócalo en una situación sexual ficticia e imagina tus deseos más peligrosos y enmarañados al respecto. El motivo para no recurrir al sexo sin objeto en tus fantasías reside en que la sexualidad peligrosa y lo prohibido contiene mayor carga erótica e intensifica los aspectos carnales, independientemente de tus inclinaciones homo o heterosexuales.

Puedes practicar este ejercicio a solas o en presencia del otro actor, manteniendo tus pensamientos en reserva. No te hará daño fantasear repetidamente, de modo que hazlo en ambas situaciones. Cuando la fantasía dé fruto, tu compañero se encontrará respondiendo a ella, sin saber qué ha inducido este nuevo lazo tan repentino, puesto que ignora tus pensamientos. Sólo sentirá una inexplicable sensación de proximidad; en otras palabras, experimentará la química.

Me tocó entrenar a una ganadora del Oscar durante la filmación de una película que coprotagonizaba con un actor que le despertó antipatía desde el momento en que se conocieron, y debo decir que el sentimiento era mutuo. El uso de la fórmula que paso a describir para crear la química sexual y emocional fue tan exitoso que no sólo se 'enamoraron' en la ficción, sino que la prensa amarillista publicó noticias acerca del tórrido romance que sostenían en la realidad —lo cual, dicho sea de paso, no era verdad.

Fórmula para crear la química sexual y emocional

1. Identifica el trauma o inseguridad que mejor te define.
2. Luego, mira al otro actor a los ojos y reconoce los mismos sentimientos de dolor, tristeza, o ira que te embargan, y atribúyelos a una experiencia similar a la tuya. Con el pensamiento, dile: "Tú me comprendes de verdad porque sabes en carne propia cómo se siente (pon aquí tu trauma o inseguridad)". Sé específico. Hazte a la idea de que existe una conexión profunda entre ambos debido a que ninguna otra persona te comprende como tu compañero.
3. Fantasea relaciones sexuales con el otro actor, incluyendo las ideaciones más perversas que se te ocurran.
4. Suelta el freno.

El mismo ejercicio sirve para generar la química necesaria en la representación de otras relaciones, por ejemplo:

- Amistades
- Relaciones con primos, tíos y tías, familia política, etc.
- Relaciones en tu lugar ficticio de trabajo
- Relaciones con amantes
- Relaciones conyugales

Si utilizas la fórmula fuera de la actuación, verás que funciona con igual eficacia. Ya se trate del cajero de la tienda donde compras habitualmente, de alguien que te atrae en una fiesta, o de un posible empleador, la química opera, y encontrarás reciprocidad. Sólo toma unos segundos, y la otra persona trasluce un cambio de actitud. Lo gracioso del caso es que se sentirán ligados a ti por algo que indefinible que no pueden explicar.

Creación de la química en una audición
El ejercicio también se presta para salir airoso en las audiciones. A pesar de que muchos actores piensan lo contrario, los directores de casting, productores, y directores de escena son seres humanos, y reaccionan como tales. Si les gustas y sienten que hay química entre ellos y tú, querrán tenerte cerca, lo cual se traduce en la asignación del papel. Obviamente, tu prueba de interpretación debe ser buena, pues la química pura y simple no basta.

Fórmula para crear la química en una audición
Aplica los puntos 1, 2, y 3 de la Fórmula para crear la química sexual y emocional.

Cuando vas a audicionar, el proceso no debe insumir más de treinta segundos. Ejercítate con quien va a acompañarte en la prueba antes de comenzar la interpretación. Esta práctica contribuye a la construcción de la química e intimidad necesarias tan importantes para la composición del papel, aunque no reemplaza el resto del trabajo relacionado con el análisis del libreto.

CAPÍTULO 15

INTERPRETACIÓN DE UN ASESINO SERIAL

Siempre existe una razón que respalda la crueldad más extrema

En términos generales, el asesino serial reacciona ante el abuso aberrante —físico, emocional, y/o sexual que padeció en la infancia. Una criatura carece de la posibilidad de defenderse de su abusador por razones de tamaño, de la autoridad o control que el victimario ejerce sobre la víctima, y porque, viviendo bajo el mismo techo, depende de él para su sustento. Sin embargo, al llegar a la edad adulta, adquiere el poder para vengarse, y no hay poder mayor que el de decidir sobre la vida y la muerte de otro ser humano. En el patrón mental del asesino serial, las víctimas suelen simbolizar a quien abusó de él. En el momento del asesinato, siente que finalmente recupera el poder que le fue arrebatado cuando se hallaba indefenso, aunque la sensación se desvanece rápidamente, dado que el blanco de su ira no es quien perpetró el abuso. Es así como el asesino serial mata una y otra vez, recorriendo un camino similar al del adicto que busca repetidamente el instante del éxtasis supremo. El acto de matar se convierte en el eje que equilibra su sensación de control y de poder. La repetición de la secuencia termina produciendo un asesino serial.

El caso de Ed Kemper constituye un buen ejemplo de lo dicho. Su madre lo atormentaba acusándolo de acosar sexualmente a su hermanita y de querer violar a las alumnas de la universidad cercana. Lo cubría de insultos y, para asegurarse de que no lastimara a nadie, lo encerraba en un sótano húmedo, oscuro, plagado de alimañas, y sin ventilación, donde el muchacho se ahogaba por falta de aire. Y todo ello por crímenes que nunca cometió. Cuando Ed tuvo edad suficiente para defenderse, violó y mató precisamente a las muchachas a causa de quienes su madre lo había encerrado y regañado injustamente. La primera víctima fue la madre. Ed la mató a martillazos, le cortó la cabeza, y extrajo con todo cuidado la laringe, es decir, el órgano a través del cual su madre había lanzado las brutales acusaciones en su contra. A continuación, abusó sexualmente de la cabeza cercenada, castigándola de manera análoga a los castigos que sufrió por crímenes de índole sexual que, hasta ese momento, jamás cometió.

Debes tomar en cuenta el modus operandi de tu personaje, porque está cargado del simbolismo que se corresponde con el abuso infantil que padeció el asesino.

Con frecuencia, los aspectos sexuales juegan un papel crítico en el modus operandi del asesino serial, porque sexo y asesinato se relacionan con la detentación del poder. El asesinato es el afrodisíaco del asesino. Inclusive si no se concreta el acto sexual, matar estimula la sexualidad, a punto tal que a menudo desencadena el orgasmo.

En la interpretación de un asesino serial, el acto de matar es comparable a la seducción, y así es como debe representarse.

Otra característica del asesino serial es que no mata inmediatamente a la víctima. Al igual que un gato persiguiendo un ratón, experimenta el placer de la cacería —la idea de juguetear con la 'comida'— antes de cometer el crimen. Esta táctica proporciona al asesino el sentirse más poderoso aún, mientras observa a la víctima rogar y sufrir.

Además, este tipo de asesino hace y dice cosas que sacan de quicio a su víctima, hasta que ésta comienza a comportarse de modo similar al del primer abusador, lo cual justifica al asesino ante sí mismo. En su mente, la víctima merece morir.

El asesino serial se distingue por su infantilismo y por la atrofia de su madurez emocional.

Los traumas que lo aquejan suelen revestir tal gravedad que su desarrollo se detiene y no madura emocionalmente. Los adultos maduros racionalizan su historia para poder sobreponerse a los dilemas que les plantea la vida. El asesino serial no comprende este mecanismo, y actúa como una criatura, devolviendo los golpes sin pensar en el acto ni en las consecuencias.

¿Cómo se relaciona esto contigo, un adulto racional?

La interpretación consiste en tomar una parte de tu identidad y convertirla en el todo, de modo que te transformes en el personaje y lo vivas.

En algún momento de la vida, todos tenemos impulsos asesinos, pero pocos los ponen en práctica. Tienes que examinar tu vida y encontrar las ocasiones en que te asaltaron esos impulsos, y recordar contra quién iban dirigidos. En el mundo de fantasía de la actuación, tienes la ventaja de cambiar la realidad, eliminando de tu vida a alguien que te maltrató cruelmente (preferentemente durante tu infancia, aunque también puedes elegir un abusador de tiempos más recientes). En la ficción, tienes permiso de asesinar. Encuentras la SUSTITUCIÓN simbólica de tus víctimas en alguien que:

- Te abandonó cuando eras pequeño.
- Te acosó sexualmente o te violó.
- Te castigó física y/o emocionalmente.
- No te protegió de quien te maltrataba emocional o físicamente, o abusaba de ti sexualmente.
- Te humillaba de manera intolerable.

O, en alguien que, siendo tú ya adulto:

- Te quitó una pareja amada.
- Te demandó judicialmente sin razón.
- Hirió atrozmente a una persona que amabas.
- Fue cruel contigo.
- Era tu pareja, pero mantenía relaciones sexuales con alguien cercano y querido por ti.
- Te hizo despedir de tu trabajo o maniobró para que lo perdieras.
- Te mintió, con consecuencias desastrosas.

Todo lo anterior es digno de castigo. Si tú, actor, interpretas a un asesino, llegó la hora del desquite.

Fórmula para replicar el estado de ánimo de un asesino serial

1. Identifica a quien te ha tratado peor en la vida, y úsalo como SUSTITUCIÓN de tus víctimas.
2. Imagina el tipo de revancha que te proporcionaría mayor placer. Para el caso, el tipo de asesinato que, en tu fantasía, equivaldría al mal que te han hecho.
3. Fantasea visceralmente en hacer a tu SUSTITUCIÓN exactamente eso que has pensado.
4. Siente la alegría de recuperar tu poder emocional y sexual. Deja que la sensación te justifique y te regocije.
5. Mira al actor que interpreta a la víctima, y ten presente que lo que acabas de experimentar imaginariamente va a plasmarse muy pronto.
6. Suelta el freno.

El asesinato simbólico de esta persona dentro de los límites de la actuación debe proporcionarte enorme felicidad, pues vuelves a adueñarte del poder que, en el pasado, fue cruelmente ejercido sobre ti.

Recuerda que jamás debes juzgar a los personajes que representas. Inclusive los asesinos seriales se sienten justificados en sus acciones. Al convertir a tus víctimas en SUSTITUCIONES de quien peor te trató en la vida, tu crimen queda validado. Lo que un adulto sano encuentra repugnante, malvado, e inmoral ahora cobra un sentido diferente y justificable.

CAPÍTULO 16

LA CREACIÓN DEL MIEDO FÍSICO

El miedo es el sentimiento más difícil de recrear en la actuación

Esto se debe a que la mayoría de las respuestas físicas que lo ponen de manifiesto consisten en reflejos involuntarios. Por ejemplo:

- Contracción de las pupilas
- Aceleración del ritmo cardíaco
- Mayor producción de adrenalina
- Lividez cutánea
- Niveles infrecuentes de fuerza y coraje reflejados en actitudes corporales y mentales

Para lograr que tu cuerpo reaccione de este modo, tienes que averiguar el origen del miedo. Básicamente, es el mecanismo con el que el cuerpo se defiende ante la sospecha de un peligro real o supuesto, y emana de nuestro instinto de supervivencia. Dado que el miedo moviliza los órganos que controlan las acciones, acelerando el flujo de sangre y adrenalina en todo el sistema, el movimiento y los procesos de pensamiento adquieren mayor rapidez, y realizamos proezas físicas impensables de no mediar estos factores.

Existe una creencia tan errónea como generalizada acerca de que el miedo proviene de una catarata de información. En realidad, sí pensamos en ello cuando experimentamos la necesidad de sobrevivir, pero no es lo único. Por ejemplo, si alguien te apunta a la cabeza con un revólver, quizás pienses que, si desapareces, no habrá quien se haga cargo de tu madre/padre enfermo. Debes sobrevivir a fin de evitar que tu ser querido quede abandonado a su suerte.

Al crear el miedo físico, debes encontrar una cuestión personal que lamentarías no poder ver, hacer, o resolver si murieras a causa de una situación que amenaza tu existencia.

Para crear tu propio miedo personal, haz un listado de todas las cosas que lamentarías perderte si murieras hoy mismo, dejándolas inconclusas, irresueltas, o abandonadas. No incluyas menos de diez o quince puntos. Verás que, después del quinto, comienzan a aflorar las cuestiones que más te afectan, las que están enterradas en los estratos más profundos del inconsciente, y que comprenden una masa sombría que no necesariamente estás dispuesto a admitir ante ti mismo. No es de extrañar que aquello que escondemos de nosotros mismos sea lo que más nos afecte.

A continuación, propongo un "Listado de miedos", que se anota sobre papel rayado:

(Piensa: "Si muero hoy...")
- Nunca tendré un hijo.
- (En caso de que ya tengas hijos) No veré crecer a mi hijo y no conocerá a su padre/madre.
- Nunca encontraré el verdadero amor.
- Nunca experimentaré la sensación de sentirme realmente amado/a.
- Nunca me casaré.
- Nunca sabré si mi padre/madre me quiso de verdad.
- Nunca haré que mi padre (madre, hijo, hermano, pareja) se sienta orgulloso de mí.
- No podré cuidar de mi madre (padre, etc.) enferma y sin recursos, que siempre me apoyó en los momentos difíciles.
- Mi pareja (padre, etc.) creerá que he muerto como un perdedor.
- Nunca resolveré ni cerraré satisfactoriamente los problemas pendientes en mis relaciones afectivas (hijos, etc.).
- Nunca podré decirles a mis seres queridos que los amo y los extraño.
- Nunca escucharé las palabras de disculpa de mi padre, tío, etc.) por el maltrato al que me han sometido (acoso sexual, abandono, engaño, otros).
- Nunca demostraré a mi familia que puedo alcanzar el éxito.
- (Si fuiste abandonado por tus padres biológicos y/o adoptado) Nunca conoceré a mi verdadero padre/madre.

Antes de practicar la fórmula para crear el miedo durante la actuación, debes decidir qué punto del listado te dolería más, y señalarlo con total precisión antes de representarlo. Ello te permitirá materializar tu miedo físico instantes después de poner en práctica la fórmula.

Cómo identificar el tópico más eficaz entre los que has listado como aquellos que lamentarías
Finalizada la lista, lee en voz alta cada punto. Hazlo en privado, si así te sientes más libre del juicio ajeno. Vas a encontrar que tus emociones se ven más afectadas por una de tus anotaciones que por las otras. Si dos o tres te "hablan" con igual intensidad, prueba de realizar el siguiente ejercicio con cada una de ellas y toma nota de cuál crea una respuesta en la que el miedo sea más palpable.

Procede de la siguiente manera: cierra los ojos e imagina el mejor modo de resolver lo que tanto lamentas. Disfruta visualizando tu éxito. Luego abre los ojos e imagina que tu solución te ha sido arrebatada de modo súbito y trágico. Repite mentalmente, una y otra vez: "Debo sobrevivir para que esto no ocurra".

La repetición del mantra por la supervivencia se debe a que el miedo es producto de la desesperación por sobrevivir antes que de la situación peligrosa que amenaza tu vida.

Aplicación del listado
Utilizando el primer punto (*Si muero hoy* "nunca tendré un hijo"), que resulta muy eficaz, puesto que la procreación es una necesidad primaria... Prueba lo siguiente:

1. Si eres mujer: imagina un bebé que se parece a ti a la misma edad y piensa en ti-bebé flotando en el líquido amniótico.

    Si eres hombre: imagínate sosteniendo un bebé que se parece a ti a la misma edad y 'mira' cómo lo depositan en tus brazos. (La razón por la cual ves al bebé como si fueras tú es que los padres ven, en sus hijos, copias diminutas de sí mismos; podría decirse que los consideran una segunda oportunidad que les permite reparar los daños y sufrimientos padecidos en su infancia. Ahí reside también el motivo de que se magnifiquen tanto los sentimientos de orgullo o de decepción —según el caso— respecto del hijo, puesto que básicamente se trata de la identidad infantil enfrentándose nuevamente con las pruebas y tribulaciones de la vida).

2. Mira al bebé a los ojos y advierte su amor incondicional por ti, la clase de amor que nunca has recibido antes, y siente cómo te inunda. Luego mira al bebé y háblale con el pensamiento, prometiendo protegerlo, amarlo, y evitarle todos los malos momentos por los que pasaste tú. Sé muy específico al recordar tus traumas e inseguridades personales, de los cuales te propones defender a tu bebé. Esto no debe tomar más de unos minutos. Ahora, vuelve a sentir el amor del bebé, y su agradecimiento por protegerlo de las malas experiencias que viviste y por mantenerlo a salvo, lleno de esperanzas e inocencia. Siéntete inundado nuevamente por el amor.
3. Siente que te arrancan el bebé del útero o de los brazos, para siempre. Siente la profundidad del vacío, un vacío que no desaparecerá si mueres. Luego apresúrate a abrir los ojos y date cuenta de que esta última imagen será la que te lleves a la tumba si mueres hoy. Luego, repite mentalmente, como un mantra: "Debo sobrevivir para evitar que esto ocurra".
4. Suelta el freno e inicia la escena. El *miedo* persistirá, impulsándote a sobrevivir.

Veamos otro ejemplo para reforzar la idea, usando ahora "*Si muero hoy* nunca haré que mi padre se sienta orgulloso de mí".

1. Relájate. Cierra los ojos e imagina un primer plano del rostro de tu padre resplandeciente de orgullo ante la idea de tus futuros logros —esa mirada que nunca viste en sus ojos, pero que no perdías la esperanza de ver algún día. Tómate unos segundos para empaparte del orgullo que tu padre experimenta, y piensa: "Finalmente, obtuve lo que siempre deseé de él".
2. Rápidamente, reemplaza la imagen anterior por la de tu padre contemplando tu tumba, sacudiendo la cabeza, decepcionado, pensando que fuiste un perdedor que no hizo nada bien en la vida. Obsérvalo mientras llora porque fuiste un fracaso y un error. Persevera en estas ideas hasta sentirte descompuesto.
3. Abre los ojos y date que cuenta que la imagen anterior se convertirá en realidad si mueres hoy, y repite mentalmente, como un mantra: "Debo sobrevivir para evitar que esto ocurra".
4. Suelta el freno e inicia la escena. El *miedo* persistirá, impulsándote a sobrevivir.

Cuando tengas la certeza de cuál es el miedo que más te atormenta, eligiéndolo del listado que has confeccionado previamente, puedes seguir adelante y utilizar la fórmula para crear el miedo.

Fórmula para crear el miedo físico

1. Toma el punto que has elegido y, del modo más maravilloso y vívido, considera el aspecto positivo de lo que deseas lograr, exactamente como siempre imaginaste que sucedería. Disfrútalo al máximo.
2. Luego imagina el peor escenario si murieras hoy sin tener la oportunidad de cumplir tu propósito. Visualiza hasta el detalle más espantoso. Deja que la imagen te llene de angustia.
3. Luego, deja que la angustia te conduzca a admitir que, efectivamente, lo peor ocurrirá si mueres hoy, y recurre internamente al mantra de la supervivencia: "Debo sobrevivir para evitar que esto ocurra".
4. Suelta el freno y deja que el *miedo* fluya.

La totalidad del proceso debe tomar sólo un minuto, lo que posibilitará que tu estado de ánimo se halle invadido por el miedo a la orden de "¡Acción!" o al momento de levantar el telón.

Recuerda confeccionar el listado de tus miedos *antes* de llegar al plató o al escenario, pues así sabrás con antelación cuál de los puntos opera con mayor eficacia. El listado lleva tiempo, así como la elección pertinente. Si procedes según lo indicado, tardarás menos de un minuto en practicar el ejercicio que te pondrá en situación cuando llegue el momento de rodar o de hacer tu entrada en escena.

Es importante tener en cuenta que tus elecciones para crear miedo hoy no se van a mantener constantes. Las prioridades, circunstancias y necesidades se modifican al ritmo de la vida, y lo mismo ocurre con el problema que te motiva a no morir. Cada vez que analices un libreto que pone en juego el miedo, elabora una lista diferente y vuelve a trabajarla como si fuera la primera vez.

Miedo asociado a un lugar
Si el miedo se encuentra asociado a un lugar —una casa embrujada, o una escena en la que te persigue un ser desconocido, puedes apelar a otra técnica.

Fórmula para el miedo asociado a un lugar

1. Imagina las criaturas o alimañas que te producen escalofríos (arañas, ratas, cucarachas, serpientes, gusanos, pit bulls, comadrejas, etc.).
2. Imagina que en cada rincón del espacio donde actúas se acumula un número ingente de la alimaña seleccionada. Ahora piensa: "Si no consigo escapar, cubrirán todo mi cuerpo, alojándose en mi cabello, dentro de mi boca, mis mangas, las perneras de mis pantalones..."
3. Deja que la sensación te invada, imaginando cantidades masivas de alimañas mordiendo y reptando por tu cuerpo.
4. Suelta el freno.

CAPÍTULO 17

LA CREACIÓN DE SENSACIONES FÍSICAS SOBRE LA MUERTE

La experiencia de la muerte desde el punto de vista del moribundo

Muchos actores consideran la muerte y los momentos previos a ella como la renuncia definitiva a la vida. Lo cierto es que, cuando alguien se encuentra a punto de morir, se aferra a la vida más que nunca. Cada bocanada de aire que aspira constituye un intento desesperado de prolongar el instante. Desde el punto de vista fisiológico, al acercarse la muerte, nuestros órganos se cierran, y el esfuerzo de inspirar, para llenarnos del oxígeno sin el cual no podemos vivir, se nos hace imposible. Se asemeja a empeñarse en llenar el tanque de nafta de un motor roto: por más que le insuflemos enormes cantidades de combustible, la ignición no se produce, y el vehículo 'muere'.

Cuando interpretas a un moribundo, debes comenzar a darle características físicas a la obstrucción respiratoria, dado que el cuerpo se alimenta de oxígeno para mantenerse vivo. Luego de sentir el dolor físico implícito en la necesidad de absorber el elemento vital, pasas a ejercitar la fórmula para crear el miedo de morir, idéntico al miedo físico descrito en el capítulo anterior.

La razón de recurrir a esta práctica en esta ocasión radica en que existe una conexión inextricable entre la muerte y el miedo: hay un innegable paralelo entre la lucha por conservar la vida, expresada en la necesidad de respirar, y la que sostenemos para conservar nuestra vida emocional. Dicho de otro modo, nos resistimos a rendirnos ante la muerte porque no queremos desprendernos de nuestras conexiones emocionales en la vida, y entonces luchamos hasta el último aliento. En consecuencia, tal como hiciste con el listado de tus miedos, confecciona una lista de todo lo que no vas a lograr, resolver, o proteger si tu muerte es inminente. Del mismo modo en que trabajaste con la lista anterior, tienes que encontrar y explorar el punto específico de aquello que lamentarás no haber llevado a cabo *antes* de la representación y, a continuación, practicando los ejercicios siguientes, estarás en condiciones de replicar la sensación aterradora de alguien que se encuentra a punto de morir.

Fórmula para 'morir', desde el punto de vista del moribundo

1. Crea una respiración dificultosa, imaginando que una enorme piedra se ha depositado sobre tu pecho y garganta, y trata de aspirar el aire bajo el peso excesivo que te comprime el aparato. Con cada intento, el sonido resultante se transformará en un estertor, y te hará toser. Luego lucha para recuperar el aire que se escapó junto con la tos.
2. Lucha por respirar como si lucharas por tu vida.
3. Una vez que realmente te sientas invadido por la desesperación y la agonía de que no sobrevivirás a menos que puedas llenar de aire tus pulmones, aplica la fórmula para desarrollar el miedo físico, tomando el punto que has elegido y, del modo más maravilloso y vívido, considerando el aspecto positivo de lo que deseas lograr, exactamente como siempre imaginaste que sucedería. Disfrútalo al máximo.

    Luego imagina el peor escenario si murieras hoy sin tener la oportunidad de cumplir tu propósito. Deja que la imagen te llene de angustia.

    Luego, deja que la angustia te conduzca a admitir que, efectivamente, lo peor ocurrirá si mueres hoy, y recurre internamente al mantra de la supervivencia: "Debo sobrevivir para evitar que esto ocurra".
4. Continúa luchando por el aliento de la vida, puesto que tantas cosas dependes de que no
5. te rindas.
6. Suelta el freno.

La razón de que esta técnica funcione es que, al luchar por conservar la vida antes que resignarte ante la muerte, tu trabajo se torna activo y memorable; a la larga, produce la catarsis. Luchar contra la muerte la hace más real, porque así nos comportamos los humanos: nuestro instinto de supervivencia no nos permite ceder fácilmente. La fórmula infunde la pasión y el deseo de vivir en el proceso que desemboca en la muerte. Si abandonas la lucha y te entregas a la muerte, el público también lo hará. Tus necesidades específicas, transmitidas a través de tu lucha por conservar la vida, conmoverán al espectador, quien se identificará con ellas y te apoyará para que venzas a la muerte. Y si no lo consigues, el público se emocionará.

La muerte de un ser querido
Cuando alguien que amamos se encuentra en trance de muerte, nuestros instintos nos llevan a negar la proximidad del desenlace, y tratamos de mantenerlo vivo a toda costa. Muchas veces nos sentimos unidos al moribundo por cuestiones que requieren de tiempo para resolverse. En tales casos, tu OBJETIVO DE LA ESCENA sería "mantenerte con vida", lo cual hace que luches por la vida del otro impulsando el objetivo pendiente. Si te limitaras a aceptar la muerte del ser querido, no habría acción ni punto de llegada.

Encuentra una SUSTITUCIÓN. Pregúntate a quién necesitas mantener con vida. La elección es fácil si alguien cercano a ti se encuentra muy enfermo o moribundo, o precisamente ha muerto hace poco. Sin embargo, si tienes la fortuna de que nada de ello ocurra en tu presente, cambia la pregunta: "¿La muerte de quién me destrozaría si ocurriera hoy? ¿Qué cuestiones importantes y dolorosas quedarían sin resolver en nuestra relación?"

El uso de una SUSTITUCIÓN basada en relaciones espinosas intensifica la situación hipotética del planteamiento. Si muere alguien en quien confías, y de cuya reciprocidad en el amor no dudas, sin duda te entristecerá, pero tu estado no se verá agravado por el tumulto interior provocado por los problemas sin resolver. Si la persona muere, la posible solución muere con ella. Así se incrementa tu pasión por resolver tu OBJETIVO DE LA ESCENA ("mantenerte con vida"), puesto que si fracasas, su muerte de dejará cicatrices emocionales imborrables.

Una vez elegida tu SUSTITUCIÓN, identifica con toda precisión qué pierdes si ese ser querido muere. Al igual que en los listados anteriores, lo que pierdas, lamentes, o no resuelvas debe ser importante y específico para tu propia vida, y relacionarse con la problemática provocada por tu SUSTITUCIÓN. Esto te dará fuertes motivos personales y emocionales en tu lucha por la vida del otro. La mente y el corazón no se apegan fácilmente a las generalizaciones; por el contrario, las cuestiones íntimas y específicas nos hacen pensar y sentir. Lo cierto es que, cuando alguien que amamos se encuentra al borde de la muerte, solemos encontrar una razón trascendental para justificar nuestro deseo de que viva.

Siguiendo los pasos trabajados en los listados anteriores, identifica el problema que más te moviliza antes de elegir tu SUSTITUCIÓN. No incluyas menos de diez puntos en los que tu SUSTITUCIÓN se encuentra involucrada.

Listado sugerido
(Piensa: "Si *tú* mueres hoy...")

1. Nunca sabré lo que podrías haber logrado.
2. Nunca sabrás lo que yo podría haber logrado.
3. Nunca sabré si alguna vez estuviste orgulloso de mí.
4. Nunca sabré si me amaste.
5. Nunca averiguaré ni comprenderé por qué me abandonaste.
6. Nunca averiguaré ni comprenderé por qué me maltrataste.
7. Nunca sabré si me perdonaste por lo que te hice.
8. Nunca me verás feliz y enamorado.
9. Nunca conocerás a tu nieto (si tu SUSTITUCIÓN es uno de tus padres).
10. Te irás a la tumba pensando que soy un perdedor.
11. No estarás aquí para amarme y cuidarme.
12. Me quedaré solo.
13. Nunca te escucharé decir "Te amo".
14. Nunca sabrás cuánto te amo.
15. Nunca sabré si te arrepientes de lo que me hiciste.
16. Nunca sabré si me perdonaste por no haber sido capaz de protegerte y salvarte (si tu SUSTITUCIÓN es un hijo).

Léelo en voz alta y fíjate cuál te provoca mayor impacto emocional. Si son varios, prueba con todos hasta encontrar el que más te afecta. Siempre elige primero tu SUSTITUCIÓN y la cuestión que necesitas resolver para que se comprenda tu necesidad de que viva.

Fórmula para sentir la muerte inminente de un ser querido

1. Piensa que tu SUSTITUCIÓN va a morir y luego utiliza el punto del listado que quedará pendiente si la muerte se produce inmediatamente. Ahora cierra los ojos e imagina el logro o resolución, tal cual más te gustaría que ocurriera, si la persona no muere. Por ejemplo, si lamentas no que no pueda decirte que te ama antes de que muera, ve y oye al moribundo decir "Te amo" con profunda emoción, exactamente como siempre lo deseaste.

2. Abre los ojos y observa que tu SUSTITUCIÓN muere antes de que consigas lo que deseas (por ejemplo, la frase # 1) y siente la desesperación y la decepción producidas porque las palabras no llegaron a pronunciarse (o porque no se resolvió algún otro conflicto).
3. Trata de mantener viva a tu SUSTITUCIÓN mediante sonidos y conductas, mientras imaginas lo peor que puede ocurrir si muere, y recita mentalmente, una y otra vez, el mantra "Tengo que mantenerte vivo para que ello no suceda".
4. Suelta el freno.

Te sorprenderás al ver las emociones que despiertan en ti, y que no serán necesariamente las que suponías. La forma en que reaccionamos ante la muerte de un ser querido nunca coincide con lo que imaginamos antes del hecho. El único modo de experimentar sentimientos reales, actuales, y espontáneos, consiste en ponerte en una situación análoga mediante el uso de la fórmula.

La muerte súbita e inesperada de un ser querido
Te encuentras al volante, te topas con hielo sobre el camino, el auto da una vuelta de campana, te estrellas contra un poste telefónico, tu mejor amiga —sentada en el asiento del acompañante— es arrojada a través del parabrisas por efecto del impacto, y tú quedas atrapado por el volante y la ves morir, sin poder hacer nada. Ves a tu hijo abatido por una bala en un tiroteo producido entre los ocupantes de dos coches que pasan. Desarrollando tus compras en el pequeño supermercado de tu vecindario, ves que apuñalan a tu amigo y compañero. Tu casa es asaltada y te ves obligado a presenciar la violación y el asesinato de tu esposa. Todos estos ejemplos ilustran muertes inesperadas. En la medida en que tu cerebro carece de tiempo de reacción y tus emociones no pueden filtrar los hechos en segundos, estas situaciones particulares causan reacciones instintivas diferentes. Propongo la fórmula que desencadenará los sentimientos asociados a las muertes traumáticas inesperadas.

Fórmula para sentir la muerte súbita e inesperada de un ser querido

1. Visualiza a tu SUSTITUCIÓN en un ataúd abierto.
2. Dale una última mirada a su rostro sin vida.

3. Memoriza el rostro, pues ésta es la última vez que lo vas a ver, y di mentalmente: "Adiós. Te amo, y te voy a extrañar muchísimo".
4. Recurriendo a la cuestión específica incluida en el listado que usamos para la muerte de seres queridos, toma conciencia de que la cuestión nunca se resolverá, y siente la irreversibilidad de la pérdida.
5. Luego observa la tapa del ataúd cerrándose lentamente sobre el rostro de tu ser amado, envolviendo a tu SUSTITUCIÓN en la oscuridad sin retorno. Para siempre jamás.
6. Mira el ataúd bajar lentamente hacia la fosa abierta.
7. Fíjate en la tierra que lo va cubriendo, dejándolo a merced de un destino frío, tenebroso, sofocante, irremediable.
8. Luego, siente la necesidad de evitar esta escena. En tu cabeza, dirígete a tu SUSTITUCIÓN: "Tienes que sobrevivir para que esto no ocurra". Repítelo una y otra vez.
9. Suelta el freno.
10. Comienza la escena.

La muerte real de un ser querido
Si te encuentras en un funeral, o en algún lugar donde es imposible salvar a un ser querido, igualmente debes realizar elecciones que impulsen la historia. La muerte detuvo la carrera del personaje que representaba a tu ser querido, pero tu personaje sigue vivo. Las pérdidas siempre dejan una enseñanza, y el dolor produce cambios y revelaciones. Teniendo en cuenta lo anterior:

Fórmula para sentir la muerte real de un ser querido

1. Cierra los ojos e imagina a tu SUSTITUCIÓN en un ataúd abierto.
2. Dale una última mirada a su rostro sin vida.
3. Memoriza el rostro, pues ésta es la última vez que lo vas a ver, y di mentalmente: "Adiós. Te amo, y te voy a extrañar muchísimo". Toma conciencia de que aquí acabó todo. Observa la tapa del ataúd cerrándose lentamente sobre el rostro. Imagina la oscuridad que llena el ataúd.
4. Observa la tapa del ataúd cerrándose lentamente sobre el rostro. Imagina la oscuridad que llena el ataúd.
5. Mira el ataúd bajar lentamente hacia la fosa abierta.

6. Fíjate en la tierra que lo va cubriendo, dejándolo a merced de un destino frío, tenebroso, sofocante, irremediable.
7. Toma tu elección del listado correspondiente. A causa de la muerte de tu SUSTITUCIÓN, no habrá soluciones. Reflexiona sobre lo que podrías o deberías haber hecho de otro modo para evitar que esto sucediera.
8. Decídete a resolver el problema en el futuro, con alguien apropiado que forme parte de tu vida presente y esté vivo.
9. Suelta el freno.

Este modo de abordar la muerte permite que la tragedia del hecho promueva el crecimiento, el cambio, y la esperanza en el futuro de tu personaje, lo cual a su vez alimenta las esperanzas del público de que sus vidas pueden tomar rumbos similares. El mirar a la muerte cara a cara —una de las cosas inevitables de la vida— y el sufrimiento enorme que la acompaña como si se reatara de una manea de provocar cambios y crecimiento ayuda a que tu público también madure y aprenda a través de la experiencia escénica.

CAPÍTULO 18

LAS SENSACIONES DEL EMBARAZO

(desde el punto de vista femenino y masculino)

Embarazo: No existe la SUSTITUCIÓN

Cuando estás embarazada, o alguien lleva a tu hijo en sus entrañas, no hay una SUSTITUCIÓN que se corresponda con el bebé nonato. Algunos actores creen que si se concentran en una mascota o en un sobrino/a, generarán un amor similar al buscado. Desafortunadamente, por mucho que quieras a tu perro, o a tu ahijada, o a tu sobrino favorito, un hijo de tu sangre despierta sentimientos totalmente diferentes.

El mejor modo de describir lo que sentimos por nuestros hijos es decir que lo vemos como diminutas versiones de nosotros mismos. Es por ello que, cuando alguien los elogia diciendo que son "encantadores" o "¡tan inteligentes!", agradecemos como si el cumplido estuviera dirigido a nosotros. El niño es "tú-a-esa-edad", y te da la posibilidad de sanar las inseguridades que surgieron de tus malas experiencias. Por el mismo motivo, un padre se indigna cuando nota que alguien trata a su hijo de modo similar al de un abusador que fue parte de su propia historia. No ve a la persona real que tiene frente así, sino a la representación simbólica de quien abusó de él, lo cual influye sobre su conducta presente, motivándolo a modificar *ahora* lo que siguió un curso diferente *la primera vez*. De ahí la fuerte necesidad innata de proteger y cuidar al hijo: proviene del mismo origen que el propio instinto de supervivencia. Y así 'nació', por decirlo de algún modo, la siguiente fórmula:

Fórmula para experimentar las sensaciones del embarazo (desde el punto de vista femenino y masculino)
1. Siéntate, ponte cómodo/a, y cierra los ojos.
2. Si eres mujer, apoya una mano sobre tu vientre, a la altura del útero. Si eres varón, apoya una mano sobre la misma zona del cuerpo de quien interpreta el papel de tu pareja embarazada.

3. Piensa en una foto que te tomaron cuando eras un bebé, e imagina ese bebé flotando en el líquido amniótico.
4. Apunta a los ojos de tú-bebé y repara en la pureza, la inocencia, y la esperanza, aquella que cree que todo es posible, y las tres condiciones que se mantienen hasta que ocurre la primera experiencia dolorosa.
5. Luego habla mentalmente con tú-bebé, y dile que prometes evitarle todos los sufrimientos y las malas imágenes que tú has experimentado, todas las situaciones desagradables que tuviste que atravesar, porque sabes lo amargas que son, y conoces muy bien sus tremendas consecuencias: la inseguridad, el autosabotaje, y el odio a ti misma/o, las erróneas decisiones al momento de elegir pareja, el permitir el maltrato y abuso por parte de otros, las peores elecciones de vida, y todo a causa de aquellas terribles experiencias tempranas. En el mismo discurso, asegúrale que estás decidida/o a impedir que tu hijo pase por lo mismo que tú. Especifica claramente a qué hechos y sentimientos te refieres. (Por ejemplo: "Jamás te abandonaré como lo hizo mi padre conmigo cuando yo tenía siete años. Venía a visitarme sólo cuando le resultaba cómodo. Pues bien, yo estaré a tu lado siempre que me necesites". O: "No permitiré que nadie te haga sentir feo, estúpido, y despreciable, como hizo mi madre conmigo". O: "Jamás te golpearé como lo hacía mi hermano. Me aseguraré de que nadie te lastime como me lastimaron a mí"). Mantén el discurso mental alrededor de un minuto.
6. Ahora mírate a tú-bebé sonriendo con sus encías desdentadas, devolviéndote la mirada con su amor puro e incondicional, agradeciendo tu amor y tu protección. Deja que su amor te inunde, pues es el tipo de amor que jamás experimentaste antes... un amor sin condiciones.
7. Con gesto protector, masajea la zona del cuerpo donde has apoyado la mano y di mentalmente: "Nunca permitiré que, cuando crezcas, sufras como yo. Te sentirás siempre valorado, amado, cuidado; me tendrás a tu lado, porque soy tu mami/papi, y te amo".
8. Siente los ojos de tú-bebé posarse en los tuyos con la inocencia de su amor, agradeciéndote y sintiéndose a salvo gracias a tu amor y protección. Le estás dando a tu hijo sentimientos que a ti no te dieron o, por lo menos, no con la pureza y totalidad con que tú lo haces. El amor de tu hijo te inunda, haciéndote

sentir especial y querida/o. Deja que te produzca un efecto maravilloso.

La procreación es un instinto tan humano que, inclusive si nunca has deseado tener hijos, este ejercicio despertará en ti sentimientos que jamás imaginaste abrigar.

CAPÍTULO 19

LAS SENSACIONES DEL ROL PARENTAL

La creación de la conexión orgánica entre padres e hijos

Cuando representas al padre o a la madre de un niño actor, es necesario establecer una conexión entre ambos. Por buen actor que seas, no es difícil percibir cuándo 'finges' tu rol parental. Trabajando con Anna Friel en la película *The War Bride* —dirigida por un cineasta brillante que, ¡oh casualidad!, es también mi esposo— encontramos que Anna debía desempeñar el papel de una madre. A los veintitrés años, no tenía hijos, ni proyectos inmediatos al respecto; pero en la ficción debía componérselas con un bebé de tres meses que chillaba a todo pulmón. A poco del rodaje de la escena correspondiente, le indiqué que tomara al inquieto bebé en los brazos e hiciera un ejercicio, mientras el bebé aullaba y chillaba, alcanzando esos decibeles agudos que sólo un bebé logra emitir, y retorciéndose para escapar de los brazos de Anna y volver a los de su propia madre. Anna comenzó el ejercicio y, pasados algunos minutos, reinaba la paz. El bebé se había acurrucado amorosamente en sus brazos, y su manecita regordeta asía el meñique de la actriz. Así se comporta un bebé que siente que quien lo sostiene lo ama como su madre/padre. No es posible enseñarle a actuar, ni tampoco dirigirlo, pero el sencillo ejercicio que paso a describir dotó de realismo a la conexión orgánica entre ellos.

Fórmula para crear la sensación parental
1. Mira al bebé, niño, o adolescente a los ojos, y siente los mismos sufrimientos, enojos, inseguridades, sensaciones paranoides, traumas, y problemas emocionales que te asaltan a ti. Por ejemplo:
    - Cuestiones relativas al abandono.
    - Odio a ti mismo.
    - Vergüenza y/u odio hacia alguna característica física.
    - Temor al rechazo.
    - Problemas de confianza en los demás.
    - Una historia de abusos o de violencia contra ti.

- Excesiva inseguridad y temores.
- Excesivo deseo de complacer a los demás.
- Tendencias suicidas.
2. Sin apartar la mirada del niño, piensa en los hechos específicos que originaron dichos problemas y visualiza al niño que tienes enfrente atravesando los mismos traumas del mismo modo en que lo hiciste tú. Esto crea almas gemelas, y el niño se transforma en alguien a quien deseas proteger y cuidar, porque, a los propósitos del momento, ese niño eres tú.
3. Suelta el freno.

Al utilizar esta fórmula, un perfecto desconocido se convierte en una extensión infantil retroactiva de tu propia infancia, y el ejercicio funciona porque es exactamente así como vemos a nuestros hijos.

CAPÍTULO 20

CÓMO INTERPRETAR A UN PARAPLÉJICO O A UN CUADRIPLÉJICO

Imitación física de discapacidades graves

La discapacidad siempre es producto de algún hecho traumático. No sólo es importante mostrar el realismo de la condición física mediante la caracterización, sino mantener vivo el recuerdo del trauma emocional concomitante con la *causa* de la discapacidad. La fórmula siguiente combina ambos elementos para obtener una representación verídica y física de alguien que se ha visto privado del uso de sus miembros.

Fórmula para sentirse parapléjico o cuadripléjico

1. Siéntate. Concéntrate en los miembros afectados (paraplejía: parte inferior del cuerpo; cuadriplejía: todo el cuerpo a excepción del cuello y cabeza) y relaja los músculos comprometidos hasta que sientas que se han vuelto una masa gelatinosa, sin forma ni sustancia, que se desliza hacia el piso. Continúa en ello hasta que sientas que verdaderamente no puedes moverte.
2. Luego apoya las manos sobre las piernas y transpórtate a un lugar emocional desesperado, donde te sientas fracasado y perdedor. Con la ayuda de *emociones, temores, y hechos verdaderos* que te han hecho sentir deprimido y abatido, traspasa la sensación a tus piernas. Si interpretas a un cuadripléjico, llévalas primero al torso y luego a las piernas.
3. Suelta el freno.

El OBJETIVO PRINCIPAL del libreto apuntará a encontrar otras maneras de que tu personaje sobreviva física y emocionalmente a pesar de su problema. Recurre también a la discapacidad como uno de los OBSTÁCULOS a vencer al analizar el libreto, pues es lo suficientemente importante para realzar cualquier OBJETIVO, y conlleva resultados dinámicos.

CAPÍTULO 21

LA CREACIÓN DE REALIDADES EMOCIONALES EN RESPUESTA A CICATRICES Y HEMATOMAS

Realización de los traumas físicos

En la tragedia, los hematomas o cicatrices que muestra un personaje suelen ser consecuencia del maltrato —autoinfligido o infligido por otros— o testifican sobre un hecho traumático. Para que el actor la sienta real, hay una:

Fórmula para sentir las cicatrices y hematomas
1. Busca un hecho de tu vida real que replique emocionalmente el que, según el libreto, ocasionó el daño. Por ejemplo:
    - Si la cicatriz se relaciona con el maltrato sufrido a manos de uno/ambos progenitores, piensa en la peor ocasión en que te sentiste física y/o emocionalmente destruido por la acción de una figura autoritaria (no necesariamente una figura parental; puede haber sido un maestro, hermano mayor, tío, abuelo, empleador, etc.)
    - Si los hematomas se deben a golpes recibidos en la cara y propinados por la pareja del personaje, evoca la ocasión en que la persona que tanto amabas te 'recompensó' culpándote por su propio fracaso y te destruyó con sus palabras, rompiéndote el corazón. Puedes usar también algún acto de violencia al que fuiste sometido por un ser amado.
    - Si las marcas físicas fueron producidas por un accidente de auto o un crimen violento cometido en tu contra, evoca algún hecho en el que te sentiste emocionalmente solo y desprotegido, o un hecho violento que hayas vivido en la realidad.
2. Oprime con dos dedos la zona donde se supone están las marcas.
3. Mientras aprietas con fuerza, visualiza el hecho que elegiste para replicar emocionalmente lo que indica el libreto, recordando el lugar, las palabras, y las acciones, y volviendo a sentir

aquellas emociones dolorosas como si sucedieran ahora. Sé muy especifico y detallado en tu reconstrucción mental, infundiendo las imágenes y las sensaciones en la parte afectada en la ficción mediante la presión de tus dedos.
4. Quita los dedos y suelta el freno.

Cuando toques o hables de la cicatriz o el hematoma, sentirás que la zona se sensibiliza, y la herida te parecerá real.

CAPÍTULO 22

REALIZACIÓN FÍSICA DE LA OCUPACIÓN, PROFESIÓN, O CARRERA DE UN PERSONAJE

La trayectoria define el personaje

Con excesiva frecuencia, los actores interpretan las características obvias de la profesión que ejerce su personaje sin tener en cuenta *cómo* y *por qué* el personaje ha hecho determinada elección de carrera. Dedicamos la mayor parte de nuestro tiempo nuestra carrera, y ella nos define. Siempre existe una razón por la cual se escoge una u otra profesión. Sea que la ocupación elegida se relacione con las aspiraciones del personaje o que ya haya alcanzado el éxito, no deja de haber una razón o incentivo que señaló el camino emprendido. Con frecuencia, la respuesta se halla en la resolución o logro de algo fundamental para la supervivencia emocional.

Al analizar tu personaje, no sólo debes comprender qué hace, sino también por qué lo hace. A continuación, presento algunas ocupaciones corrientes a fin de darte una idea de cómo pensar esto, de modo que comprendas más exhaustivamente a quién representas.

- **Policía**
  Quien elige esta carrera se ha visto, de una u otra forma, profundamente afectado por el crimen. Vienen de familias de policías, o han presenciado algún crimen horrible, o las consecuencias de una tragedia (asesinato, acoso, estafa, incendio intencional, violación, etc.) que los involucró a ellos o a miembros de su familia. Un niño que fue víctima o testigo de un crimen se siente desamparado, y con razón, pues no es mucho lo que puede hacer al respecto. En la vida adulta, ya capaces de tomar decisiones, eligen carreras que los autorizan a defenderse o a proteger a las víctimas que no pudieron salvar en la niñez.
  Podemos, entonces, pensar que representar a un policía equivale a rectificar algo que sucedió en tu infancia. Los casos que investiga tu personaje simbolizan los crímenes que presenciaste cuando niño. Investido con los atributos del orden,

finalmente tienes el poder y te encuentras en posición de marcar una diferencia. El sufrimiento pasado infunde vividez a los interrogatorios o a la investigación porque la necesidad de resolver el crimen descrito en el libreto es parte de la sanación de tu personaje y de la tuya propia. Tu antagonista en la ficción se transforma en el símbolo del perpetrador del crimen original, constituyéndose en una SUSTITUCIÓN eficaz. Así se crea un escenario propicio para el cierre de un trauma infantil que te guiará a una solución profunda del mismo. Cada vez que arrestes a un criminal y lo pongas en manos del fiscal, haces mucho más que una simple tarea: curas heridas pasadas.

- **Criminal**

Muchos de los que dedican su vida al crimen provienen de familias muy pobres. Mientras iban creciendo, observaban que los pocos que escapaban a su condición socioeconómica con facilidad y estilo eran los que habían optado por el bajo mundo. En los conjuntos urbanos subvencionados, por ejemplo, son los criminales quienes se dan la gran vida, visten ropas costosas, y disponen de efectivo. Ciertamente, una situación envidiable, aunque lo más importante es que los que tienen dinero también gozan de posición, dignidad, y poder.

Una historia posible para este tipo de personaje podría ser un padre que se deslomaba trabajando para mantener a la familia, viviendo al día, soportando a un empleador desconsiderado, y todo ello para poner un plato de comida en la mesa y sostener un techo sobre la cabeza de su mujer e hijos. El futuro criminal constató, en la infancia, que el dinero llama al poder, mientras que sus seres queridos, que merecían mejor suerte, debían humillarse ante todo el mundo. Convirtiéndose en algún tipo de criminal, este personaje no sólo aportaría dinero, sino que aportaría la autoridad y superioridad implícitas en burlar la ley y la autoridad constituida.

Cuando interpretes a alguien así, se trata de recuperar el poder de quien simboliza a la persona (SUSTITUCIÓN) que degradó a tu familia. El sistema social te endilgó un status social bajo, sea por cuestiones de raza, género, raíces familiares, o falta de dinero. En tales circunstancias, la actividad criminal que ejerce tu personaje no te parecería mal; en todo caso, se trataría de enmendar los errores de los que fuiste víctima, lo cual justifica cualquier acto ilegal, dándole motivos justos.

- **Psiquiatra/Psicólogo**
Las personas que optan por estas profesiones suelen hacerlo debido a algún trauma emocional infantil no resuelto. El ejercicio de la psiquiatría o de la psicología les permite tratar de resolver el problema en la vida adulta. Son muchos los campos que competen a los terapeutas. Un terapeuta forense, especializado en crímenes sexuales, puede haber sido víctima de esos mismos crímenes en la infancia, o provenir de una familia con problemas en este aspecto; un consejero matrimonial puede haber crecido en un hogar disfuncional o de padres divorciados; un psiquiatra infantil puede tener problemas con las responsabilidades de la vida adulta, o dificultades para relacionarse con los adultos.

Cuando interpretes a un terapeuta, ten en cuenta que el paciente es la parte de tu personaje que necesita reafirmarse. El paciente, esencialmente, te simboliza a ti, y por ello es muy efectivo que uses tu persona como SUSTITUCIÓN del paciente. La interpretación de un terapeuta desde esta perspectiva crea mayor necesidad de restaurar la salud mental del paciente, puesto que lo haces para restaurar la tuya, lo cual humaniza tu papel. Esto es importante, dado que muchos actores representan a médicos, abogados, maestros, y otras figuras de autoridad, recurriendo a técnicas unidimensionales y autoritarias sin percatarse que, detrás de los emblemas oficiales que los titulan, existe un ser humano.

Una vez resuelto el foco de atención del ejercicio profesional, debes conectarte con alguna cuestión emocional y específica de tu vida personal. Ve al paciente frente a ti como la oportunidad de rectificar el duro trance emocional que no te deja en paz.

- **Médico**
Esta carrera lleva muchos años de estudio, a los que se agregan los de la residencia hospitalaria posteriores a la graduación. No se elige sin pensarlo detenidamente; el ejercicio de la medicina implica una misión en la vida.

El médico desea, sobre todo, curar. Piensa en un hecho ocurrido en tu infancia (puede ser presente también) en el que te sentiste impotente por no poder contribuir a la curación de un ser querido que finalmente murió, quedó lisiado, o perdió calidad de vida a causa de la enfermedad. Como médico, tienes una segunda oportunidad de curar a quien, en tu vida personal, no pudiste ayudar.

- **Prostituta/Desnudista**
Aunque estas ocupaciones presentan un sesgo claramente sexual, en realidad tienen muy poco que ver con el sexo. En realidad, se relacionan con cuestiones de revancha y poder cuyas raíces se encuentran en una niña o jovencita que fue abusada sexualmente durante la etapa de crecimiento. Los clientes de la prostituta y los espectadores de la desnudista simbolizan, a los ojos de estas mujeres, al hombre que abusó de ellas. El poder que, desde el sexo, ejercen sobre los hombres, constituye un intento de recuperar el poder que les fue arrebatado cuando no pudieron defenderse, y se valen del mismo medio que el abusador original. Idéntica dinámica se aplica al caso de un desnudista varón o de un hombre que se prostituye.

  Si has sufrido este tipo de abuso, utiliza a la persona que te ocasionó el daño como SUSTITUCIÓN para los clientes de tu personaje. Aunque no todas las personas fueron víctimas del abuso sexual, la violación adopta también otras formas. Si sientes que fuiste violado emocionalmente, usa al responsable como SUSTITUCIÓN en el juego de poder que estableces con tu cliente o con quien se encienda cuando bailas en tu acto.

- **Abogado**
Los buenos abogados personalizan sus casos, dándoles un giro que los convierte en algo que les concierne personalmente y que desean enmendar. Es verdad que, en algunas ocasiones, ponen menos interés y se concentran en los vericuetos legales que les permiten ganar, pero no es eso lo que deseamos ver en la pantalla o escenario. Si no se interpreta algo personal, la lucha pierde sentido, y público y actor se encuentran inmersos en una mecánica desprovista de pasión. Un gran abogado personaliza el crimen o los daños del caso que defiende como si se tratara de algo que le ha ocurrido a él o a un ser querido. La idea de una *vendetta* personal hace que se esfuerce ardientemente por ganar. La ficción escénica no consiste en recrear un momento de la vida, sino en traducir la vida al lenguaje de la escena. Por lo tanto, es absolutamente necesario fundir

intensos sentimientos personales con lo que está escrito en el libreto.

Puedes hacerlo echando mano de alguna disputa, crimen, o misterio de tu vida presente o de algún problema pasado sin resolver que te afecta a ti o a tus seres queridos. Interpretando el papel de abogado, debes tratar de encontrar una solución, un culpable, o desquitarte, según mejor convenga a la cuestión personal con la que has investido la trama. En tu trabajo interior, equipara a los 'malos' del libreto con quienes te perjudicaron en la vida real, y a los 'buenos' con aquellos que deseas proteger. Por lo general, las batallas legales involucran a muchas personas. La personalización de todos los que importan al caso que el abogado defiende contribuye al realismo de los detalles e infunde pasión al deseo de ganar.

- **Fuerzas armadas**
Quien se enrola en las fuerzas armadas busca orden, reglas estrictas, y una cadena de mando. Quizás su infancia estuvo signada por la falta de límites o careció de una figura que ejerciera la autoridad positivamente. Los niños necesitan reglas y límites para desarrollarse, pues esto los ayuda a manejarse en la vida al llegar a la edad adulta. Si no se les proporcionan las herramientas adecuadas en el momento apropiado, se pasarán la vida buscándolas. ¿Y qué mejor que adquirir el sentido del orden que instalarse en un lugar regido por reglas para todo?

- **Desde el punto de vista de un soldado raso:**
Para desempeñar este papel, examina lo que sientes por tu padre/madre, maestro, tío, tía, o alguna otra figura investida de autoridad que no cumplió con su deber de guiarte mientras crecías. Piensa en alguien que te demostró que no valía la pena ocuparse de ti en tal sentido. El oficial al mando de tu unidad, pelotón, etc., es una buena SUSTITUCIÓN para aquella figura, y tu relación con él reemplazará la que no tuviste con la persona que necesitabas cuando niño. Esto personaliza la relación más allá del argumento, pues llama a una interacción especial entre ambos personajes. Asimismo, la relación marcada por el guión se sale del marco de un simple intercambio, desprovisto de interés, entre un oficial y un soldado.

- **Desde el punto de vista de un oficial:**
En las Fuerzas Armadas, un oficial detenta el poder absoluto sobre los hombres a su mando: sus órdenes deciden quién vive y quién muere. Dentro de las actividades enmarcadas por la legalidad, ésta es una entre muy pocas que se sostienen sobre una base tan amplia de poder. Quien necesita tanto poder probablemente ha crecido en un ambiente donde se sintió impotente, tal vez porque fue sistemáticamente castigado —físicamente o emocionalmente— por uno de sus progenitores, por los niños del vecindario, por una niñera, etc., o ridiculizado por dichas personas. El niño no puede defenderse de la agresión, pero el adulto tiene opciones que le permiten revertir el lugar del poder.

El rango de oficial en las Fuerzas Armadas pone en sus manos a un grupo de personas que, siguiendo las reglas de la profesión, deben obedecer sin rebelarse.

Cuando desempeñes este papel, piensa en una persona o conjunto de personas (tus hermanos, otros miembros del club al que perteneces, compañeros de clase o de trabajo, etc.) que, a tu entender, te han maltratado en algún sentido, y de quienes quisieras vengarte de un modo que te haga sentir especialmente feliz. Conviértelos en SUSTITUCIONES de los personajes que representan a tus subordinados en la ficción. Así, las órdenes ásperas y las humillaciones a las que los sometas serán justificadas y satisfactorias. Esto deja fuera la crueldad, y el público te apoyará porque tu motivación reside en recuperar el poder de quienes te despojaron en términos simbólicos.

- **Actor**
Esencialmente, quien elige esta carrera lo hace movido por la necesidad de recibir la atención y el amor incondicional de un gran número de personas. Dicha necesidad lleva al actor a exagerar todos los hechos de su vida. Para desempeñarte como actor, debes tener todas tus emociones a flor de piel, a inmediata disposición de los papeles que interpretes. La introspección y el ocultamiento no conducen a grandes actuaciones, pues el actor debe estar preparado a mostrar cualquier emoción que el personaje requiera. Esto hace que encuentren placer en sus emociones, y cuanto más dolorosas

sean, tanto mejor. Las consideran el alimento del que se nutre su interpretación, sobre el escenario o fuera de él y, aunque muchos resientan esto, no existen grandes diferencias entre las conductas públicas y privadas de los actores.

Entonces, si representas a un actor, cuentas con la autorización de comportarte como un divo/a. Lo divertido del asunto es que nada resulta excesivo. No hay cosa que no te esté permitida en nombre de obtener amor y atención, porque todos y cada uno de quienes rodean al actor se constituyen en público de su actuación en la vida, siempre con la mente puesta en un premio. La trampa que hay que evitar es caricaturizar la actuación. Debes tener presente la realidad que trasciende la mera ficción, una realidad expresada en tu OBJETIVO PRINCIPAL y en tu OBJETIVO DE LA ESCENA. En toda ocasión, el actor sabe encontrar la luz, engaña al espectador (real o imaginado), y se esfuerza por ganar el Oscar.

Respecto del trabajo interior... bueno, *eres* actor, de modo que identifica las cuestiones y los hechos de tu vida que te impulsaron a seguir este camino, y deja que te guíen hacia tu OBJETIVO PRINCIPAL y OBJETIVO DE LA ESCENA con intencionalidad dramática y sin ataduras.

- **Agente de bolsa/Especialista en finanzas/CEO, etc.**
Las personas que se sienten atraídas por ocupaciones que otorgan tanto poder están dispuestas a hacer lo que sea para ganar. Inclusive la posibilidad de entrar por la puerta que lleva a estos pináculos exige la férrea determinación de no ceder ante nada. Además, debes amar profundamente el dinero, y comprender el tipo de poder que se compra con dinero.

Para interpretar un personaje de estas características, tienes que descubrir la motivación que te haría comportarte de un modo totalmente agresivo sin sentirte culpable por ello. Piensa en una persona o grupo de personas que, aún en sentido figurado, te destruyó o destrozó a tus seres queridos. Conviértelos en SUSTITUCIONES de los personajes cuyas vidas estás arruinando en la ficción. De este modo, las 'víctimas' reciben su merecido, justificando la impiedad de tus actos de venganza y juegos de poder.

No importa la ocupación de tu personaje:

La actuación te brinda la posibilidad de cumplir una fantasía, algo que jamás sucede en la vida. La actuación es tu oportunidad para cambiar y ejercer tu influencia sobre hechos inmodificables desde la vida real.

EPÍLOGO

Una palabra sobre las audiciones

El proceso que rige las audiciones se halla envuelto en una mística nube de mitos. Los actores sienten que deben implementar determinados trucos y seguir reglas prescriptas. Sin embargo, la esencia y la clave de la audición reside en mostrar, sencillamente, una representación de calidad, pues esto es lo que buscan quienes deciden la elección del reparto.

Analiza el libreto de acuerdo con las consignas explicadas en la Parte I. Una vez en la sala de audiciones, suelta el freno, confiando en que todo el trabajo que has hecho sigue contigo, y concéntrate en tu OBJETIVO DE LA ESCENA, de modo que se vea tu avance por la línea que atraviesa la totalidad del libreto. Deja que tus palabras y conductas fluyan con naturalidad.

No te limites a mantenerte atento al pie. La conducta importa más que la palabra pues, en realidad, es el motor que la impulsa. Si respondes demasiado rápidamente al pie, impides el proceso de pensamiento normal que necesita absorber lo que acabas de oír. El intercambio verbal se desarrolla del siguiente modo: Primero escuchas. Luego procesas y respondes internamente. Después resuelves cómo quieres contestar a lo que se dijo o hizo. Y sólo en último lugar, hablas. Si te apresuras a verbalizar tu respuesta, truncas la conducta, y nada sucede.

Tómate tu tiempo
Son innumerables los casos de estudiantes que consiguieron un papel luego de una audición porque el director o productor vio que eran los únicos que la habían enriquecido con conductas físicas. A menos que tu personaje sufra de parálisis, no te quedes sentado en la silla que te adjudican. Apodérate de la sala y utiliza todo el espacio que tienes. Ello no significa que debes dañar, destruir, y ni siquiera mover los objetos dispuestos para el casting, sino que debes sentirte cómodo y sacar provecho del espacio.

No trates de probar cuán bueno eres
Simplemente, haz tu trabajo. Ponte 'anteojeras', inviste a la persona

que te acompaña en la escena con la SUSTITUCIÓN que has elegido, y ve tras tu OBJETIVO DE LA ESCENA. Deja que todo el análisis interno que has hecho del libreto emerja espontáneamente y sin forzarlo. Te ayudará a transformarte en el personaje y a vivirlo con un objetivo en mente, que es lo que los directores quieren ver.

No busques la perfección
Todos tenemos defectos, y a veces fracasamos. Lo mismo sucede con el personaje que interpretas. Si lo haces perfecto, sólo lo privas de humanidad, y no es el modo de que te den el papel. Lo que buscan los responsables del casting es un diamante en bruto, la imperfección de alguien que *es* el personaje, no su mejor actuación. Quieren que el personaje cobre vida saltando de la página, y ello significa que tienes que ser, no actuar. Posees las herramientas para *vivirlo*; no necesitas mostrar cuánto has trabajado para lograrlo. Toma conciencia de que las herramientas son el medio de alcanzar un fin.

Durante la entrevista y el fragmento que tengas que mostrar, deja ver tu propia personalidad, pues eso es lo que hace único y diferente. Te recordarán con mayor facilidad si no te conviertes en un molde del personaje para el cual buscan un actor. Créeme: parece un concepto sencillo, pero habiendo producido cuatro películas y trabajado como asistente de casting, sé que pocos actores se atreven a mostrarse tal cual son.

Es normal que estés nervioso
Los directores/productores no esperan otra cosa, y si intentas ahogar tu nerviosismo, sólo lograrás entrar en pánico. Un buen truco para estas situaciones es convencerte de que estás nervioso, pues ocurre el mismo fenómeno que cuando tratas de no llorar o de no reír, y lo único que consigues es que lágrimas o risas se vuelvan incontrolables. Y, al revés, si tratas de llorar o reír, nada sucede. Permítete los nervios; son legítimos, dado que una audición puede infundir temor. Afírmate en el trabajo que hiciste. La aceptación de tus nervios arrasa con la parte que te paraliza y deja la que resulta positiva y útil para tu desempeño.

No te dejes engañar por comentarios amables
Si siempre quedas en segundo lugar, o no vuelven a llamarte, no te dejes engañar por los comentarios 'amables' que se hacen en los castings, pues los encargados no están allí para asumir el rol materno y decirte la verdad. A menudo, con los mejores modales, van

a despedirte diciéndote "¡Lo hiciste muy bien!", o "Muy interesantes tus elecciones", o "Buen trabajo". En mi diccionario, estas expresiones se traducen, palabra más, palabra menos, como "¡Sal de aquí y no vuelvas a importunarme!". Si oyes una y otra vez que "no dabas el tipo", significa que no eres lo bastante bueno, lo cual indica que debes volver a recomenzar y trabajar más duro para conseguir lo que te propones.

Haz tu trabajo

- Concentración
- Tenacidad
- Impulso
- Amor por lo que haces
- Libertad para explorar y descubrir
- Riesgo
- Apertura para continuar aprendiendo (nunca sientas que ya lo sabes todo —toma conciencia de que nunca se acaba de aprender)
- Fe en ti mismo
- Práctica intensiva del oficio

La actuación es una forma del arte, y el arte es infinito: siempre hay algo más que aprender, otro riesgo que explorar, otra faceta que descubrir. Edison resumió la ecuación del éxito en 99 por ciento de transpiración y 1 por ciento de inspiración; es decir, el talento equivale al 1 por ciento, y el resto es trabajo y más trabajo. Aprovecha lo que aprendiste, no tomes atajos, y no holgazanees. Cuanto más trabajes siguiendo los pasos del método, mayor será tu satisfacción en términos de resultados.

AGRADECIMIENTOS

Deseo expresar mi gratitud a Molly Doyle por apoyar mis motivaciones artísticas sin perder de vista la gramática, a Brian DeFiore por no permitirme levantar el curso y ayudarme a sacarle enorme provecho, a William Shinker, Lauren Marino y Hilary Terrell por creer en el libro y por sus conocimientos editoriales, y a Halle Berry por ser mi amiga, aliada, alma gemela y sostén inquebrantable. Muchos de mis descubrimientos se deben a su conmovedora intuición, que exploramos en la relación de amistad que nos une y en el trabajo que hicimos juntas. Gracias también a los Gottfried, y a mi familia (Nan, Linda, Heidi, Hagen, Joe, Erika, Helene, y Bernard) por proporcionarme la plataforma neurótica esencial sin la cual no es posible la actuación, y a mi familia política, los Chubbuck (John, Syble, Gary, June, John Robert, y Travis) por ser mi segunda familia. Agradezco asimismo a los miles de alumnos que han pasado por mis manos en tantos años: gracias por su dedicación. Aprendimos y trabajamos juntos, especialmente aquellos cuyas historias inspiraron partes de este libro. Mi gratitud a Bob Wallerstein, el mejor asesor legal del mundo, y una gran persona; a mi hija Claire, pues conviviendo con ella y amándola aprendí a comprender los mecanismos del ser humano a partir de sus formas más primitivas, y a utilizarlos en la actuación; y a Lyndon, mi guapísimo esposo, cuya inamovible confianza en mi capacidad me permitió creer en mí misma. Este libro jamás se habría escrito de no ser por su inspiración, sus conocimientos, su perspicacia y, lo que es más importante, porque escribirlo fue idea suya.

www.ingramcontent.com/pod-product-compliance
Lightning Source LLC
Chambersburg PA
CBHW030136170426
43199CB00008B/82